Wirtschafts- und Sozialhistorische Studien

Herausgegeben von

Stuart Jenks, Michael North und Rolf Walter

Band 3

Michael North (Hg.)

Kommunikationsrevolutionen
Die neuen Medien des 16. und 19. Jahrhunderts

2. Auflage

2001

BÖHLAU VERLAG KÖLN WEIMAR WIEN

Die Deutsche Bibliothek – CIP-Einheitsaufnahme

Kommunikationsrevolutionen: die neuen Medien des 16. und 19. Jahrhunderts /
Michael North (Hg.). – 2. Aufl. – Köln ; Weimar ; Wien : Böhlau, 2001
(Wirtschafts- und Sozialhistorische Studien; Bd. 3)
ISBN 3-412-04201-3

Umschlagabbildung: Die Verlegung des Indo-Europäischen
Telegrafenkabels im Persischen Golf (1865)

© 1995 by Böhlau Verlag GmbH & Cie, Köln
Ursulaplatz 1, D-50668 Köln
Tel. (0221) 91 39 00, Fax (0221) 91 39 011
vertrieb@boehlau.de
Alle Rechte vorbehalten
Druck und Bindung: Digital Druck AG, Birkach
Gedruckt auf chlor- und säurefreiem Papier
Printed in Germany
ISBN 3-412-04201-3

INHALT

Michael North
    Vorworte VII

Michael North
    Einleitung IX

Erdmann Weyrauch
    Das Buch als Träger der frühneuzeitlichen
    Kommunikationsrevolution 1

Olaf Mörke
    Pamphlet und Propaganda. Politische Kommunikation und
    technische Innovation in Westeuropa in der Frühen Neuzeit 15

Michel Morineau
    Die holländischen Zeitungen des 17. und 18. Jahrhunderts 33

Renate Pieper
    Informationszentren im Vergleich. Die Stellung Venedigs und
    Antwerpens im 16. Jahrhundert 45

Cora Gravesteijn
    Amsterdam and the Origins of Financial Journalism 61

Jorma Ahvenainen
    The Role of Telegraphs in the 19th Century Revolution of
    Communications 73

Robert Boyce
    Submarine Cables as a Factor in Britain's Ascendency as a
    World Power 81

Horst A. Wessel
Die Rolle des Telefons in der Kommunikationsrevolution
des 19. Jahrhunderts 101

Cornelius Neutsch
Briefverkehr als Medium internationaler Kommunikation im
ausgehenden 19. und beginnenden 20. Jahrhundert 129

Philip L. Cottrell
London as a Centre of Communications: From the Printing Press
to the Travelling Post Office 157

Rolf Walter
Die Kommunikationsrevolution im 19. Jahrhundert und ihre
Effekte auf Märkte und Preise 179

Clemens Wischermann
Werbung zwischen Kommunikation und Signifikation im 19. und
20. Jahrhundert 191

Autoren 203

VORWORT

Der vorliegende Band umfaßt die Vorträge des Vierten Salzau-Kolloquiums. Dieses Kolloquium fand am 2. und 3. Mai 1994 statt und behandelte das Thema „Kommunikationsrevolutionen im Vergleich".

Für die großzügige Förderung der Tagung danke ich vor allem der Gerda Henkel Stiftung (Düsseldorf). Darüber hinaus spreche ich der Christian-Albrechts-Universität zu Kiel für die Unterstützung des Kolloquiums und des Tagungsbandes meinen Dank aus.

Kiel, im März 1995　　　　　　　　　　　　　　　　　　　　　Michael North

VORWORT ZUR 2. AUFLAGE

Bei der ersten Veröffentlichung dieses Tagungsbandes war noch nicht abzusehen, welchen rapiden Veränderungen die Informationstechnologie in den folgenden Jahren unterworfen sein sollte.

Vor diesem Hintergrund verwundert es nicht, daß sich der von mir damals geprägte Begriff der „Kommunikationsrevolution" für die grundlegenden Umbrüche der Kommunikationssysteme im 16. und 19. Jahrhundert schnell im wissenschaftlichen Diskurs durchgesetzt hat und z.B. auch in kommunikationshistorischen Studien für das Medium der Post Verwendung fand.

Da auch die Nachfrage nach diesem Band die eines normalen Tagungsbandes übertraf, danke ich dem Böhlau Verlag, daß er die Originalmanuskripte mit einer aktualisierten Einleitung wieder dem Publikum verfügbar macht.

Greifswald, im Juli 2001　　　　　　　　　　　　　　　　　　Michael North

EINLEITUNG*

von
Michael North

Seit der ersten Veröffentlichung dieses Bandes im Jahre 1995 sind sowohl im Bereich der Medien und Kommunikation als auch der Wissenschaften, die sich mit diesen Phänomenen befassen, massive Veränderungen eingetreten. Ein neuartiges Medienzeitalter hat begonnen, gekennzeichnet durch eine scheinbar unaufhaltsam anschwellende Kommunikations- und Informationsflut. Gleichzeitig sind Medien und Kommunikation in ungeahnter Intensität Gegenstand eigener Disziplinen geworden, die nicht nur empirische Analysen liefern, sondern sich auch mit der Planung und Prognostik künftiger Entwicklungen befassen. Schließlich verzeichnet seit den 1990er Jahren auch die historische Kommunikationsforschung eine deutliche Konjunktur.

Dennoch oder gerade aus diesen Gründen erweist sich „Kommunikation" noch immer als ein äußerst heterogener Untersuchungsgegenstand. Deshalb erscheinen auch an dieser Stelle einige definitorische Überlegungen angebracht.

Im wesentlichen können wir drei vorherrschende Begriffsbestimmungen und damit methodische Zugriffe auf das Thema Kommunikation unterscheiden. Eine erste Zugangsmöglichkeit zur Kommunikationsgeschichte bietet die Definition der *Kommunikation als symbolisch vermittelter Interaktion*. Diese Begriffsbestimmung legt den Schwerpunkt auf die Tatsache, daß jedes Medium, gleichgültig ob es sich um Sprache, Gestik oder Mimik handelt, eine Vielfalt von Ausdrucksmöglichkeiten bietet, d.h. eine Menge von Zeichen und Symbolen enthält, wobei die Symbole Vertretungsfunktion erfüllen.[1] Im Mittelpunkt einer Kommunikationsforschung, die dieser Perspektive folgt, steht demzufolge die Rekonstruktion von Konventionen oder zeremoniellen

---

* Für neue Anregungen danke ich Herrn Professor Dr. Wolfgang Weber (Augsburg) und Herrn PD Dr. Martin Krieger (Greifswald).

[1] R. Burkart, Kommunikationswissenschaft. Grundlagen und Problemfelder, Wien/Köln/Weimar 1995, S. 38-53. Als aktuellen Überblick siehe auch M. North, Kommunikation, Handel, Geld und Banken in der Frühen Neuzeit, München 2000, S. 2-6, 45-52.

Handlungen. Besonderes Interesse gilt in jüngster Zeit dem politischen Zeremoniell, ohne daß dabei die kommunikativen Aspekte immer explizit herausgearbeitet werden.[2]

Bei der zweiten Definition, der Auffassung von *Kommunikation als sozialer Interaktion*, steht nicht das Medium, sondern der Kommunikationsprozeß im Vordergrund, wobei die Spannweite dieses Prozesses von mehr oder weniger flüchtigen Kontakten bis zur Satellitenübermittlung z.B. einer Geheimbotschaft reicht.[3] Menschliche Kommunikation liegt folglich erst dann vor, wenn mindestens zwei Individuen ihr kommunikatives Handeln aufeinander ausrichten, mit dem Ziel der Verständigung oder der Vermittlung von Bedeutungen. Kommunikation wäre danach der wechselseitig stattfindende Prozeß der Bedeutungsvermittlung. Es leuchtet unmittelbar ein, daß diese Definition der Kommunikation als sozialer Interaktion im historischen Kontext vielfach anzuwenden ist: z.B. für Migration von Handwerkern, für die Beziehungen zwischen Auftraggeber und Handwerker, für die Kommunikation zwischen Kaufleuten, usw.[4]

Eine solche Definition ermöglicht darüber hinaus eine theoretisch-konzeptionelle Differenzierung des Kommunikationsprozesses, wie sie in Niklas Luhmanns Gesellschaftsmodell oder Jürgen Habermas' „Theorie des kommunikativen Handelns"[5] zum Ausdruck kommt. Nach Luhmann ist eine Gesellschaft durch Teilsysteme wie Politik, Wirtschaft, Recht und Religion konstituiert, die jeweils durch ein unterschiedliches Maß an Abgeschlossenheit und Ausdifferenziertheit gekennzeichnet sind. Kommunikation ist sowohl für das Gesamtsystem als auch die Teilsysteme der Schlüsselbegriff. Systeme ent-

---

[2] E.-B. Körber, Öffentlichkeiten der Frühen Neuzeit. Teilnehmer, Formen, Institutionen und Entscheidungen öffentlicher Kommunikation im Herzogtum Preußen von 1525 bis 1618, Berlin/New York 1998; A. Luttenberger, Pracht und Ehre. Gesellschaftliche Repräsentation und Zeremoniell auf dem Reichstag, in: A. Kohler und H. Lutz (Hgg.), Alltag im 16. Jahrhundert, München 1987, S. 291-326; B. Stollberg-Rilinger, Zeremoniell als politisches Verfahren. Rangordnung und Rangstreit als Strukturmerkmale des frühneuzeitlichen Reichstags, in: J. Kunisch (Hg.), Neue Studien zur frühneuzeitlichen Reichsgeschichte, Berlin 1997, S. 91-132.
[3] R. Burkart, Kommunikationswissenschaft, S. 30-34.
[4] J. M. Bak, Symbolik und Kommunikation im Mittelalter, in: Kommunikation und Alltag im Spätmittelalter und Früher Neuzeit, Wien 1992, S. 39-45; A. Müller, Mobilität - Interaktion - Kommunikation. Sozial- und alltagsgeschichtliche Bemerkungen anhand von Beispielen aus dem spätmittelalterlichen und frühneuzeitlichen Österreich, in: Kommunikation und Alltag in Spätmittelalter und Früher Neuzeit, Wien 1992, S. 219-249.
[5] J. Habermas, Theorie des kommunikativen Handelns, 2 Bde., Frankfurt 1981.

stehen und bestehen nämlich durch Kommunikation, die gleichzeitig für die innere Differenzierung der Systeme wie für deren Abschließung nach außen verantwortlich ist.[6] Diesem Paradigma ist Werner Faulstich in seiner „Mediengeschichte" für das Mittelalter gefolgt, in dem er als kommunikativ abgeschlossene Teilsysteme bzw. Teilöffentlichkeiten Hof/Burg, Land/Dorf, Kloster/Universität sowie Kirchenraum und Stadt herausarbeitet.[7] Allerdings stellt sich hier die Frage, ob diese Teilsysteme wirklich so abgeschlossen waren, wie Faulstich in Anlehnung an Luhmann suggeriert. Auch Habermas' Theorie des kommunikativen Handelns, die soziales Handeln von Intentionen, Werten und Normen der Akteure her rekonstruieren möchte, ist für den Kommunikationshistoriker nur schwer zu operationalisieren.

Entsprechend hat sich die historische Kommunikationsforschung zumeist eine dritte Definition von Kommunikation zu eigen gemacht, nämlich *Kommunikation als vermitteltem Prozeß*. Ein Kommunikator oder Sender tritt über ein Medium mit einem Rezipienten oder Empfänger in Beziehung und übermittelt ihm eine Information.[8] Das besondere Interesse gilt also der Übermittlung und deren Medium, und zwar in der Kommunikationswissenschaft wie in der Geschichtswissenschaft. So gliedert Harry Pross die Medienlandschaft und damit auch die Mediengeschichte nach dem Einsatz technischer Hilfsmittel in primäre Medien – z.B. Sprache, Gestik, Mimik –, in sekundäre Medien – beispielsweise Bild, Schrift, Druck – sowie in tertiäre, vom Einsatz technischer Geräte abhängige Medien wie Telegraf, Telefon, Radio, Fernsehen und Computer.[9] Auf dieser Grundlage konzipiert er verschiedene Perioden der Mediengeschichte, die auch für die Rekonstruktion der Kommunikationsgeschichte zu berücksichtigen sind. Danach begann die erste Periode der europäischen Mediengeschichte mit der Ausbreitung der Schriftlichkeit im 12. und 13. Jahrhundert und reichte bis zum Ende des 18. Jahrhunderts; die zweite Periode umfaßte die Zeit des Aufkommens der elektrischen Medien im 19. Jahrhundert bis zur Erfindung des Films; die dritte und vierte Periode

---

[6] N. Luhmann, Soziale Systeme. Grundriß einer allgemeinen Theorie, Frankfurt 1984; Ders., Die Gesellschaft der Gesellschaft, Frankfurt 1997. Die Literatur zu Luhmann ist kaum mehr zu übersehen. Eine Auseinandersetzung im Hinblick auf die kommunikationshistorische Forschung bietet V. Depkat, Kommunikationsgeschichte zwischen Mediengeschichte und der Geschichte sozialer Kommunikation. Versuch einer konzeptionellen Klärung, in: K.-H. Spieß (Hg.), Medien der Kommunikation im Mittelalter, (im Druck).
[7] W. Faulstich, Medien und Öffentlichkeit im Mittelalter 800-1400, Göttingen 1996, S. 270.
[8] R. Burkart, Kommunikationswissenschaft, S. 35-38.
[9] H. Pross, Medienforschung, Darmstadt 1972, S. 127f.

waren dann durch die Entwicklung des Fernsehens und des Transistors gekennzeichnet.[10]

Dagegen schlagen Michael Giesecke und auch Peter Burke eine andere Periodisierung vor. Für sie liegt der entscheidende Einschnitt an der Wende zur Neuzeit, als mit dem Übergang von der Handschrift zum Druck, d.h. mit dem Übergang von der skriptographischen zur typographischen Epoche der Kommunikationsgeschichte, ein neues Kommunikationssystem aus Druckern, Verlegern und Buchhändlern entstand. Die nächste große Umwälzung fand dann erst mit den elektrischen und elektronischen Medien im 19. und 20. Jahrhundert statt.[11]

Einen anderen, Medien und Kommunikation verbindenden Ansatz verfolgt dagegen das Institut für Europäische Kulturgeschichte in Augsburg. Ausgangspunkt ist die Prämisse, daß eine entscheidende Besonderheit der europäischen Kultur der Neuzeit darin bestand, Wissen jeglicher Form erfolgreich zu produzieren und zu speichern, geographisch, gesellschaftlich und historisch zu transformieren und in Anpassung an die jeweils gewandelten Umstände und Erfordernisse weiterzuentwickeln. Untersucht wird dabei, über welche Medien die Wissensproduktion, -speicherung etc. stattfand, und welche kommunikativen Prozesse dabei abliefen.[12]

Für den vorliegenden Sammelband wurden zwei grundlegende Umwälzungen der Kommunikationssysteme herausgegriffen, nämlich die Epochenumbrüche des 16. und des 19. Jahrhunderts. Unser Vorschlag, sie als Kommunikationsrevolution(en) aufzufassen und zu bezeichnen, hat erfreulicherweise breite Akzeptanz gefunden. Die wesentlichen Gesichtspunkte dafür waren einerseits der Einsatz mehrerer neuer Medien sowie die Beschleunigung und die Diffusion des Informationsaustausches andererseits. Im Mittelpunkt der Analysen stehen deshalb die neuen Medien des 16. Jahrhunderts (Buch, Pamphlet, Zeitung) und des 19. Jahrhunderts (Telefon, Telegraf, interkontinentaler Brief) sowie als räumliche Bezugspunkte die internationalen Kommunikationszentren Venedig, Antwerpen, Amsterdam und London, ohne daß die-

---

[10] H. Pross, Geschichte und Mediengeschichte, in: M. Bobrowsky, W. Duchkowitsch und H. Haas (Hgg.), Medien- und Kommunikationsgeschichte, Wien 1987, S. 8-22.

[11] M. Giesecke, Der Buchdruck in der Frühen Neuzeit. Eine historische Fallstudie über die Durchsetzung neuer Informations- und Kommunikationstechnologien, Frankfurt am Main 1991, S. 35; P. Burke, Information und Kommunikation im Europa der Frühen Neuzeit, in: Frühneuzeit-Info 2 (1991), S. 13-19.

[12] J. Burkhardt, W. E.J. Weber, Wissensfelder der Neuzeit. Entstehung und Aufbau der europäischen Informationskultur, Augsburg 1998 (= Informationsunterlagen des Graduiertenkollegs am Institut für Europäische Kulturgeschichte H. 1).

se Auswahl Vollständigkeit beanspruchen würde. Mit den neuen Medien entstand im 16. Jahrhundert ein mehrgliedriges Kommunikationssystem. Das Buch diente der räumlich und zeitlich unbegrenzten Speicherung und dem Transport von Information mit dem Ziel der Wissensvermittlung und Belehrung. Das Pamphlet diente dem politischen Diskurs, indem es die öffentliche Meinung beeinflußte und erstmals maßgeblich ein öffentliches Nachdenken über Religion und Gesellschaft in Gang setzte. Die Zeitung schließlich erschloß aktuell und informativ die Welt, um auf diese Weise für breite Schichten erstmals die Entwicklung eines Gesamtbildes zu ermöglichen.

Die bisherigen, an soziale Systeme oder Institutionen gebundenen Kommunikationssysteme wurden mithin aufgebrochen und durch ein marktorientiertes System ersetzt. Informationen wurden beispielsweise nicht mehr exklusiv über Mönchsorden, Universitäten oder Kaufmannskontore verbreitet, sondern gelangten auf einen Informationsmarkt, an dem jeder ebenso wie am Nachrichtensystem der Post – soweit er die hohen Kosten aufzubringen vermochte – teilhaben konnte. Diese „Demokratisierung" der Kommunikation beschleunigte die Herausbildung einer öffentlichen Meinung und trug so zu einer wachsenden (Bewußtseins-) Bildung auf den Gebieten Politik, Religion, Gesellschaft, Wirtschaft und Wissenschaft bei. Entscheidend dabei war die Erfassung immer größerer Bevölkerungskreise durch die Verschriftlichung, das gedruckte Wort. Ohne sie wären weder der Prozeß der Konfessionalisierung und der Verdichtung des frühmodernen Staates noch – vorausgehend und parallel – die kommunikative Konstitution von Regionen möglich geworden.[13]

Ähnlich revolutionär waren die Veränderungen, die durch Seekabel und Telegraph im 19. Jahrhundert ausgelöst wurden, indem die Kontinente enger zusammenwuchsen. Nachrichten zwischen Nordamerika und Europa konnten in vier Minuten übertragen werden, was innerhalb kürzester Zeit eine weltwei-

---

[13] H. R. Schmidt, Konfessionalisierung im 16. Jahrhundert, München 1992; H. Schilling, Die Konfessionalisierung im Reich. Religiöser und gesellschaftlicher Wandel in Deutschland zwischen 1555 und 1620, in: HZ 246 (1988), S. 1-45; W. Reinhard, Zwang zur Konfessionalisierung? Prolegomena zu einer Theorie des konfessionellen Zeitalters, in: ZHF 10 (1983), S. 257-277; Ders., Geschichte der Staatsgewalt. Eine vergleichende Verfassungsgeschichte Europas von den Anfängen bis zur Gegenwart, München 1999, S. 388-405; W. E.J. Weber, Die Bildung von Regionen durch Kommunikation. Dimensionen eines historischen Modells, in: R. Kießling (Hg.), Region und Kommunikation, Memmingen 2001, S. 43-68.

te Information über Waren, Märkte und Preise und damit eine fortschreitend engere Verflechtung der Weltwirtschaft ermöglichte.[14]

Entsprechend werden in dem vorliegenden Sammelband in übergreifenden Beiträgen die Auswirkungen der Kommunikationsrevolutionen auf Wirtschaft, Gesellschaft und Politik untersucht. Es ist zwar klar, daß Kommunikation für jedes menschliche Handeln Voraussetzung ist, aber es ist auch offenkundig, daß Fortschritte in der Kommunikation neben militärisch-politischen vor allem ökonomischen Interessen zu verdanken sind. Ein Beispiel wäre die zur Zeit ebenfalls als neues Medium thematisierte Post. Von Maximilian I. 1490 unter der unternehmerischen Führung des Hauses Taxis gegründet, um die politischen Kommunikationsbedürfnisse des durch das Burgundische Erbe expandierenden Habsburgerreiches zu befriedigen, entwickelte sich die Post weiter, indem sie Postdienstleistungen für Privatleute anbot und bald zu einem eigenständigen Dienstleister auf dem entstehenden Informationsmarkt avancierte.[15] In diesem Zusammenhang ebenfalls zu erwähnen sind beispielsweise die Novellanten, die als erste berufsmäßige Zeitungsschreiber bereits im 16. Jahrhundert die Nachrichten aus der Neuen Welt sowohl Fürsten als auch Kaufleuten verfügbar machten. Einen Schritt weiter gingen die Zeitungs- und Nachrichtenunternehmer Amsterdams und Londons im 17. Jahrhundert. Das klassische Beispiel hierfür ist Edward Lloyd, der Besitzer eines Kaffeehauses in der Londoner Lombard Street, dem Finanzzentrum der City. Er gründete eine Zeitung, die sich auf Informationen über den Schiffsverkehr spezialisierte. Aus diesem Nachrichtenunternehmen entwickelte sich später die Seeversicherung, für die Lloyds heute noch bekannt ist. Ein weiteres Beispiel für die engen Verbindungen zwischen Ökonomie und Kommunikation bieten die im 19. Jahrhundert entstandenen Nachrichtenagenturen Reuter in Großbritannien und Wolff in Deutschland. Reuter hatte seine unternehmerischen Aktivitäten mit dem Verkauf von Börsendaten begonnen und dabei fehlende Telegrafenverbindungen, beispielsweise zwischen Aachen und Brüssel, mit einer Taubenpost überbrückt; andernfalls hätte er die Kurse der Pariser

---

[14] Vgl. z.B. H.-J. Teuteberg und C. Neutsch (Hgg.), Vom Flügeltelegraphen zum Internet. Geschichte der modernen Telekommunikation, Stuttgart 1998; J. Ahvenainen, The History of the Caribbean Telegraphs before the First World War, Helsinki 1996.

[15] W. Behringer, Thurn und Taxis. Die Geschichte der Post und ihrer Unternehmen, München 1990; Ders., Bausteine zu einer Geschichte der Kommunikation. Eine Sammelrezension zum Postjubiläum, in: ZHF 21 (1994), S. 92-112; Ders., „Die Welt in einen anderen Model gegossen". Der Strukturwandel des frühneuzeitlichen Kommunikationswesens am Beispiel der Reichspost, Habil.-Schrift, Bonn 1996.

Börse nur mit größerem Zeitverlust übermitteln können.[16] Neben den ökonomischen Auswirkungen der neuen Medien dürfen natürlich die kulturellen nicht vergessen werden. An dieser Stelle sei nur die Entstehung einer auf Buch, Bibliotheken und Sammlungen basierenden frühneuzeitlichen Wissensgesellschaft hingewiesen.[17] Aber auch neue Möglichkeiten der Wissensspeicherung und -verarbeitung für ein generationsübergreifendes kulturelles Gedächtnis wären hier zu nennen.[18]

Wie jede neuzeitliche Kommunikationsgeschichte beginnt auch der vorliegende Band mit dem Buch und dem Buchdruck, da der Übergang von den skriptographischen zu den typographischen Medien wie oben vermerkt die bestehenden Kommunikationssysteme grundlegend veränderte. So stellt Erdmann Weyrauch das Medium Buch als einen der wichtigsten Träger kommunikativer Prozesse in der Frühen Neuzeit vor. Indem die Buchauflagen von 100-300 im 15. Jahrhundert auf 1.000-1.500 im 16. Jahrhundert stiegen, wurden im deutschen Sprachraum während des 16. Jahrhunderts mindestens 70-90 Mill. Bücher produziert, also weit mehr Bücher als im Alten Reich Menschen lebten. Es entstand ein Netz aus Autoren, Druckern, Verlegern, Buchhändlern und Lesern, das die Reichweite des Kommunikationsprozesses vergrößerte und damit das Kommunikationssystem veränderte. Das beliebig zu vervielfältigende Massenmedium Buch ermöglichte nämlich zum ersten Mal eine zeit- und raumversetzte Kommunikation, da es zeit- und ortsungebundene Inhalte verfügbar und reproduzierbar machte. Ein weiteres neues Medium des 16. Jahrhunderts war das Pamphlet oder Flugblatt, eine auf aktuelle Anlässe bezogene Gelegenheitsschrift. Durch Druckerzeugnisse dieser Art erhielten mehr Menschen als je zuvor Informationen über politische Ereignisabläufe und damit Mitwirkungsmöglichkeiten daran. Es entstand erstmals ein System des öffentlichen Meinungsaustausches, eine neue politische Kultur. Olaf Mörke unterscheidet Pamphlete des innenpolitischen Diskurses, die in der Formierungsphase des frühmodernen Staates entstanden, und Pamphlete des zwischenstaatlichen Diskurses, die in der Konkurrenz der verschiedenen po-

---

[16] D. Donald, The Power of News: The History of Reuters, Oxford 1999; D. Basse, Wolff's telegraphisches Bureau 1849 bis 1933, München 1991; J. Wilke (Hg.), Telegraphenbüros und Nachrichtenagenturen in Deutschland. Untersuchungen zu ihrer Geschichte bis 1949, München/New York/London/Paris 1991.

[17] P. Burke, Papier und Marktgeschrei: Die Geburt der Wissensgesellschaft, Berlin 2001.

[18] Dies ist aber kein ausschließlich neuzeitliches Phänomen, vgl. J. Assmann, Das kulturelle Gedächtnis. Schrift, Erinnerung und politische Identität in frühen Hochkulturen, München 1997. Dennoch liegt der Forschungsschwerpunkt des Augsburger Institutes für Europäische Kulturgeschichte gerade auf diesem Gebiet.

litischen Systeme Europas ihren Ursprung hatten. Die wachsende Nachfrage nach solchen Pamphleten bereitete dann im 18. Jahrhundert den Übergang zum politischen Journalismus.

Zeitungen waren ohnehin das – neben dem Buch – wichtigste Medium der Frühen Neuzeit. Hier sind mit Michel Morineau zwei Entwicklungsetappen hervorzuheben: 1. die *avvisi*, die handschriftlichen Zeitungen des 16. Jahrhunderts, die von berufsmäßigen Zeitungsschreibern verfaßt, als Brief versandt und sowohl von den europäischen Fürsten als auch von oberdeutschen Kaufleuten wie den Fuggern subskribiert wurden; 2. die seit dem beginnenden 17. Jahrhundert in Straßburg, Amsterdam, Frankfurt, Hamburg, Köln und Danzig periodisch erscheinenden gedruckten Tageszeitungen, die im Falle der holländischen Zeitungen mit über 1.000 Abonnenten im 18. Jahrhundert eine europaweite Verbreitung erfuhren.[19] Eng verbunden mit dem Medium Zeitung waren die frühneuzeitlichen Informationszentren Venedig und Antwerpen sowie Amsterdam, die Renate Pieper bzw. Cora Gravesteijn untersuchen. Venedig verbreitete – zunächst noch handschriftlich – mit Hilfe der *avvisi* die Nachrichten aus Südeuropa und der Neuen Welt, wobei Augsburg und später Köln die wichtigsten Kommunikationszentren des Reiches wurden.[20] Dagegen avancierte Amsterdam im 17. Jahrhundert zum Nachrichtenzentrum für Nordwesteuropa – das entsprechende Zentrum im Reich war Hamburg.[21] Darüber hinaus zeichnete sich Amsterdam durch die Publikation offizieller Waren-Preis-Courants und Wechselkurs-Courants aus, was den allmählichen Übergang von einem privaten zu einem öffentlichen Kommunikationssystem markiert.

Ein zweiter einschneidender Innovationsschub im Bereich der Medien und ein Wandel der Kommunikationssysteme setzten im 19. Jahrhundert ein, was diesem Phänomen wie im 16. Jahrhundert die Bezeichnung Kommunikationsrevolution eingetragen hat. Hierbei spielte der Telegraf eine entscheidende Rolle. Für die Verbreitung dieses neuen Mediums waren drei technologi-

---

[19] W. Behringer, Strukturwandel, S. 269-333.
[20] Vgl. jetzt auch R. Pieper, Die Vermittlung einer neuen Welt. Amerika im Nachrichtennetz des Habsburgischen Imperiums 1493-1598, Mainz 2000. Zu Augsburg bzw. Köln siehe: W. Behringer, Fugger und Taxis. Der Anteil Augsburger Kaufleute an der Entstehung des europäischen Kommunikationssystems, in: J. Burkhardt (Hg.), Augsburger Handelshäuser im Wandel des historischen Urteils, Berlin 1996, S. 241-248; G. Mölich und G. Schwerhoff (Hgg.), Köln als Kommunikationszentrum. Studien zur frühneuzeitlichen Stadtgeschichte, Köln 1999.
[21] C. Prange, Die Zeitungen und Zeitschriften des 17. Jahrhunderts in Hamburg und Altona. Ein Beitrag zur Publizistik der Frühaufklärung, Hamburg 1978.

sche Entwicklungen maßgeblich: 1. eine fortgeschrittene Elektrotechnik; 2. die Entdeckung eines Isoliermaterials für Unterwasserkabel; 3. der Bau von Eisenschiffen, die die langen Kabel transportieren und legen konnten. Jorma Ahvenainen zeichnet die Entwicklung des Telegrafen vom Inlandgebrauch entlang der Bahnstrecken bis zur weltweiten Verkabelung der Ozeane nach und zeigt, wie dieses Medium die Dauer der Nachrichtenübermittlung radikal verkürzte. Benötigte ein Brief in den 1860er Jahren zwischen Indien und London noch 30-40 Tage und von Nordamerika nach London 14-17 Tage, so betrug die Zeitspanne zwischen der Absendung einer Nachricht über den Telegrafen und der Veröffentlichung in der Presse nach 1870 nur noch 2-3 Tage, gleich ob die Mitteilung aus Indien oder Nordamerika stammte. Aufgrund der hohen Kosten – 1875 kostete die Übermittlung eines Wortes von Westindien nach Europa 10 Francs – machten aber von diesem Medium in erster Linie Nachrichtenagenturen und die Presse Gebrauch, die Wechselkurse und Warenpreise veröffentlichten. Die großen mit der Einführung des Telegrafen verbundenen Hoffnungen auf eine weltweite Kommunikation wurden somit enttäuscht. Insbesondere in Großbritannien und seinen Kolonien hatte man sich vom Telegrafen neben der militärischen Stärkung eine kommunikative Vernetzung des Empire versprochen, aber diese blieb – wie Robert Boyce verdeutlicht – aufgrund der hohen Kosten eine Illusion. Allein Bankiers und Kaufleute und damit das Handels- und Finanzzentrum London profitierten von dem Telegrafen, so daß sich der Informationsfluß paradoxerweise verengte.

Ergänzt wurde die telegrafische Kommunikation durch das Telefon, bei dem die Spanne zwischen seiner Erfindung (Patentanmeldung 1876) und seiner Einführung (1878 U.S.A., Kanada, Brasilien; 1879 Großbritannien, Frankreich; 1881 Deutsches Reich) unverhältnismäßig kurz war. Dabei muß jedoch, so Horst A. Wessel, zwischen eigenständigen Telefonnetzen wie in Großbritannien und Telegrafenstellen mit Fernsprechbetrieb wie in Deutschland unterschieden werden. Insgesamt nahmen Telefon und Telegraf jedoch unterschiedliche Funktionen wahr. Das Telefon diente für kurze mündliche Mitteilungen, wogegen sich der Telegraf durch die Schriftlichkeit auszeichnete. Insgesamt zeigt die Entwicklung der Telefonnetze einen rapiden Verlauf. Während in Deutschland 1883 erst 6.120 Fernsprechteilnehmer registriert waren, wuchs die Zahl bis zum Jahre 1913 auf 1.387.300. Ähnlich hohe Zuwachsraten (von 334 Mill. Sendungen 1870 auf 6.824 Mill. Sendungen 1913 im Deutschen Reich) erreichte der Briefverkehr. Daher kann man laut Cornelius Neutsch mit Recht von einem dreigliedrigen aus Telegraf, Telefon und Brief bestehenden Kommunikationssystem der Welt vor 1914 sprechen. Daß der Brief in diesem System, durchaus konkurrenzfähig blieb, verdankt er der gewaltigen Portoverbilligung durch den Allgemeinen Postvertrag (1874) und die Gründung des Weltpostvereins (1878) einerseits sowie der Verkürzung der internationalen und interkontinentalen Brieflaufzeiten durch Eisenbahn und Dampfschiff (Bahnpost-Postdampfer-Netze) andererseits.

Die abschließenden Beiträge sind übergreifenden Aspekten der Kommunikationsgeschichte gewidmet. Philip Cottrell untersucht am Beispiel Londons die langfristigen Veränderungen des Kommunikationssystems. Diese begannen nicht erst mit Telegraf und Telefon, sondern im 18. Jahrhundert mit der Expansion der Zeitungsverlage. Gleichzeitig wurde das Postkutschensystem (Stage-Coach System) der Royal Mail entwickelt, das den Postverkehr beschleunigte und den Zeitungsumsatz im Land verdoppelte. Bereits um die Mitte des 18. Jahrhunderts waren täglich 100.000 Londoner Zeitungen – auch in die Provinz – verkauft worden. Den nächsten Wandel brachte dann der Eisenbahnverkehr seit den 1840er Jahren, der sich zur wichtigsten Postbeförderungsart entwickelte und einen schnellen Briefverkehr ermöglichte. Auf die wechselseitigen Zusammenhänge der Verkehrs- und der Kommunikationsrevolution macht ebenfalls Rolf Walter aufmerksam. Ein Beispiel hierfür ist für ihn der Telegraf, der die Wegerechte der Eisenbahn nutzte, wogegen die Eisenbahn bei der Abstimmung ihrer Fahrpläne vom Kommunikationsmedium des Telegrafen profitierte. Insgesamt wurden durch die Verkehrs- und Kommunikationsrevolutionen die ökonomischen Entfernungen (= Entfernungen gemessen in Frachtpreisen) verkürzt. Die Märkte rückten einander näher, so daß sich die Preisunterschiede während der zweiten Hälfte des 19. Jahrhundert harmonisierten; d.h., es entstand das, was wir als Markttransparenz bezeichnen. Markttransparenz und ein zunehmend anonymes Marktgeschehen machten dann den Weg frei für neue Kommunikationsformen wie die Werbung. Dabei veränderten sich jedoch im Laufe der Zeit, so Clemens Wischermann, Bedeutung und Charakter der Werbung. Entstanden in der liberalen Wettbewerbswirtschaft des 19. Jahrhunderts als Mittel der Konsumentenbeeinflussung (Reklame) verlor sie im 20. Jahrhundert ihre rein ökonomische Funktion und entwickelte sich in jüngster Zeit zu einem neuen sinnstiftenden Element, das eine Werbe- oder Warenwelt eigener Identität schaffte.

Wenn wir die Kommunikationsrevolutionen des 16. und 19. Jahrhunderts zum Abschluß noch einmal vergleichend betrachten, dann fallen mehrere scheinbar paradoxe Phänomene auf. Zu diesen gehört die Tatsache, daß trotz der revolutionären Umwälzungen der Kommunikationssysteme die Entwicklung der einzelnen Medien durchaus evolutionär verlief. Das gilt z.B. für das 16. Jahrhundert, in dem zwar das Schlüsselmedium Buch (Giesecke) die Kommunikationsstrukturen innerhalb von 50 Jahren radikal veränderte, die anderen Medien aber, wie die – anfänglich noch handgeschriebenen – Zeitungen und die Pamphlete, Entwicklungen von längerer Dauer durchmachten, die erst mit der Entstehung eines Informations- und eines Meinungsjournalismus im 17. und 18. Jahrhundert ihren Endpunkt erreichten. Ein weiterer Widerspruch ergibt sich daraus, daß die Beschleunigung der Kommunikation, gleich ob es sich um das 16. oder das 19. Jahrhundert handelt, oftmals zu einer Verengung des Kommunikationsflusses führte, da die Beteiligung am Informationsaustausch – dies betrifft auch die Inanspruchnahme der Kommunikation per Post – für die Mehrheit der Bevölkerung unerschwinglich blieb. In diesem Zusammenhang stellt sich ohnehin die Frage nach den sozialen Kosten der Kommunikationsrevolutionen: Welche gesellschaftlichen Auswirkungen zeitigte der Informationsvorsprung einer gesellschaftlichen Gruppe oder eines bestimmten Landes auf Kosten anderer Gruppen oder Länder?

Wir stoßen hier auf ein Problem, das zum ersten Mal angesichts der enttäuschten Telegrafenhoffnungen in den britischen Kolonien artikuliert wurde und heute wiederum als Folge der Internetrevolution zu beobachten ist. Ganze Regionen der Erde und beträchtliche Teile der Gesellschaft werden von den neuen Informationstechnologien ausgeschlossen. Das kann amerikanische Innenstädte und französische Vororte ebenso treffen wie afrikanische Townships, südamerikanische Favelas oder benachteiligte ländliche Gebiete in China und Indien.[22]

Gerade auf diesem Gebiet liegt eine vordringliche Aufgabe künftiger Forschung, die angesichts des elektronischen Medienzeitalters mit all seinen negativen Auswüchsen eine ständige Herausforderung für Kommunikationshistoriker und Kommunikationswissenschaftler sein wird.

---

[22] M. Castells, The Rise of the Network Society, Oxford 1996, S. 34.

DAS BUCH ALS TRÄGER DER FRÜHNEUZEITLICHEN KOMMUNIKATIONSREVOLUTION

von

Erdmann Weyrauch

Der Buchhistoriker, eingeladen zu einem Beitrag über "Das Buch als Träger der frühneuzeitlichen Kommunikationsrevolution", muß eine Frage ungeprüft lassen: ob es eine gesamtgesellschaftliche Revolution in der Frühen Neuzeit gegeben habe. Die Frühneuzeitforschung spricht jedenfalls von grundsätzlichen gesamtgesellschaftlichen Veränderungsprozessen, mögen sie nun als Revolution, Krise, Diskontinuitäten, Schwellenzeit, Wandel, Umbruch oder sonstwie bezeichnet werden. In den nachfolgenden Überlegungen wird weiterhin ohne besondere Erörterung angenommen, daß sich (auch) die frühneuzeitliche Gesellschaft durch eine spezifisch neue Form der Kommunikation als soziales System konstituierte und sich sowohl die gesellschaftliche Gestalt als auch die kommunikativen Formen zwischen etwa 1500 und 1800 in bezeichnender Weise entwickelt und gewandelt haben. Wann und wie sich diese gesellschaftlichen Prozesse im Einzelnen vollzogen haben, muß hier undiskutiert bleiben.[1]

Zum Objekt "Buch" dagegen, oder richtiger: zu den "Büchern" der Frühen Neuzeit ist allerdings etwas zu sagen, wenn versucht werden soll, die epochale Rolle zu umschreiben, die das Buch in der Zeit von etwa 1500 bis zum Beginn des 19. Jahrhunderts gespielt hat. Zu sagen wäre ebenso etwas zur bisherigen Behandlung des frühneuzeitlichen Buches in der Perspektive unseres Themas durch die dafür zuständige Disziplin, die Buchwissenschaft bzw. die Geschichte des Buchwesens. Schließlich ist aufzuzeigen, welche heute erkennbaren Faktoren das Buch zum Träger der kommunikativen Prozesse und Veränderungen der Frühneuzeit machten. Der folgende Beitrag ist also in drei Abschnitte gegliedert, denen jeweils eine zentrale These zugeordnet ist.

---

[1] Grundlegend mit den wichtigsten Literaturangaben W. Schulze, Einführung in die Neuere Geschichte, Stuttgart 1987, und P. Blickle, Unruhen in der ständischen Gesellschaft 1300-1800, München 1988, sowie ebda. S. 142-144 alle einschlägigen Frühneuzeit-Themen der Enzyklopädie deutscher Geschichte [soweit bisher erschienen].

I.

Das Objekt Buch läßt sich hinreichend nach Quantitäten und Bereitstellungsqualitäten umschreiben. Seit seiner "Erfindung" durch Gutenberg ist ein Buch das Ergebnis eines komplizierten, vielgliederigen handwerklichen Produktionsvorganges, der in aufeinander bezogenen technischen Spiegelungsprozessen eine effektive Herstellung und Vervielfältigung von Texten, Zeichen und Bildern erlaubt. Es ist eine ökonomische Ware, die Kapital und Unternehmer voraussetzt, den Markt braucht und Marktbedingungen unterliegt. Es ist Träger nichttechnischer, nichtökonomischer Funktionen, die hier in Kürze mit dem Begriff des Mediums etikettiert werden sollen.[2]

Ein halbes Jahrhundert nach Gutenbergs bahnbrechender Tat waren nach neueren Einschätzungen etwa 28.000 bis 30.000 Titel gedruckt. Die Druckkunst hatte in eineinhalb Generationen ihre europaweite Ausbreitung – unter Ausbildung regionaler Zentren in Ober- und Süddeutschland, Ober- und Mittelitalien, weiten Teilen Frankreichs und Spaniens – erreicht, weil sie sich geschickt in den Dienst kirchlicher Interessen gestellt, das Zusammenspiel mit den Universitäten gesucht und vor allen Dingen die vorzügliche Integration in städtische Funktionen und Möglichkeiten gefunden hatte. Ohne Stadt kein Buchdruck. Hier gab es das notwendige Kapital, hier speiste eine ausreichende Anzahl von Autoren die wachsende Gefräßigkeit der Offizinen, hier funktionierte der Markt und hier fragte ein ausreichendes Publikum nach. Gleichwohl hatte der Buchdruck um 1500 noch nicht sein Proprium gefunden. Die Symbiose von neuer Vervielfältigungstechnologie und ihren ökonomischen Potentialen sowie den aufreizenden, revolutionären Bedürfnissen, theologischen, ideologischen, agitatorischen, sozialen oder politischen Inhalts, die in der Mitte des zweiten Jahrzehnts des 16. Jahrhunderts losgetreten wurden, hat jene Verbindung geschaffen, die die neuere Forschung in die janusköpfige Formel gegossen hat: Ohne Buchdruck keine Reformation. Ohne Reformation "kein Buchdruck". Welthistorisch darf Wittenberg viel eher als "eigentlicher" Geburtsort der Gutenberg-Galaxis gelten denn Mainz! Agitationspotential, Produktdynamik, Bereitstellungsqualität, Profitversprechen, Herstellungseffizienz, Einpassungsfähigkeit in die wachsenden Bedürfnisse nach Schriftlichkeit wie die gestiegenen Verkehrs- und Mobilitätschancen – diese und andere Faktoren machten zu Beginn des 16. Jahrhunderts das Massenmedium Buch zum – wie Giesecke sagt – Schlüsselmedium. Der Buchdruck ist mithin die Errungenschaft des ersten frühneu-

---

[2] Die ältere und neuere Literatur verzeichnen im Einzelnen die Wolfenbütteler Bibliographie zur Geschichte des Buchwesens im deutschen Sprachgebiet <1840-1980>, bearb v. E. Weyrauch, I ff., München [usw.] 1988ff. sowie die Bibliographie der Buch- und Bibliotheksgeschichte, bearb. von H. Meyer, I ff., Bad Iburg 1982ff. [Jahresbibliographie].

zeitlichen Jahrhunderts und in der welthistorischen Langzeitwirkung eine Errungenschaft, die die konfessionelle Systemdifferenzierung bei weitem aussticht. Das sog. konfessionelle Zeitalter verabschiedete sich im Grunde in Münster und Osnabrück 1648, die Gutenberg-Galaxis verflimmert erst heute in game boys, CDs und Tele-Realitäten.[3]

Auf der Basis der bisherigen Ergebnisse des "VD16"[4] wird die Zahl der tatsächlich im 16. Jahrhundert publizierten Drucke (Titel) auf 140 bis 150 Tausend geschätzt. 90.000 davon werden im VD16 bibliographisch nachgewiesen. Nimmt man die annehmbaren und nachprüfbaren Informationen über Auflagenhöhen der Zeit zur Hand, läßt sich die präsumptive Gesamtzahl der gedruckten Bücher (Exemplare) hochrechnen. Es seien die Unwägbarkeiten und Unsicherheiten eines derartigen Verfahrens nicht unterschlagen, es scheint aber, da im Ganzen methodisch kontrollierbar, nicht unerlaubt.

Für die Wiegendruckzeit werden zwischen 100 und 300 Exemplare je Druck angenommen (Corsten). Gegen Ende des 15. Jahrhunderts seien 1.000 Stück nichts Außergewöhnliches mehr gewesen. Für das 16. Jahrhundert schwanken die Annahmen und (wenigen) Belege über die durchschnittliche Auflagenzahl zwischen 1.000 und 1.500 Stück. Philipp Gaskell hat bereits vor Jahren – allerdings für das 18. Jahrhundert – deutlich machen können,[5] daß es in dem Bündel der Faktoren, die die Herstellung eines Buches beeinflußten, nahezu unmöglich war, die Kosten eines Exemplars unter 90% der Exemplarkosten einer 1.500er Auflage zu drücken, gleich wieviel Exemplare überhaupt gedruckt wurden. Es gelingt ihm der Nachweis, daß die Kosten einer Druckeinheit bei einer Auflage von 4.000 Stück 95% der Exemplarkosten einer 2.000er Auflage ausmachten. Das heißt, auch bei "Bestsellern" hatte unter den Produktionsbedingungen der Frühneuzeit die Erhöhung der Auflage ökonomische Grenzen, die nur selten jenseits einer Auflage von 1.500 Stück lagen. Ein Vervielfältigungsfaktor von 600 Exemplaren, der hier zugrunde gelegt wird, scheint eher falsch, weil er untertreibt.

Damit steht fest: im 16. Jahrhundert dürften im deutschen Sprachgebiet 70 bis 90 Mill. Exemplare gedruckter Bücher hergestellt worden sein, mehr Bücher mithin, als insgesamt Menschen im Jahrhundertverlauf im Gebiet des alten Reiches gelebt haben.

Auf der Grundlage eines 1.000 Einheiten Sample von VD16-Titeln ergibt sich ein mittlerer Bogenumfang – und der Druckbogen ist die maßgebliche Arbeitseinheit, die unabhängig von der sich aus dem späteren Format des

---

[3] Vgl. hierzu E. Weyrauch, Reformation durch Bücher: Druckstadt Wittenberg, P. Raabe (Hg.), 550 Jahre Buchdruck in Europa, Weinheim 1990, S. 53-64.
[4] Verzeichnis der im deutschen Sprachgebiet erschienenen Drucke des XVI. Jahrhunderts, VD16. Hg. von der Bayer. Staatsbibliothek in Verb. mit der Herzog August Bibliothek in Wolfenbüttel, Red. I. Bezzel, I. Abt., I ff., Stuttgart 1983ff.
[5] P. Gaskell, A New Introduction to Bibliography, Oxford 1972, S. 160ff.

Drucks ergebenden Seitenzahl hier von Belang ist – von etwa 5 bis 6 Druckbogen.

Jeder Taschenrechner ermittelt die folgenden Zahlen: insgesamt im Jahrhundertverlauf 480 Mill. Druckbogen = 1 Mill. Ries (die zeitübliche Verpackungs- und Handelseinheit für Papier) = 1,2 bis 1,5 Mill. Gulden Papierkosten oder 2,5 bis 3 Mill. Gesamtgestehungskosten der Buchproduktion des 16. Jahrhunderts. Für etwa 60 Druckbogen hatten drei Leute, ein Setzer und zwei Drucker an der Presse, mindestens einen Arbeitstag aufzuwenden. Hinter 70 bis 90 Mill. gedruckter Bücher verbergen sich daher etwa 24 Mill. Arbeitstage.

Eine besonnene Gegenprobe, die alle bekannten empirischen Belege über das Druckhandwerk und die Zahl der Betriebe zur Hand nimmt und alle weiteren einschlägigen zeitspezifischen Informationen zu berücksichtigen versucht,[6] zählt für das gesamte 16. Jahrhundert etwa 1.500 Druckereien und Offizinen. Die Gesamtmitarbeiterschaft der Druckbetriebe des 16. Jahrhundert dürfte mit 6.000 Personen durchaus realistisch angesetzt sein.

Ende des 15. Jahrhunderts erbrachte in einer Kölner Offizin ein Beschäftigter eine Tagesleistung von 20 Druckbogen. Auf die rund 250 Tage bezogen, die man im 16. Jahrhundert jährlich zu arbeiten pflegte, ergeben sich, summa summarum, rund 30 Mill. Druckbogen je Arbeitsjahr der 6.000 im Druckgewerbe Beschäftigten. Damit wurden im Jahrhundertverlauf bei nur angenommenen 15 Jahren voller Berufstätigkeit je Beschäftigten zusammengezählt etwa 450 Mill. Druckbogen produziert.

Dem Berechnungsansatz auf der Basis der Gesamtbuchproduktion mit seinen 480 Mill. Druckbogen stehen 450 Mill. Bogen gegenüber, die in der Kalkulation auf der Grundlage der zu vermutenden handwerklichen Leistungsfähigkeit der Offizinen gründen. Die Differenz darf in Anbetracht der nicht auszumerzenden Berechnungsunsicherheiten vernachlässigt werden.

Damit gilt: Nicht länger bezweifelbar erscheint der in den Quantitäten liegende qualitative Sprung vom 15. ins 16. Jahrhundert. Die Zahl der publizierten Titel steigt um den Faktor 5; jene der gedruckten Exemplare um den Faktor 50. In den Maßstäben der Zeit ist das gedruckte Buch ein Medium in Massen, ein Massenmedium geworden.[7]

---

[6] S. J. Benzing, Die Buchdrucker des 16. und 17. Jahrhunderts im deutschen Sprachgebiet, Wiesbaden 1982.

[7] S. S. Corsten, W. Schmitz, Buchdruck des 15. und 16. Jahrhunderts, W. Arnold, W. Dittrich, B. Zeller (Hgg.), Die Erforschung der Buch- und Bibliotheksgeschichte in Deutschland, Wiesbaden 1987, S. 93-120; H.-J. Köhler, Die Flugschriften der frühen Neuzeit, ebenda, S. 307-345; Ders. (Hg.), Flugschriften als Massenmedium der Reformationszeit, Stuttgart 1981.

Auch in der äußeren Erscheinungsform hat das Objekt Buch im Laufe des 16. Jahrhunderts grundsätzlich seine dauerhafte Gestalt gefunden:[8] alle Adressierungselemente wurden bekannt und üblich: Titelblatt mit Angabe des Verfassers, Inhalts, des Druckers und/oder Verlegers, des Erscheinungsortes und -jahres. Die Bogen- und zunehmend die Seitenzählung setzten sich durch; Inhaltsübersichten, Register, Fußnoten, Marginalien, Literaturvereichnisse und Erratalisten wurden hinzugefügt und fehlten immer seltener. Die typographische Gestaltung adaptierte sich zunehmend dem intendierten Gebrauchszweck. In den verwendeten Sprachen nimmt im Jahrhundertmittel das (gelehrte) Latein nur noch 51% ein, schon mit 38% folgen hochdeutsche Drucke, zwei- oder mehrsprachig sind 6 von Hundert Drukken, 1,8% aller Druckwerke des 16. Jahrhunderts erscheinen in niederdeutscher Sprache, der Rest verteilt sich auf andere. Im Buchformat wurden rund 90% aller Bücher im produktions- und gebrauchsfreundlichen Quart- und Oktavformat herausgebracht. Nur 7% aller Titel erschienen als aufwendige(re), teure(re) Folio-Bände. Vermutlich mehr als die Hälfte aller Druckwerke war mit Zierelementen ausgestattet, von ganzseitigen Illustrationen bis hin zu Titeleinfassungen oder der Beifügung anderer Schmuckstücke. Noch keineswegs durchgängig, aber wohl grundsätzlich gebiert und definiert der Buchdruck des 16. Jahrhunderts die äußere Erscheinung des Mediums bis heute. Er gibt ihm die Form; er macht es eindeutig adressierbar; er macht es zitabel.

II.

Die Buchwissenschaft bzw. das Fach "Buchgeschichte" haben das Buch als Träger von kommunikativen Prozessen bisher nicht hinreichend behandelt. Ausnahmen bestätigen die Regel.

Von wenigen, beinahe durch die Bank noch druckfrischen Ausnahmen abgesehen, haben sich die Arbeiter in den Weinbergen des historischen Buchwesens bisher mit dem Buch als Medium, als Träger übergreifender Prozesse, als Auslöser von Vorgängen und Umbrüchen weitreichender Wirkung, als Agent des geschichtlichen Wandels (Elizabeth Eisenstein) nicht oder nur beiläufig befaßt. Seit 1840 bis heute sind vermutlich rund 160 oder 170 Tausend fachspezifische Veröffentlichungen erschienen, zählt man die presse- und zeitungsgeschichtlichen Arbeiten hinzu, ließe sich diese Zahl beinahe verdoppeln. Die Buch- und Pressegeschichtsforscher waren und sind fleißig: alljährlich werden für den Bereich der deutschsprachigen Buchgeschichtsforschung etwa 5 bis 6 Tausend Titel auf den Berg der Publikationen draufgeladen.

---

[8] Einzelheiten hierzu nach dem Stand der Forschung im Lexikon des gesamten Buchwesens, I ff., Stuttgart 1987ff. [bisher 3 Bde. und 5 Lieferungen].

Aber die traditionelle Buchgeschichtsforschung in Deutschland entbehrt bis heute ein elementares Moment jeder professionellen Wissenschaft: sie hat im Prinzip keine übergreifenden Konzepte; ihre Fähigkeit zur gesamtgeschichtlichen Schau ist wenig entwickelt; ihre globalhistorischen Erkenntnisinteressen sind verkümmert. Es gibt in all dem Wust von bedrucktem buchgeschichtlichen Papier keine kommunikations- oder mediengeschichtliche Synthese, allen beeindruckenden Einzelleistungen der Zunft zum Trotz. Giesecke und Wetzel, Jäger und Cahn sind immer noch die (wenigen) Ausnahmen.[9]

Die Probe aufs Exempel ist am einfachsten auf der Grundlage der neuen, seit 1987 erscheinenden Auflage des maßgeblichen Fachwörterbuches, des Lexikons für das gesamte Buchwesen,[10] das sich als Summe des Fachwissens ausgibt, ja explizit den Anspruch erhebt, bei der Auswahl der aufgenommenen Stichwörter "einen internationalen Standard" zu verwirklichen, möglich. Durchforstet man dieses Nachschlagewerk im Hinblick auf die hier interessierende Fragestellung, erscheint das Ergebnis symptomatisch. Zwar finden sich im Umfang von ca. 3 Druckseiten Artikel zu "Buchforschung", "Buchgeschichte", "Buchgeschichte als Wissenschaft" und "Buchwissenschaft". Aber in der Substanz erreichen die Beiträge nicht im Ansatz die Antworten, die Paul Raabe bereits 1976 auf die scheinbar simple Frage "Was ist die Geschichte des Buchwesens?" gegeben hat, noch weniger die Konzeption, mit der Robert Darnton 1982 auf die Frage "What is the history of the book?" reagiert hat und die wenigstens das Modell eines "communication circuit", eines Kommunikationskreislaufes skizziert und am Beispiel der Société Typographique im Neuchatel des 18. Jahrhunderts erläutert. Immerhin ist in einer der letzten Lieferungen des Lexikons, 1993 erschienen, auf zwei Druckseiten zu den Stichworten "Kommunikation, Kommunikationskontrolle, Kommunikationsmittel, Kommunikationssystem, Kommunikationstheorie" und schließlich "Kommunikationswissenschaft" (allesamt von Ute Saxer) Stellung genommen; freilich ebenso knapp wie absolut unhistorisch und ohne jeden Rekurs auf die "Einsichten" aus bibliothekarischer Feder an gleicher Stelle, die zwar zutreffend darauf verweisen, daß jüngere Bestrebungen die Zuständigkeit

---

[9] M. Giesecke, Der Buchdruck in der frühen Neuzeit. Eine historische Fallstudie über die Durchsetzung neuer Informations- und Kommunikationstechnologien, Frankfurt/M. 1991; M. Wetzel, Die Enden des Buches oder Die Wiederkehr der Schrift. Von den literarischen zu den technischen Medien, Weinheim 1991; G. Jäger, Die theoretische Grundlegung in Gieseckes "Der Buchdruck in der frühen Neuzeit". Kritische Überlegungen zum Verhältnis von Systemtheorie, Medientheorie und Technologie, Internationales Archiv für Sozialgeschichte der deutschen Literatur 18 (1994), S. 179-196; M. Cahn, "Es gibt keine Geschichte des Buches". Kritische Gedanken anläßlich zweier Veröffentlichungen, Börsenblatt für den Deutschen Buchhandel, Nr. 23, 1994, Buchhandelsgeschichte, S. B33-B39.

[10] S. Anm. 8.

der Buchwissenschaft auf die kulturwissenschaftlichen soziologischen und ökonomischen Beziehungen auszuweiten suchten und sie als "Fach der Kommunikationswissenschaft" verstanden wissen wollten. Doch derartige programmatische Forderungen entsprächen den "Realitäten nur in einem kleinen Teil". Begründung: "Es kann doch nicht übersehen werden, daß die traditionellen buchgeschichtlichen Untersuchungen innerhalb der Buchwissenschaft nach wie vor überwiegen". Hier wird die sog. Tradition zur Legitimation ihrer selbst, das Übliche zum Richtigen. Die historische Buchwissenschaft ist historische Buchwissenschaft, weil sie historische Buchwissenschaft ist. Alles andere entspricht nicht den Realitäten.

Die deutsche Buchgeschichte war und ist bis heute noch weitgehend eine patchwork-Wissenschaft, ein thematischer und methodischer Fleckerlteppich, dessen einziges einigendes Band das Objekt "Buch" ist. Insoweit erscheint es bezeichnend, daß jüngst das einzige Ordinariat, dem die Geschichte des Buchwesens in der Bundesrepublik Deutschland als Forschungs- und Lehraufgabe übertragen ist, mit einem Germanisten mit bislang unpublizierter Habilitationsschrift über den Verleger Johann Joachim Göschen besetzt wurde[11] und nicht mit dem Autor, der, aus der Bielefelder Schule stammend, bislang als einziger eine provozierende theoretische Grundlegung über den "Buchdruck in der frühen Neuzeit" vorgelegt hat, die einen Zusammenhang zwischen Systemtheorie, Medientheorie und Technologie erarbeitet.[12] Der Doyen der französischen Buchgeschichtsforschung, Henri-Jean Martin, hat das Defizit unlängst auf den Punkt gebracht: "Die ganze Forschung ... bleibt also unvollständig, wenn sie sich mit der Untersuchung des gedruckten Buches, so wie es als Folge der Erfindung Gutenbergs verstanden wird, begnügt. Es ist hier zum Verständnis der Rolle, die dieser Gegenstand gespielt hat, angebracht, es in die Reihe der Kommunikationsmittel zu stellen, um besser seine Spezifik zu erfassen. Man kann sich also vorstellen, daß sich die Geschichte des Buches in eine Reihe der sozialen Kommunikationssysteme einreiht, die man eines Tages schreiben muß, ohne dabei ihre Spezifik zu verlieren".[13]

III.

Das Buch der Frühen Neuzeit läßt sich nur in einem methodisch-reflektierten, theorieorientierten funktionalen Gesamtzusammenhang als Träger der kommunikativen Prozesse und der durch sie induzierten Veränderungen hinreichend erkennen, beschreiben und analysieren.

---

[11] Universität Mainz; Lehrstuhlinhaber Stephan Füssel.
[12] Giesecke, Buchdruck.
[13] H.-J. Martin, Die Geschichte des Buchwesens aus französischer Sicht. Geschichte und Perspektiven, Leipziger Jahrbuch zur Buchgeschichte 1 (1991), S. 23-53, hier S. 43.

Es ist gewiß kein Zufall, daß jüngste Ansätze zu einer neuen Grundlegung des "Buches als Träger der Kommunikationsrevolution" Anleihen bei den Sozialwissenschaften, im Besonderen beim Bielefelder Systemtheoretiker Niklas Luhmann, getätigt haben.[14] Und es liegt ebenso gewiß nahe, daß, woran jüngst Georg Jäger erinnerte, "der Impetus zur Rekonstruktion der Kulturgeschichte als Mediengeschichte" auf der Erfahrung der aktuellen Medienrevolution fußt. "Kommunikationsforschung besitzt neben dem system- auch immer einen medientheoretischen Aspekt", schreibt Giesecke.[15] Nur so läßt sich die Grundthese vom Typographeum der Frühen Neuzeit als "einer technologisch induzierten Medienrevolution" (Jäger) entwickeln, die funktional das "Typographeum als textverarbeitendes System" (Giesecke) mit drei Anschlußsystemen, dem ökonomischen, dem sozialen und dem psychischen System, in enge Beziehung setzt und methodisch und historisch entfaltet.

Eine historisch interessierte Kommunikationsforschung unterscheidet je nach Dominanz oder vorherrschender Prämierung des jeweils gebräuchlichsten Mediums der Kommunikation vier Epochen: die orale, die skriptographische, die typographische und die elektronische. Es versteht sich von selbst, daß es sich hierbei um analytische Konstrukte, im Weberschen Sinne um Idealtypen, handelt, die in der historischen Gegenwart stets vielfältig gebrochen, verschränkt, überlappend aufgefunden werden können.

Medien sind in diesem Konzept diejenigen evolutionären Errungenschaften, die - so Luhmann - "Unwahrscheinliches in Wahrscheinliches transformieren", mithin Sinn in des Wortes weitester Bedeutung produzieren. In der Frühen Neuzeit nahm das Verbreitungsmedium "gedrucktes Buch" einen besonderen Rang ein, ja es erreichte, anders als zeitlich viel früher entstandene Druckwerke chinesischer oder koreanischer Provenienz, welthistorische Bedeutung vor allen Dingen dadurch, daß sich in einer spezifischen historischen Situation die Entwicklung nationaler Standardsprachen, die Ausbildung nationaler Identitätskonzepte und ein differenzierter Vorgang, den Giesecke "kollektiven Projektionsprozess" nennt, mit einer leistungsstarken Schlüsseltechnologie verbanden und diese neue Medien als eine "Wunschmaschine" wirken ließen, welche die Kommunikationsrevolution in Gang setzte und in Gang hielt.

Historisch erreichte das gedruckte Buch diesen Punkt in der ersten Hälfte des 16. Jahrhunderts, etwa in der Zeitspanne zwischen 1520 und 1555. In diesen Jahrzehnten amalgamierten die neuen Kommunikationsmittel und

---

[14] Vgl. Giesecke, Buchdruck. S. auch E. Weyrauch, Der Buchdruck des 16. Jahrhunderts. Prolegomena zur Genese des "typographical man", P. Vodosek (Hg.), Das Buch in Presse und Wissenschaft, Wiesbaden 1989, S. 683-700.

[15] Giesecke, Buchdruck, S. 56.

-formen "zu einem System eigener Identität und Autonomie". Hierzu haben vorzüglich sieben Faktoren beigetragen:[16]
- Die typographischen Medien verbanden sich jetzt unauflösbar mit den sich rasch entwickelnden marktwirtschaftlichen Handelsnetzen.
- Die neuen Medien bewirkten durch ihre Bereitstellungsqualität und -quantität einen strukturellen Wandel des gesellschaftlichen Kommunikationssystems (das im Kern bis heute Geltung hat).
- Die Kommunikation auf der Grundlage typographischer Medien emanzipierte sich in dieser Epoche von anderen, oralen und/oder skriptographischen Kommunikationsformen (ohne sie freilich je vollständig zu verdrängen oder zu ersetzen).
- In der ersten Hälfte des 16. Jahrhunderts entstanden die neuen wirkungsmächtigen Programme und Normen eines typographischen Informationskreislaufes (literarischer Markt, Buchgestalt, Wissenschaftsentwicklung, Ideenwettbewerb usw.)
- Um die Mitte des Säkulums festigten sich die für die weiteren Jahrhunderte leitenden politischen Rahmenbedingungen, die auch für die Entwicklung und Begrenzung der typographischen Netze und die Steuerung ihres Einflusses von Belang waren.
- Im frühen 16. Jahrhundert begannen die Zeitgenossen die Problematik der neuen Schlüsseltechnologie nachhaltiger und tiefschürfender zu reflektieren, ein Vorgang, der in unmittelbarem Zusammenhang mit Reformation und Gegenreformation stand.
- Die soziale Prämierung und allgemeine Anerkennung von Buchdruck und Buchhandel, sichtbar an den oben geschilderten Produktionszahlen, bewirkten und festigten die Entwicklung, Aufwertung und Standardisierung der Volkssprache und die Ausdifferenzierung eines medienspezifischen Kodes.

Im Kontext dieser Rahmenbedingungen erzielt das Medium Buch als Produkt organisatorisch komplexer, ökonomisch kostspieliger und technisch streng gegliederter Arbeitsprozesse eine ungeheure Ausbreitung der Reichweite des Kommunikationsprozesses, die zurückwirkt auf das, was sich als Inhalt und Zweck der Kommunikation durchsetzt. Die beliebige Reproduzierbarkeit des Mediums vergrößert, verglichen mit oraler, interaktionsgebundener, auf Gedächtnis, Verkündigung oder Schreibkunst angewiesener Überlieferung, die Chancen, daß Kommunikation als Grundlage für weitere Kommunikation dienen kann. Luthers Feststellung in der Ratsherren-Schrift von 1524 "Es ist jtzt eyn ander Welt vnd gehet auch anders zu" trifft auch für die typographische Kommunikation zu. Die jetzt ggfs. massenhafte Machbarkeit des Mediums Buch bewältigte am wirkungsvollsten die zwei elementarsten Gefährdungen jedweder anderen Form dauerhafter Kommunikation: Zeit und Raum.

---

[16] So auch Giesecke, Buchdruck, S. 391ff.

Die Genese des Mediums Buch betrifft aber nicht nur ein äußeres Mehr an Kommunikation. Das gedruckte Buch verändert auch die Art und Weise der Kommunikation selbst und erst damit die Gesellschaft und ihre Angehörigen als ihre Träger. Schon die Schrift, dann nochmals eminent verstärkt der Buchdruck, erzwingen eine eindeutige Differenz von Mitteilungsvorgang und Information. Der Mitteilungsvorgang folgt dabei stets oder zumindest in der Regel eigenen Motiven, z. B. ökonomischen, agitatorischen oder ästhetischen, und ist keineswegs nur Diener der Information. "Allhie leit der recht Hund begraben", beschimpfte 1569 Johann Coelestin die Buchdrucker: "Dann darumb ist es euch gotlosen Geitzhelsen allein zuthun/ vnnd dahin ist auch all ewer drucken/ verlegen/ Kauffen vnd verkauffen/ rennen vnd lauffen gerichtet/ Nemlich nicht das jhr damit Gottes ehr vnd der Kirchen oder des nechsten nutz zusuchen vnd zu fordern gedechtet/ welches euch vnnd ewers gleichen nie in sinn kommet/ sondern damit jhr dem Bauch dienen/ Geldt vnnd gut erschinden vnnd reich werden moeget".[17]

Es ist auch diese Differenz, die Kommunikation via Buchdruck konstituiert und in Gang hält. Es sei dieser Sachverhalt die "Anschlußfähigkeit des Mediums Buch" genannt. Kommunikation, die nicht auf oralen oder skriptographischen Medien beruht, ist in diesem Sinne die kommunikativere Form der Kommunikation, weil sie in der Regel Reaktionen zeitverzögert und raumversetzt zuläßt. Eine Flugschrift erlaubt die Befolgung ihrer Agitation unabhängig vom Schreibtisch des Autors oder dem Standort der Presse ihres Druckers. Das "Du sollst..." des Katechismus ist nicht mehr auf die Präsenz des Pfarrers oder Lehrers angewiesen. Eck und Murner konnten wirkungsgleich nur mit Büchern auf Bücher Luthers reagieren (auch wenn sie ganz andere Vorstellungen vom Nutzen des neuen Mediums für die theologische Auseinandersetzung hatten als der Reformator).

Das typographische Medium sichert, sofern es erst einmal als Medium durchgesetzt ist, seine eigene Reproduktion, indem es jeweils verschiedene, jeweils zeitspezifische Themen orts- und zeitungebunden reproduzierbar macht bzw. hält, auch wenn die Kommunizierenden nicht unmittelbar, etwa im Gespräch beisammen sind.

Weil Martin Luther sich 1521/22 für einige Monate auf die Wartburg zur Bibelübersetzung zurückzog, erreichte er damit mehr Adressaten über längere Zeiträume, indem er sich zur Schrift, d.h. zum Buch als Kommunikationsform entschloß und das Wort Gottes so – wie Giesecke sagt – in "atemberaubender Geschicklichkeit" an das neue Medium band, es damit aus der Exklusivverantwortung einer oralen Verkündigung durch traditionelle Approbationsinstanzen wie Kirche und Konzil entließ und den Bedürfnissen der öffentlichen Meinung einerseits und der Selbstorganisation und -regelung einer marktwirtschaftlichen Verbreitung andererseits überwies. Sein

---

[17] Zit. nach Giesecke, Buchdruck, S. 484f.

Rückzug in die zeitweilige Isolation zwang ihn ferner dazu, die Nichtanwesenheit seiner Zuhörer und die Inhalte seiner Arbeit durch einen besonderen, wirksamkeitsbedachten und das meint doch auch: disziplinierten Sprachgebrauch zu kompensieren und durch die Sprache des Mediums viel von dem klarzustellen, was andernfalls in der Predigtsituation evident gewesen wäre.

Doch nicht nur der Kommunikator hatte Anlaß, der Sprache besondere Achtung zu schenken. Aus technischen, ökonomischen und funktionalen Gründen erforderte und bewirkte das Medium Buch selbst spezifische Anpassungen der frühneuzeitlichen Sprachen und Alphabete an die Bedingungen des Informations- und Kommunikationssystems. Luthers Intentionen beim Versuch, dem Volk aufs Maul zu schauen, ist ja nur ein begleitender Aspekt jener Formzwänge, die sich aus der technischen, typographischen Natur des Mediums ergaben. Ein anderer, immanenter ist das, was man die auf die Erfordernisse und Erfahrungen des Buchdrucks zurückgehende "Normierung der Standardsprache" genannt hat. Daß diese in der Tat ein Problem und Thema auch der Zeitgenossen war, ist an Hieronymus Hornschuchs 1608 in Leipzig erschienener *Orthotypographia*, einem normierenden Lehrwerk, deutlich ablesbar. Der Vorgang der Technologie abhängigen bzw. spezifischen Normierung, Standardisierung, bestimmten Formgebung und Grammatik der jeweils verwendeten Zeichen und Kodes scheint offenbar stets, wenn man einen Blick auf moderne Bankformulare wirft, eine ihrer ersten sichtbaren Konsequenzen zu sein.

Schrift und erst recht die *multiplicatio librorum*, die Gutenbergs Erfindung der Welt bescherte, ermöglichen des weiteren eine Vorgehensweise, die Luhmann "unter dem Titel der Technik des fait accompli" subsumiert,[18] und die, wie es scheint, die Ausbildung frühneuzeitlicher Argumentationsprozesse nachhaltig beeinflußt hat. Man legt sich auf Standpunkte und Meinungen schriftlich fest, die man in der unmittelbaren Interaktion möglicherweise nicht oder nicht so vortragen und durchhalten könnte. Dabei ist es funktional gleichgültig, aus welchen Gründen oder mit welchen Motiven dies geschieht. Was taten die Autoren der zahllosen Streitschriften, Traktate und Polemiken des 16. Jahrhunderts anderes als dies? Ohne Thesenanschlag keine Reformation. Friedrich Spee schob 1631 und 1632 als Autor seiner *Cautio criminalis* einen fingierten Verfasser vor, um drucken lassen zu können, was ihm sein Provinzial von Angesicht zu Angesicht kaum je gestattet hätte. Auch die zahllosen fintenreichen Spuren, mit denen Autoren, Drucker und Verleger die staatliche, kirchliche oder akademische Zensur zum eigenen Vorteil zu narren suchten, gehören in diesen Zusammenhang. Diese Technik des fait accompli, ein Markpunkt jeden kritischen Diskurses, erlaubt, in fol-

---

[18] N. Luhmann, Soziale Systeme. Grundriß einer allgemeinen Theorie, Frankfurt/M. 1984, S. 582f.

genden Interaktionen oder Anschlußkommunikationen auf das Geschriebene bzw. Gedruckte zu verweisen, darüber zu sprechen und daran Halt zu finden, insbesondere dann, wenn man auf Neues, Unerwartetes oder Unerlaubtes hinaus will.

Mit der Veränderung der kommunikativen Einbettung von Informationen und Texten wandelte sich ebenfalls die Anforderung an die Gewinnung und Darstellung der Information selbst. Das Medium Buch zeitigte auch eine Normierung und Standardisierung der Erfahrungsgewinnung. Wenn die für den Autor und Drucker prinzipiell unbekannten Käufer und Leser etwas mit gedruckten Büchern anfangen wollten, mußte die Informationsverarbeitung der Buchproduzenten nachvollziehbar sein. Aus der räumlichen Trennung von Mitteilungsvorgang und Information erwuchs an diesem Punkt ein spezifischer Bedarf an einer – wie Giesecke sagt – "intersubjektiv nachvollziehbaren Programmierung der Erkenntnisweisen".[19] Die heutige Selbstverständlichkeit der intersubjektiven Überprüfbarkeit wird 1556 für Georg Agricola in seiner *De re metallica* noch keineswegs allgemein gegeben gewesen sein, auch wenn er schreibt: "Was ich nicht selbst betrachtet und überprüft habe, das habe ich auch nicht niedergeschrieben". Die Verkündigungsgebundenheit mittelalterlicher Autoren wurde im neuen Medium abgelöst durch eine am Gemeinwohl, dem Nutzen der deutschen Nation oder die an einer naturwissenschaftlichen Wahrheit legitimierten eigenen Anschauung: Für das Jahrhundert der Glaubensspaltung hieß dies, daß Gott und sein Wort nunmehr Teil des Informationskreislaufes wurden. Indem die mittelalterliche Grunderwartung auf sozialen Konsens und religiöse Konsistenz über den Buchdruck dem Wettbewerbsgedanken der frühneuzeitlichen Warenwirtschaft ausgesetzt wurde, entpuppten sich die neuen Medien als Katalysatoren des Wandels, oder wie es Elizabeth Eisenstein bereits vor Jahren ausdrückte: agents of change.[20] Mit diesem Wandel ging seit dem 16. Jahrhundert eine Desakralisierung und "Entgeheimnissung" einher, die nicht nur Kirchen-, sondern auch neuerdings Buchhistoriker an "Aufklärung" haben denken lassen. Im Kontext der neuen Kommunikationstechnologie funktionierte das Medium Buch Verkündigung und Elite-Erfahrung, korporative Berufsgeheimnisse und Herrschaftskenntnisse au fond zu einem Besitz der Öffentlichkeit um, an dem jedermann (?!) für vergleichsweise wenig Geld teilhaben konnte, sofern er zu lesen vermochte. So entspricht der oben angesprochenen Anschlußfähigkeit des Mediums seine prinzipielle Offenheit und multiplikatorische Potenz.

Der Buchdruck veränderte auch strukturell die Situation des Lesers, des Rezipienten und Adressaten der gedruckten Verbreitungsmedien. Vielleicht

---

[19] Giesecke, Buchdruck, S. Kap. 6, S. 499ff.
[20] E. Eisenstein, The Printing Press as an Agent of Change, 2 Bde., Cambridge 1979.

noch weniger im 16. Jahrhundert, in dem wegen der allgemein geringen Lesefähigkeit oft noch interaktionistisch in Gruppen vorgelesen wurde, aber im Ansatz auch schon hier stellte die allgemeine Verfügbarkeit von Druckmedien den Leser situativ auf sich selbst – er las ja in der Regel nicht auf dem Marktplatz oder im Gasthaus – und machte ihn frei, sagen wir, vorsichtiger: freier für die Aufnahme des Gelesenen oder für Negationen. Zwar formte die Aufnahme oder die Ablehnung des Gelesenen zunächst nur Bewußtseinsinhalte. Sie machten es jedoch wahrscheinlicher, wahrscheinlicher als ohne Lektüre, daß Kommunikationen im Anschluß daran anders ausfielen als bei situativ interagierenden Teilnehmern, besonders wenn Leser unterstellen konnten, daß auch ihre Kommunikationspartner lesen und für den Realitätsgehalt des Gelesenen Verständnis aufbringen würden. Das Medium Buch provozierte die Autonomie des Lesers. Nicht zuletzt der heftige Streit zwischen reformatorischer Bewegung, die emphatisch auf den Buchdruck setzte, und den Vertretern der alten Kirche, die jenen als Mittel einer öffentlichen Auseinandersetzung in Glaubensdingen rundweg ablehnte, hat dieses im Medium angelegte Kapital der Freiheit aktiviert. Natürlich unterschieden auch die Protestanten, Luther voran, bei Büchern zwischen "guet" und "boeß". Aber die Entscheidung über gute und schlechte Bücher verlagerten sie, die Apologeten der Buchreligion, unbeabsichtigt der Sachlogik des neuen Mediums entsprechend, in die Innensteuerung des Lesers, dessen persönliches Gewissen zur Selektionsinstanz avancierte. Ganz folgerichtig legte 1569 Coelestin einem fiktiven Buchdrucker die folgende Entschuldigung in den Mund: "Darzu was kann jch dafuer/ daß ein ander boese buecher kaufft vnnd dardurch geergert vnd verfuehret wird/ oder derselben zu seinem vnd ander leut Schaden mißbraucht: Jch heiße es jn nicht/ so verkauff jchs jm auch darumb nicht/ gleich so wenig als ein Messer oder Buechsenschmidt dafuer kann/ daß mancher durch die von jm erkauffte Wehr vnd waffen sich selbst/ oder ander leut moerderisch vmbringt".[21]

In diesem Sinne wurde seit Anfang des 16. Jahrhunderts, allmählich, in vielen Brüchen und Widersprüchen, keineswegs linear und eindeutig, das Medium Buch die Grundmetapher eines neuen Zeitalters. Nach Form und Erfolg, nach kommunikativer Spezifik, Machbarkeit und Verfügbarkeit erklomm es den Rang – wenn ein Wort des russischen Bibliologen Nikolaj Roubakine erlaubt ist – einer "Kommunikationsmaschine", deren Eroberungsdynamik jenes Kapital schuf, das nach Pierre Bourdieu neben dem Kapital der Kaufleute die Neuzeit geprägt hat.

---

[21] Zit. nach Giesecke, Buchdruck, S. 485.

PAMPHLET UND PROPAGANDA
POLITISCHE KOMMUNIKATION UND TECHNISCHE INNO-
VATION IN WESTEUROPA IN DER FRÜHEN NEUZEIT

von
Olaf Mörke

Die Erfindung des Buchdrucks mit beweglichen Lettern gilt zu Recht als eine der großen technischen Errungenschaften für den europäischen Kulturkreis. Eine Formulierung wie "Ohne Buchdruck keine Reformation" gehört zu den Stereotypen historischer Allgemeinbildung. Sie bezieht sich zum einen auf die lutherische Bibelübersetzung, zum anderen aber vor allem auf die billigen Massendruckschriften, welche die Verbreitung reformatorischer Botschaften über theologische Gelehrtenkreise hinaus ermöglichten und damit dazu beitrugen, daß die Reformation zu einer Massenbewegung werden konnte.[1]

Flugblätter und Flugschriften oder Pamphlete gehörten seitdem zum festen Inventar der Mittel, über die sich der Prozeß politischer Kommunikation vollzog. Mit der Tatsache, daß durch diese Druckerzeugnisse mehr Menschen als vorher Informationen über politische Ereignisabläufe erhielten und potentielle Mitgestalter dieser Ereignisabläufe wurden, ging eine tiefgreifende Veränderung der politischen Landschaft in Europa einher. Im folgenden steht nicht der technische und quantitative Aspekt der Herstellung und Verbreitung von Flugblättern und Flugschriften im Vordergrund. Es geht vielmehr darum, in systematisierender Absicht einige Gedanken zum Zusammenhang zwischen dem politischen Wandel in Europa vom 16. bis zum 18. Jahrhundert und der Rolle dieser Genres von Druckerzeugnissen als Medien politischer Kommunikation zu formulieren.

Ich argumentiere in drei Schritten. Zunächst sollen die Begriffe Flugblatt, Flugschrift und Pamphlet in groben Zügen geklärt werden. Der zweite Teil widmet sich dem Pamphlet als Instrument des innenpolitischen Diskurses, in dem sich die am Kommunikationsprozeß beteiligten Gruppen und Indivi-

---

[1] Mit zahlreichen Hinweisen E. Eisenstein, The Printing Press as an Agent of Change, I, Cambridge 1979, S. 303-313.

duen über die normativen Grundlagen der eigenen politischen Kultur[2] und über die Praxis in dem politischen System verständigten, in welchem sie selbst lebten. Im dritten Teil steht das Pamphlet als Instrument der Außenpolitik im sich formierenden Mächteeuropa im Mittelpunkt. Die Beschäftigung mit diesen Problemkomplexen soll uns abschließend der Beantwortung der Frage näherbringen, ob man den Einsatz der Pamphlete als Ausdruck einer Kommunikationsrevolution qualifizieren kann, welche half, sowohl das Verhältnis der europäischen Staaten untereinander als auch den politischen Diskurs in den Staaten selbst auf eine neue Basis zu stellen.

I.

Die bibliographische Systematik versteht unter einem Flugblatt gemeinhin einen Einblattdruck. Seit dem Ende des 15. Jahrhunderts "kommentieren Flugblätter aktuelle Ereignisse oder zeichnen sich durch ihre konfessionelle und politische Parteilichkeit aus".[3] Aus den zahlreichen Versuchen zur Definition des Begriffes Flugschrift sei der von Hans-Joachim Köhler ausgewählt, da er neben der äußeren Form auch die funktional-inhaltliche Komponente berücksichtigt: "Eine Flugschrift ist eine aus mehr als einem Blatt bestehende, selbständige, nichtperiodische und nicht gebundene Druckschrift, die sich mit dem Ziel der Agitation (d. h. der Beeinflussung des Handelns) und/oder der Propaganda (d.h. der Beeinflussung der Überzeugung) an die gesamte Öffentlichkeit wendet".[4]

Flugblatt und Flugschrift unterschieden sich folglich im Umfang, glichen sich aber in der Funktion. Sowohl dem Kommentar als auch dem parteilichen Eingreifen eignete das Element der vom Verfasser intendierten Handlungs- bzw. Überzeugungsbeeinflussung. Für beide gebrauche ich deshalb den international üblichen Terminus 'Pamphlet'. Bei dem Pamphlet handelte es sich, unabhängig vom Umfang, um ein Druckerzeugnis, "which was inten-

---

[2] Zum Begriff "politische Kultur" s. O. Mörke, 'Stadtholder' oder 'Staetholder'? Die Funktion des Hauses Oranien und seines Hofes in der politischen Kultur der Vereinigten Niederlande im 17. Jahrhundert, Habilitationsschrift Gießen 1994, Einleitung: "Unter politischer Kultur sei sowohl der institutionelle und konstitutionelle Rahmen" eines politischen Systems (z. B. Stadt- und Dorfgemeinde, Staat) verstanden "als auch die über diesen Rahmen hinausgehende Praxis des reflektierten und gelebten Zusammenhanges" der Subjekte dieses Systems. "Zur politischen Kultur gehören (...) unabdingbar Form und Inhalt der Verständigung über die normativen Grundlagen des konstitutionellen Rahmens und der politischen Praxis" unter diesen Subjekten.
[3] M. Pfeffer, Flugschriften zum Dreißigjährigen Krieg: Aus der Häberlin-Sammlung der Thurn- und Taxisschen Hofbibliothek, Frankfurt/M. 1993, S. 11f.
[4] H.-J. Köhler, Die Flugschriften: Versuch der Präzisierung eines geläufigen Begriffs, H. Rabe et al. (Hgg.), Festgabe für Ernst Walter Zeeden zum 60. Geburtstag, Münster 1976, S. 50.

ded sometimes to inform but usually to persuade the reader about current events".⁵ Es unterschied sich damit deutlich vom Genre obrigkeitlich-offizieller Verlautbarungen, die ebenfalls als kurze Druckschriften verbreitet worden sind.⁶

Aus dieser Definition folgen m. E. inhaltliche Bestimmungen des Pamphletbegriffes, die über die Kriterien, wie sie Köhler benennt, hinausgehen. Zunächst die, daß es sich bei einem Pamphlet um eine Gelegenheitsschrift handelte, die ein *aktuelles* Problem in agitatorischer oder propagandistischer Absicht aufnahm. Daraus folgt des weiteren zwingend, daß es bei den in den Pamphleten aufgenommenen Problemen um solche ging, über die in der jeweiligen Öffentlichkeit kein Einvernehmen herrschte. Gegenstand des Pamphlets war also letztendlich ein politischer und/oder sozialer Konflikt. In ihm wurden in der Regel Strategien zur Lösung dieses Konfliktes aufgezeigt. Parteilichkeit bedeutet in diesem Zusammenhang, daß das von dem oder den Autoren unterbreitete Lösungsangebot die Übernahme der Autorenmeinung als einzig mögliche Konfliktlösung mit dem Ziel der Herstellung eines allgemeinen Konsenses profilierte. Die Position des angenommenen Gegners wurde durch das Pamphlet als konfliktverursachende oder -verschärfende und somit als konsensverhindernde denunziert. Das zu einem aktuellen Problem in agitatorischer oder propagandistischer Absicht Stellung beziehende Pamphlet stand in der Regel nicht allein, sondern war Bestandteil eines Kommunikationsprozesses zwischen Parteiungen und Faktionen, von denen jede sich des Mediums Pamphlet in der eben skizzierten Absicht bediente. Die Rezipienten konnten aus einem Angebot konkurrierender Positionen auswählen und wurden dadurch selbst zu Subjekten des Kommunikationsprozesses. Ich zitiere wiederum Köhler: "Anstatt nur eine einzige Einwirkungsrichtung vom Kommunikator auf den Rezipienten anzunehmen, muß in Rechnung gestellt werden, daß Rückmeldungen über die Aufnahme der Kommunikationsinhalte durch die Rezipienten Einfluß auf den Kommunikator ausüben".⁷

Dadurch entstand ein kompliziertes System des öffentlichen Diskurses. Dieses führte potentiell zur Dynamisierung politischer und sozialer Prozesse, da sich sowohl die ursprüngliche Position des Kommunikators wie die des Rezipienten im Verlauf des Diskurses verändern konnten. Konfliktlinien wurden modifiziert und neue Konsensmöglichkeiten eröffnet. Grundmuster mündlicher Kommunikation, die in kleinräumigen Sozialsystemen funktionierten, welche, wie die spätmittelalterlichen und frühneuzeitlichen Stadtge-

---

⁵ C.E. Harline, Pamphlets, Printing, and Political Culture in the Early Dutch Republic, Dordrecht-Boston 1987, S. 3.

⁶ Einleitung zu W.P.C. Knuttel (Bearb.), Catalogus van de Pamfletten-Verzameling berustende in de Koninklijke Bibliotheek, I, 's-Gravenhage 1890-1920, Ndr. Utrecht 1978, S. XVII.

⁷ Köhler, Die Flugschriften, S. 6.

sellschaften oder Dorfgenossenschaften, auf dem immer wieder herzustellenden korporativen Konsens zwischen Interessengruppen beruhten, ließen sich zumindest in Ansätzen durch das Medium Pamphlet auf großräumigere Sozialsysteme übertragen. Eine Bedingung mußten jene großräumigeren Systeme jedoch erfüllen. Sie mußten Grundzüge der politischen Organisation lokal orientierter Gesellschaften beibehalten haben, in denen sich Konsens nicht durch Oktroi, sondern durch Diskussion herstellte. Zu diesen Grundmustern gehörte das Gespräch im Wirtshaus oder auf der Straße zwischen Vertretern kontroverser Positionen, aber auch die öffentliche verbale Auseinandersetzung zwischen den Protagonisten verschiedener Interessengruppen vor größerem Publikum.[8] Pamphlete simulierten oftmals die Gesprächssituation, indem sie die Kontroverspositionen rollenverteilt durch mehrere Sprecher vertreten ließen. Sie knüpften damit an die Tradition mündlicher Kommunikation und Konfliktregelung an.

Der Kommentator der großen Pamphletensammlung der Königlichen Bibliothek in Den Haag zieht folgende plausible Schlußfolgerung: "Das bedeutet, daß wir lediglich dort eine bedeutende Menge an Pamphleten erwarten können, wo zentral agierende Obrigkeiten zeitweilig oder dauernd schwach waren und wo (deshalb) ein gewisses Maß an Publikationsfreiheit herrschte".[9] Als Beweis dafür führt er an, daß der erste große Strom an Pamphleten im Deutschen Reich in den ersten Jahren der Reformation und während des Bauernkrieges auftrat: einer Periode der Schwäche autoritativ-obrigkeitlichen Regiments und der Stärke assoziativ-genossenschaftlicher Politiktechnik.[10] Daß im 17. und 18. Jahrhundert Verbreitungsschwerpunkte politischer Pamphlete vor allem in der niederländischen Republik und in England lagen, zeigt aber mit Nachdruck, daß der massive Einsatz des Pamphlets als Mittel politischer Auseinandersetzung nicht Ausdruck grundsätzlicher Schwäche und der Krise eines politischen Systems sein mußte, wie das im

---

[8] Zu den Verlaufsformen spätmittelalterlicher und reformatorischer Stadtunruhen s. W. Ehrbrecht, Verlaufsformen innerstädtischer Konflikte in nord- und westdeutschen Städten im Reformationszeitalter, B. Moeller (Hg.), Stadt und Kirche im 16. Jahrhundert, Gütersloh 1978, S. 27-47; O. Mörke, Der 'Konflikt' als Kategorie städtischer Sozialgeschichte der Reformationszeit, B. Diestelkamp (Hg.), Beiträge zum spätmittelalterlichen Städtewesen, Köln-Wien 1982, S. 144-161. Das Flugblatt als Kommunikationsmedium der Reformationszeit stand in engem Zusammenhang mit mündlichen Kommunikationsformen "in kleinen gemeinschaftlichen Kreisen". Dazu R.W. Scribner, Flugblatt und Analphabetentum: Wie kam der gemeine Mann zu reformatorischen Ideen? H.-J. Köhler (Hg.), Flugschriften als Massenmedium der Reformationszeit, Stuttgart 1981, S. 65-76, Zitat: S. 66.
[9] Einleitung zu Knuttel, Catalogus, I, X. Übersetzung des Zitates aus dem Niederländischen durch den Verf.
[10] Zu Flugschriften in der Reformationszeit s. u. a. H. Brackert, Bauernkrieg und Literatur, Frankfurt/M. 1975, S. 64-72; B. Moeller, Deutschland im Zeitalter der Reformation, Göttingen 1981, S. 87-90.

Deutschen Reich in der Phase von Reformation und Bauernkrieg der Fall war. Vielmehr belegt das Beispiel dieser beiden führenden Mächte des 17. bzw. 18. Jahrhunderts, daß kontroverses Pamphletieren sehr wohl Bestandteil eines funktionierenden politischen Systems sein konnte. Damit sind wir bei Punkt 2 der Argumentationskette angelangt, der Rolle des Pamphlets im innenpolitischen Diskurs.

II.

Am Beispiel Frankreichs im 16. und 17. Jahrhundert läßt sich demonstrieren, wie sich der Einsatz des Pamphlets als Agitations- und Propagandamittel in den verschiedenen Phasen staatlicher Entwicklung auf dem Weg zur persönlichen Herrschaft des Monarchen unter Ludwig XIV. gestaltete. Es zeichneten sich deutliche Pamphletkonjunkturen ab. So nach dem Tod Heinrichs II. im Jahr 1559, als das französische Königtum für die nächsten Jahrzehnte durch dynastische und konfessionelle Auseinandersetzungen erheblich geschwächt war. Dies schlug sich unmittelbar in einer rapide wachsenden Anzahl von Pamphleten nieder, in welchen die französische Innenpolitik höchst kontrovers diskutiert wurde.[11] Gleiches wiederholte sich in der Mitte des 17. Jahrhunderts während der *Fronde* gegen das Regiment des Kardinals Mazarin. Die *Bibliographie des Mazarinades*, so wurden die Streitschriften dieser Periode bezeichnenderweise genannt, verzeichnet für die Jahre 1648 bis 1660, dem Beginn des persönlichen Regiments Ludwigs XIV., mehr als 4.000 Stücke.[12] Während dieser beiden Phasen intensiver innenpolitischer Auseinandersetzung, in denen sich der Konfessionskonflikt mit dem Grundkonflikt um die Staatskonzeption zwischen einer zur Zentralgewalt tendierenden Krone auf der einen und dezentralen Adels- und Administrationseliten auf der anderen Seite verband, waren die Pamphlete im wesentlichen Medium der Kritik am Konzept und der Praxis des absoluten Königtums.

Daß sie aber auch planmäßig als Mittel obrigkeitlicher Propaganda eingesetzt werden konnten, zeigt die Ära Richelieus, von 1624 bis 1642 Erster Minister Ludwigs XIII. "Richelieu well understood the significance of public opinion in the state and the role of print in forming opinion". Ziel der von ihm initiierten oder unterstützten Propaganda war es, "to explain and justify royal policy and to exalt the image of Louis XIII in France and Europe".[13] Un-

---

[11] Dazu H. Hauser, Les sources de l'histoire de France. XVIe siècle (1494-1610), 4 Bde., Paris 1906-1915, hier: III, S. 18-23.

[12] C. Moreau, Bibliographie des Mazarinades, 3 Bde., Paris 1850-1851.

[13] Zitate: J. Klaits, Printed Propaganda under Louis XIV: Absolute Monarchy and Public Opinion, Princeton 1976, S. 7-8. Differenziert beurteilt die Rolle des Pamphletierens im Frankreich der ersten Hälfte des 17. Jahrhunderts J. Sawyer, Printed

ter Ludwig XIV. setzte sich diese Tendenz verstärkt fort. Der von ihm gepflegte Kult absoluter Königsherrschaft hatte sich nicht nur der Opposition auf dem internationalen Parkett, vor allem in den Niederlanden und England, sondern auch der noch immer existierenden Gegenströmungen in Frankreich selbst zu erwehren.[14] Die öffentliche Selbstdarstellung mußte sich auch unter den Bedingungen des ludovizianischen absoluten Königtums darauf ausrichten, vor allem unter den Eliten im Lande im Sinn des Königs Konsens über dessen Herrschaftsform zu schaffen. Die Notwendigkeit, das Medium Druck propagandistisch einzusetzen, beschränkte sich im 17. Jahrhundert also nicht mehr auf politische Systeme, in welchen "zentral agierende Obrigkeiten (...) schwach waren".[15] Die Notwendigkeit zur Überzeugung und Bindung potentieller Opponenten erzeugte im ludovizianischen Frankreich Rechtfertigungsdruck vor allem deshalb, weil die über das Medium Druck verbesserte internationale Kommunikation im Lande selbst ein verbreitetes Wissen um die Existenz politischer Alternativen zum absoluten Königtum nicht verschwinden ließ.

Eine dieser Alternativen repräsentierte England vor allem nach der *Glorious Revolution* von 1688/89. Wie in Deutschland, so bildete auch in England die Reformation den ersten Höhepunkt des Einsatzes gedruckter Propaganda.[16] Im 17. Jahrhundert markierten der Bürgerkrieg der 1640er und die Zeit des *Commonwealth* bis 1660 Perioden intensiver politischer Konflikte, in denen sich das Pamphlet zum zentralen Instrument der Austragung politischer Konflikte entwickelte.[17] Der Londoner Buchhändler George Thomason sammelte Bücher, Pamphlete und Zeitungen aus der Zeit von 1640 bis zur Stuartrestauration 1660. Seine Kollektion umfaßte 22.000 Stücke.[18] Es zeichnet sich hier der Beginn einer dauerhaften Entwicklung ab, die nach 1689, als das Parlament zum permanenten Zentrum der englischen Politik geworden war, zur Herausbildung eines professionalisierten politischen Journalismus führte.[19] Vor allem die Whig-Regierung zu Anfang des 18. Jahrhun-

---

Poison: Pamphlet Propaganda, Faction Politics, and the Public Spheres in Early Seventeenth-Century France, Berkeley-Los Angeles 1990, S. 133-145.

[14] Klaits, Printed Propaganda, S. 12-26; Zum Königskult P. Burke, Ludwig XIV.: Die Inszenierung des Sonnenkönigs, Berlin 1993, passim, bes. S. 183-191.

[15] S. oben Anm. 9.

[16] S. G.R. Elton, Policy and Police: The Enforcement of the Reformation in the Age of Thomas Cromwell, Cambridge 1972, Kap. 4.

[17] S. zum Beispiel C.A. Edie, The Popular Idea of Monarchy on the Eve of the Stuart Restoration, Huntington Library Quarterly 29 (1976), S. 343-373; H. Rusche, Prophecies and Propaganda: 1641 to 1651, English Historical Review 84 (1969), S. 752-770.

[18] Einleitung zu Knuttel, Catalogus, I, S. XI.

[19] Zur Entwicklung des Journalismus in England s. P. Ries, Staat und Presse im 17. Jahrhundert in England, E. Blühm et al. (Hgg.), Hof, Staat und Gesellschaft in der

derts macht sich ihn zunutze. Der Premier Robert Harley engagierte unter anderem Daniel Defoe, "der die Sache der Whigs nicht nur, wie bisher, in Pamphleten, sondern in den neuen Journalen verficht. Er macht den 'Parteigeist' in Wahrheit erst zum *public spirit*. Defoes *Review*, Tutchins *Observator*, Swifts *Examiner* werden in Klubs und Kaffeehäusern, im Hause und auf der Straße diskutiert."[20] Während der Herrschaft der Whigs unter Georg I. (1714-1727) entwickelte sich danach die Presse endgültig vom Sprachrohr der Regierung zum Organ einer räsonierenden Öffentlichkeit, wie Habermas sie bezeichnet[21], in der sich vor allem auch die oppositionellen Tories unter Lord Bolingbroke artikulierten. Kurt Kluxen charakterisiert diese Entwicklung wie folgt: "Das Neue, was die Opposition fertigbrachte, war die Schaffung einer Volksmeinung". Diese Volksmeinung wurde durch einen "selbständigen Journalismus" gesteuert, "der sich gegen die Regierung zu behaupten verstand und die kritische Kommentierung und öffentliche Opposition gegen die Regierung zum normalen Status erhob".[22]

Die am Beispiel Englands skizzierte Entwicklung kennzeichnet den Übergang, aber auch gleichzeitig den strukturellen Zusammenhang zwischen den Pamphleten als ereignisabhängigen Gelegenheitsschriften und dem professionellen politischen Journalismus, der sich über periodische Presseorgane artikulierte. Vor allem dieser Journalismus drückte eine strukturell im politischen System verankerte öffentliche Meinungsvielfalt aus, in deren Rahmen verschiedene Positionen zu einem in Regierungshandeln mündenden Ergebnis geführt werden mußten. Pamphletismus wie Journalismus gediehen vor allem in einer politischen Kultur, deren konstitutives Merkmal die Notwendigkeit der Debatte zwischen Interessengruppen und nicht die Dominanz des obrigkeitlichen Oktroi war.[23] Jedoch war erst mit der Verstetigung und Institutionalisierung dieser Debatte durch das parlamentarische System der Schritt vollzogen, der die ereignisabhängige Pamphletenkultur in den Journalismus neuen Typs überführte. Die entscheidende Veränderung der *Glorious Revolution* von 1688/89 gründete darin, daß das englische Parla-

---

Literatur des 17. Jahrhunderts, Amsterdam 1982, S. 351-375, für die Zeit von 1640 bis 1660 S. 359-362.

[20] J. Habermas, Strukturwandel der Öffentlichkeit: Untersuchungen zu einer Kategorie der bürgerlichen Gesellschaft, Darmstadt 1987, S. 78.

[21] Ebd., S. 79.

[22] K. Kluxen, Das Problem der politischen Opposition: Entwicklung und Wesen der englischen Zweiparteienpolitik im 18. Jahrhundert, Freiburg, München 1956, S. 187.

[23] Daß gerade in England des 17. Jahrhunderts seitens der Regierung zahlreiche Versuche zur Reglementierung und Zensur der Presse unternommen wurden (dazu Ries, Staat und Presse, passim), spricht nicht gegen dieses Argument. Vielmehr verdeutlichen diese Versuche, daß seitens der Obrigkeit die Bedeutung der Presse als meinungsbildender Faktor erkannt worden war.

ment zur permanenten Institution wurde, in der ebenso permanent die Interessen unterschiedlicher Eliteformationen aufeinandertrafen.[24] Die Gleichzeitigkeit in der Entwicklung von parlamentarischem System und professionellem Journalismus verweist auf die grundsätzliche Bedeutung der Presse als Verstärker, Korrektor und Multiplikator politischen Handelns im institutionalisierten parlamentarischen Rahmen.

Ähnlich dem englischen scheint das Beispiel der niederländischen Republik gelagert zu sein. Seit dem Beginn des Aufstandes gegen Spanien in den 1560er Jahren gehörte die über das Medium des Pamphlets ausgetragene Debatte zu den ständigen Erscheinungen der politischen Kultur in den Niederlanden. Zwar zeichnete sich in den Phasen intensivierter innenpolitischer Auseinandersetzung auch eine Verstärkung des Stromes an Druckschriften ab. So zwischen 1618 und 1625, um 1650, um 1672 sowie 1688/89 und in den 1740er und 1780er Jahren. Es kam aber niemals zum Erliegen der Publikationstätigkeit, denn angesichts der politischen Konstruktion der Republik war die ständige Diskussion zwischen Elitefaktionen sowie zwischen den politischen Eliten und dem sogenannten gemeinen Mann eine strukturelle Notwendigkeit.[25] Der Republik fehlte ein unumstrittenes und vor allen Dingen mit starker Eigenkompetenz ausgestattetes politisches Zentralorgan. Die wichtigen Entscheidungen wurden im wesentlichen von den urbanen Eliten der großen Städte gefällt. In den Städten selbst konkurrierten verschiedene Klientelverbände um Einfluß. Die Städte und Provinzen konnten nur durch freie Vereinbarung zu einem für den Gesamtstaat verbindlichen Konsens gelangen. Die kommunalistische Basis der Politikkultur setzte ferner voraus, daß die jeweiligen Stadteliten von der Bürgergemeinde als Wahrer der genossenschaftlichen Normen von *Pax* und *Concordia* anerkannt wurden. Das machte tendenziell auch den gemeinen Mann zu einem eigenständig handlungsfähigen Einflußfaktor, mit dem die politischen Eliten ständig rechnen mußten. Kompliziert wurde die ganze Konstruktion noch dadurch, daß mit den oranischen Statthaltern ein Herrschaftselement hinzu-

---

[24] Dazu W.A. Speck, Reluctant Revolutionaries: Englishmen and the Revolution of 1688, Oxford 1988, passim, bes. S. 246-251.

[25] Zur Bedeutung der Pamphlete P.A.M. Geurts, De Nederlandse Opstand in de pamfletten: 1566-1584, Utrecht 1983; P. Geyl, Het stadhouderschap in de partijliteratuur onder De Witt, Ders., Pennestrijd over staat en historie, Groningen 1971, S. 3-71; Ders., Democratische tendenties in 1672, Ders., Pennestrijd, S. 72-129; Ders., De Witten-oorlog, een pennestrijd in 1757, Ders., Pennestrijd, S. 130-273; Harline, Pamphlets, passim; J.D. Popkin, Print Culture in the Netherlands on the Eve of the Revolution, M.C. Jacob, W.W. Mijnhardt, The Dutch Republic in the Eighteenth Century: Decline, Enlightenment and Revolution, Ithaca-London 1992, S. 273-291; N.C.F. van Sas, Opiniepers en politieke cultuur, F. Grijzenhout et al. (Hgg.), Voor Vaderland en Vrijheid: De revolutie van de patriotten, Amsterdam 1987, S. 97-130. Deutlich zeichnen sich die Pamphletenkonjunkturen in der Sammlung der Königlichen Bibliothek in Den Haag ab. Vgl. dazu Knuttel, Catalogus.

kam, welches außerhalb des städtischen Normenkanons stand und eine Politik verfolgte, die stärker auf die Überwindung des urbanen Partikularismus ausgerichtet war. Angesichts der Multipolarität der lokalen und regionalen Interessengruppen und nur rudimentär entwickelter politischer Institutionen auf Gesamtstaatsebene mußte sich jede dieser Gruppen des Pamphlets als Propagandamittel bedienen, um den eigenen politischen Einfluß zu verstärken.

Auch die Form vieler populärer Pamphlete in der niederländischen Republik des 17. Jahrhunderts trug dem Rechnung. Sie waren dialogisch bzw. polylogisch aufgebaut. Mehrere Sprecher als Vertreter unterschiedlicher politischer Positionen bezogen Stellung, ehe man zu einem Konsens gelangte, der freilich voll der auctorialen Absicht entsprach, seiner eigenen Position als der einzig möglichen Geltung zu verschaffen.[26] Damit trug man der Tatsache Rechnung, daß man den Vertreter der vermeintlich falschen Position nicht von vornherein ausgrenzen konnte, sollte der Schein des Diskurses unter gleichberechtigten politischen Subjekten in einem politischen System, dessen Signum Interessenpluralität war, aufrecht erhalten werden. Es galt vielmehr, ihn für das rechte Verständnis von Allgemeininteresse zu gewinnen.

Die politische Grundstruktur und damit auch das Muster der niederländischen Pamphletistik blieben fast über die gesamte Dauer der Republik seit dem späten 16. bis gegen 1780 stabil.[27] Es fehlte zwar nicht an Krisen, aber

---

[26] Zu den Pamphleten als Forum politischer Auseinandersetzung in der niederländischen Republik mit zahlreichen weiteren Literaturhinweisen H. Schilling, Der libertär-radikale Republikanismus der holländischen Regenten: Ein Beitrag zur Geschichte des politischen Radikalismus in der Frühen Neuzeit, Geschichte und Gesellschaft 10 (1984), S. 498-533. Zahlreiche Pamphlete drücken die dialogische bzw. polylogische Struktur bereits in ihrem Titel aus. Sie nennen sich "praatjes" (Schwatz, Plauderei) oder – seriöser – "discours", "samen-spraak" (Gespräch); s. dazu z. B. folgende Nrn. aus Knuttel, Catalogus: 6824-6836, 6839-6842, 6868, 7040, 8372-8379, 8382, 8390, 8654, 9650, 9687, 9763, 13499, 13676.

[27] Zu den Institutionen der niederländischen Republik s. S.J. Fockema Andreae, De Nederlandse staat onder de Republiek, Amsterdam 1985; die dezentrale Struktur arbeitet klar heraus G. de Bruin, Geheimhouding en verraad: De geheimhouding van staatszaken ten tijde van de Republiek (1600-1750), 's-Gravenhage 1991, S. 214-217; zum Problem der Elitefaktionen grundlegend D.J. Roorda, Partij en factie: De oproeren van 1672 in de steden van Holland en Zeeland, Groningen 1961; zur Rolle der Statthalter im 17. und 18. Jahrhundert A.J.C.M. Gabriëls, De heren als dienaren en de dienaar als heer: Het stadhouderlijk stelsel in de tweede helft van de achttiende eeuw, 's-Gravenhage 1990. Zur Bedeutung der Normen Pax und Concordia in der politischen Debatte s. Mörke, 'Stadtholder'; Ders., 'Oranje in 't Hart' Oder: Wie man diskursiv den Diskurs austreibt. Überlegungen zur propagandistischen Instrumentalisierung von Öffentlichkeit in der niederländischen Republik im Krisenjahr 1672, M. Hagenmaier, S. Holtz (Hgg.), Krisenbewußtsein und Krisenbewältigung in

an fundamentalen politischen Brüchen, wie sie sich in England um 1640 und vor allen Dingen um 1688/89 abzeichneten. Auch die beiden statthalterlosen Perioden von 1650 bis 1672 und von 1702 bis 1747, die vor allem die wichtigste Provinz Holland betrafen und von denen lediglich Friesland zu keiner Zeit betroffen war, führten nicht zu einem dauerhaften Wandel der Institutionen und des Musters der Eliterekrutierung. Erst nach 1780 entwickelten sich Ansätze von politischen Partizipationsmodellen, welche über das städtisch-korporative Grundmuster der politischen Kultur hinausgingen und die Möglichkeit einer gesamtstaatlich-"nationalen" parlamentarischen Vertretung ins Kalkül zogen, die sich vom Regiment der traditionellen städtischen Regentenoligarchie fundamental unterscheiden sollte. 1795 fiel die alte Republik endgültig als Folge der französischen Revolution. 1796 trat in Den Haag erstmals eine aus Wahlen hervorgegangene Nationalversammlung zusammen.[28]

In diese Jahre nach 1780 fiel der Übergang von der politischen Debatte auf der Basis von situationsgebundenen Pamphleten zum politischen Journalismus, dessen Forum regelmäßig erscheinende Meinungsblätter waren, ohne daß allerdings das Pamphlet als Propagandamedium verschwand. Das erste dieser Blätter war die ab 1781 in Utrecht erscheinende *Post van den Neder-Rhijn*, die es auf eine Auflage von ca. 3.000 Exemplaren brachte.[29]

In den Niederlanden wurde damit ein Entwicklungsschritt vollzogen, der in England bereits zu Beginn des Jahrhunderts eingetreten war. Beide politische Kulturen glichen sich bezüglich der Koexistenz von Interessengruppen, welche um politischen Einfluß kämpften. Das Pamphlet schien dafür das angemessene Medium des politischen Diskurses zu sein. Es trat in der Tat, wie in der anfänglichen Definition behauptet, überall dort auf, wo eine schwache politische Zentralgewalt und die unterentwickelte Institutionalisierung von Politik Räume für den öffentlich ausgetragenen Konflikt um politischen Einfluß eröffneten. Deshalb finden wir es immer dann gehäuft, wenn die Kräftebalance zwischen den das politische System tragenden Elitegruppen - zwischen Krone, Parlament und regionalen Eliten in England, zwischen Ständen und Statthaltern in der niederländischen Republik - vorübergehend gestört war.

Der frühere Übergang zum modernen Meinungsjournalismus in England ging aber nun gerade mit einem Institutionalisierungsschub der Politik einher. Einer Institutionalisierung, die sich freilich vom Modell der absoluten Monarchie ohne ein kraftvolles ständisch-parlamentarisches Element grund-

---

der Frühen Neuzeit – Crisis in Early Modern Europe (Festschrift H.-Chr. Rublack), Frankfurt/M. 1992, S. 277-290.

[28] Zur Entwicklung im 18. Jahrhundert s. H. Lademacher, Die Niederlande: Politische Kultur zwischen Individualität und Anpassung, Frankfurt/M.-Berlin 1993, S. 361-404.

[29] Van Sas, Opiniepers, S. 97.

sätzlich unterschied. Es war das nach 1689 institutionalisierte parlamentarische Politiksystem, welches auch den öffentlichen Diskurs in Form der politischen Meinungsjournale verstetigte. Das Pamphlet als auf einen konkreten und zeitlich limitierten Ereigniszusammenhang begrenztes Medium bildete eine wesentliche Vorstufe dazu, muß jedoch systematisch von der auf die Form parlamentarischer Auseinandersetzung und Konsensfindung orientierten Meinungspresse unterschieden werden. Daß es in der niederländischen Republik erst im Zusammenhang mit der Debatte um ein neues Modell politischer Partizipation zur Entwicklung von politischen Meinungsperiodika kam, ist – auch im Vergleich mit der englischen Entwicklung – ein Indiz für die Bindung von Formen politischer Publizistik an die Formen institutionalisierter politischer Partizipation. Erst die Wirklichkeit oder zumindest die realistische Möglichkeit einer dauerhaften parlamentarischen Vertretung, die zwar nicht unbedingt die Beschränkung politisch-praktischer Machtausübung auf eine kleine politisch-soziale Elite überwinden mußte, diese jedoch wachsendem Legitimationsdruck gegenüber öffentlichem Räsonnement aussetzte, führte zur Entstehung einer periodischen Meinungspresse. Van Sas resümiert seine Ausführungen zur Entwicklung der niederländischen Meinungspresse denn auch wie folgt: "Das politisierende Publikum war durch politisch-moralische Periodika (*de spectators*) daran gewöhnt worden, regelmäßig mit frischem Lesestoff versorgt zu werden. Dieses Bedürfnis befriedigte wohl die politische Meinungspresse, nicht jedoch das Pamphlet, das per definitionem Gelegenheitsschrift blieb. Durch seine Periodizität konnte das Meinungsblatt überdies das politische Interesse, sofern einmal geweckt, weiter formen und lenken".[30]

Die politische Debatte mittels Pamphlet hingegen wirkte nicht zwingend destabilisierend auf den altständischen Interessendiskurs. Sie war vielmehr dessen genuine Ausdrucksform, indem sie durch situationsabhängige Agitation und Propaganda Gefolgschaften schuf, welche sich ständische Elitefaktionen in ihren Konflikten zunutze machen konnten. Freilich war diese Funktion beschränkt. Gelang, zum Beispiel aufgrund einer Häufung von politischen und/oder sozialen sowie ökonomischen Krisenfaktoren, nicht die baldige Restabilisierung des traditionellen Systems, wurde dessen Legitimationskrise permanent, so verlor letztlich auch das Pamphlet seine stabilisierende Funktion. So folgte auf den noch einmal kurzzeitig anschwellenden Pamphletenstrom des Jahres 1781[31] in den Niederlanden keine Restabilisierung, sondern die Agonie des traditionellen Systems.

Bis jetzt haben wir lediglich eine Variante des politischen Pamphlets kennengelernt. Nämlich dessen Rolle in der innenpolitischen Auseinandersetzung vor allem im Rahmen solcher politischen Systeme, die sich, wie Eng-

---

[30] Ebd, S. 112 (Übersetzung aus dem Niederländischen vom Verf.).
[31] Ebd., S. 112.

land und die Niederlande, nicht dem angeblichen Epochensignum des Absolutismus beugten. Die Pamphletenkonjunktur seit dem 16. Jahrhundert wurde jedoch auch noch durch eine andere politische Entwicklung nachhaltig beeinflußt: durch die Differenzierung und Formierung des europäischen Mächtesystems, die sich ebenfalls, wie innerstaatliche Differenzierungsprozesse, seit dem Reformationszeitalter beschleunigten.[32]

III.

Im Kontext des internationalen Politikdiskurses eignete dem Pamphlet eine Schlüsselfunktion. Es diente der Denunziation des Gegners und der Legitimation des jeweils eigenen politischen Anspruchs sowie der Festigung zwischenstaatlicher Allianzen. Wie das Pamphlet in der innenpolitischen Auseinandersetzung, so taucht es auch im internationalen Kontext immer dann situationsspezifisch auf, wenn es zur Krise in den Beziehungen zwischen Staaten und Dynasten kam.

Der Dreißigjährige Krieg als der große auf dem Boden des Reiches ausgetragene europäische Konflikt, wurde auch mit den Mitteln gedruckter Propaganda ausgetragen. Die Konfliktparteien knüpften dabei an den Inhalten an, welche bereits aus der Reformationszeit bekannt waren. Die Auseinandersetzung um den rechten Glauben und um die Wahrung des 'alten Herkommens', der Bewahrung der Privilegien ständischer Freiheit, stand im Mittelpunkt der propagandistischen Pamphlete. Vor allem die protestantischen Stände des Reiches und deren wirkliche oder vermeintliche Schutzmacht Schweden bedienten sich dieses Grundmusters einer Argumentation, die in ihren wesentlichen Zügen bereits seit der Frühphase der Reformation und dem deutschen Bauernkrieg bekannt war und die genauso im niederländischen Aufstand gegen die spanische Herrschaft begegnete.[33]

Mit dem Ende des Dreißigjährigen Krieges und den Westfälischen Friedensverträgen schien zunächst in den internationalen Beziehungen das konfessionelle Argument zurückgedrängt zu werden und zugunsten säku-

---

[32] Bezogen auf das Alte Reich belegen diese Entwicklung problemorientiert A. Kohler, Das Reich im Kampf um die Hegemonie in Europa: 1521-1648, München 1990; H. Duchhardt, Altes Reich und europäische Staatenwelt: 1648-1806, München 1990.

[33] S. zum Freiheitstopos mit zahlreichen Belegen G. Barudio, Der Teutsche Krieg: 1618-1648, Frankfurt/M. 1985, passim (Registerstichwort Freiheit); zu Gustav Adolf s. W. Harms, Gustav Adolf als christlicher Alexander und Judas Makkabäus. Zu Formen des Wertens von Zeitgeschichte in Flugschrift und illustriertem Flugblatt um 1632, Wirkendes Wort 35 (1985), S. 168-183; Pfeffer, Flugschriften, S. 89-94; A. Wang, Der 'Miles christianus' im 16. und 17. Jahrhundert und seine mittelalterliche Tradition: Ein Beitrag zum Verhältnis von sprachlicher und graphischer Bildlichkeit, Frankfurt/M. 1975.

larer Interessen- und Allianzpolitik an Einfluß zu verlieren.[34] Doch es rückte wieder in den Mittelpunkt, als es im Kampf zwischen dem Frankreich Ludwigs XIV. und der antiludovizianischen Koalition unter Wilhelm III. von Oranien, seit 1672 Statthalter in den Niederlanden und seit 1689 König von Großbritannien, um die Macht in Europa ging.

An einem Beispiel aus der Pamphletenliteratur sei die Verzahnung von konfessionellem Argument und säkular-politischer Aktion während dieser Periode demonstriert. Der Druck *England's Memorial: Of its Wonderfull deliverance from French tiranny and Popish oppression, Performed through All mighty Gods infinite goodness and mercy. By His Highness William Henry of Nassau, the High and Mighty Prince of Orange, 1688* enthält die wesentlichen Elemente, welche das internationale politische Konfliktfeld in West- und Mitteleuropa im letzten Viertel des 17. Jahrhunderts bestimmten.[35] Die englische *Glorious Revolution* von 1688/89, also ein zunächst vor allem innenpolitisches Ereignis, wird nicht nur in dem vorliegenden Druck zum Teil der Abwehrschlacht gegen Ludwig XIV, *the most Christian Turk* (Punkt A der Bildunterschrift), wie es in denunzierender Anlehnung an den Titel des französischen Königs als *roi très chrétien* heißt. Die Erlösung Englands *from French tiranny and Popish oppression*, wie es im Titel des Blattes formuliert wird, belebt alle Formen der konfessionellen Propaganda, die schon aus dem späten 16. Jahrhundert bekannt waren. Dämonisierung Ludwigs als König, der seinen eigenen Untertanen umbringt und sich in unmittelbarer Nachbarschaft einer einträchtigen Gruppe von Teufeln und Jesuiten befindet (Punkte G und H der Bildunterschrift), und gleichzeitige Ridikülisierung (Punkte I und N der Bildunterschrift) des Gegners arbeiten so gut wie ausschließlich mit dem konfessionellen Argument. Punkt I zeigt Jakob II. von England, den innenpolitischen Widerpart von Wilhelm III., mit seiner Frau, die den von der Partei Wilhelms als untergeschobenen Bastard qualifizierten Thronfolger der Stuartpartei auf dem Arm trägt. Unter Punkt N flieht *the whole Heard of Papists and Jesuits* vor der Gerechtigkeit und der Bedrohung durch *a free Parliament*, wie es in einem der Spruchbänder heißt. *Gods Providence* (Punkt C) gilt selbstverständlich der Kirche von England und dem neuen König als dem *Protector of the Protestant Religion* und dem Oberhaupt der gegen *the French perfidious usurpation* gerichteten Allianz europäischer Fürsten (Punkt O).

---

[34] Zur Zurückdrängung des Konfessionellen als "Leitkategorie" des internationalen Systems s. H. Schilling, Formung und Gestalt des internationalen Systems in der werdenden Neuzeit – Phasen und bewegende Kräfte, P. Krüger (Hg.), Kontinuität und Wandel in der Staatenordnung der Neuzeit: Beiträge zur Geschichte des internationalen Systems, Marburg 1991, S. 19-47, bes. S. 22f.; prononciert Ders., Höfe und Allianzen: Deutschland 1648-1763, Berlin 1989, S. 41-43.

[35] S. L.G. Schwoerer, Propaganda in the Revolution of 1688-89, American Historical Review 82 (1977), S. 843-874, hier S. 864.

Das vorliegende Beispiel ist besonders charakteristisch für die Propaganda im Zeitalter Ludwigs XIV. und Wilhelms III., da es sich um eine Karikatur handelt, in welcher das Bild den Inhalt transportiert und dem Text nur noch sekundäre Erläuterungsfunktion zukommt.[36] Noch mehr als die reinen Textpamphlete setzte die Karikatur auf Vereinfachung komplexer Strukturen und damit auf noch stärkere Polarisierung. Die massenwirksame Propaganda, nicht unbedingt der intellektuelle Diskurs über Politik, wie er sich z.B. in England in der gleichen Zeit herausbildete[37], konnte offensichtlich auch nach dem Ende des Konfessionellen Zeitalters um 1650 auf die religiöse Fundierung nicht verzichten.

Die Reduktion des sehr viel komplexeren internationalen Konfliktes im letzten Viertel des 17. Jahrhundert, der, wie die Debatte um die Legitimität des britischen Königstums Wilhelms III. zeigt, überdies eng mit der innenpolitischen Auseinandersetzung verbunden war, auf eingängige Formeln, in denen politische Interessen an ein konfessionell-religiöses Konzept gebunden wurden, ließ sich besonders gut propagandistisch instrumentalisieren. Sie ging von einem simplen binären Schema von Gut und Böse aus, das dem nichtgelehrten Rezipienten Orientierung und Parteinahme ermöglichte. In der politischen Welt Europas, in welcher der Universalismus einer einheitlichen Christenheit nicht mehr galt, schufen ständig wechselnde politische Allianzen Unübersichtlichkeit. Um Handeln legitimieren zu können und vor allem um sich Gefolgschaft und Unterstützung zu sichern, mußte durch Propaganda die Illusion eines neuen Konsenses hergestellt werden. Dies gelang nur, indem die eigene Position zur allein verbindlichen und universal gültigen erhoben wurde. Die dialogische Struktur, die vielen Pamphleten zur niederländischen Innenpolitik des 17. Jahrhunderts eignete[38], war hier offensichtlich fehl am Platze. Im Unterschied zu der Aussage jener Pamphlete sollte der Vertreter der Gegenposition nunmehr nicht integriert, sondern geschlagen werden!

---

[36] Zur politischen Karikatur im England des späten 17. und 18. Jahrhunderts s. M.D. George, English Political Caricature to 1792: A Study of Opinion and Propaganda, Oxford 1959; H. Atherton, Political Prints in the Age of Hogarth, Oxford 1974; J.H. Hagstrum, Verbal and Visual Caricature in the Age of Dryden, Swift, and Pope, England in the Restoration and Early Eighteenth Century, Los Angeles 1972, S. 173-195.

[37] Zur politiktheoretischen Debatte in England im 17. Jahrhundert s. R. Saage, Herrschaft – Toleranz – Widerstand: Studien zur politischen Theorie der Niederländischen und der Englischen Revolution, Frankfurt/M. 1981, bes. S. 137-167. Für das letzte Viertel des 17. Jahrhunderts Speck, Reluctant Revolutionaries, S. 139-165.

[38] S. oben Anm. 26.

IV.

Wo lag, trotz der aufgezeigten Differenz, die Gemeinsamkeit der Pamphlete aus dem innenpolitischen Kontext und dem Kontext des europäischen Mächtesystems? Viele der innenpolitisch orientierten Pamphlete trugen der Notwendigkeit Rechnung, daß der Zusammenhalt eines Herrschaftsverbandes nur dann gewahrt oder hergestellt werden konnte, wenn von den potentiell handlungsfähigen Subjekten dieses Herrschaftsverbandes dessen Legitimität anerkannt wurde und sie seinen Bestand nicht durch Aufstände oder andere desintegrierende Aktionsformen sprengten. Der Herstellung dieses Grundkonsenses dienten sowohl die herrscherzentrierte Propaganda des absoluten Königtums Ludwigs XIV. als auch die Diskussion um die rechte Gestalt parlamentarischer oder ständischer Herrschaft in den Niederlanden und in England. Die Debatte über den Charakter und vor allem über die Legitimität von Herrschaftsformen war indes kein Grundproblem, das erst mit der Pamphletistik entstand. Sie zog sich kontinuierlich durch die Geschichte Alteuropas.[39] Neu war freilich, daß mit dem Medium massenhafter Flugschriften eine größere Flächendeckung möglich wurde, welche die Debatte auch über die traditionellen gemeindlichen Kleinformationen der Dorfgenossenschaft oder der städtischen Bürgergemeinde hinaus ermöglichte. Die seit dem Spätmittelalter festzustellende Tendenz zu flächenstaatlicher Integration und Verdichtung[40] wurde dadurch gefördert, jedoch keinesfalls initiiert. Im Rahmen dieser flächenstaatlichen Integration förderte die technische Innovation des billigen Massendrucks die allmähliche Herstellung einer politischen Kultur, die von der grundsätzlichen Anerkennung der Existenz unterschiedlicher politischer Gruppeninteressen ausging.

Daß gerade mit der Reformation ein erster Höhepunkt des Pamphletierens einherging, ist aufs engste mit der Auflösung des katholischen Universalismus verbunden. Die aus ihm resultierende Konkurrenz unterschiedlicher Weltanschauungsangebote führte mit Notwendigkeit zum Einsatz von Propaganda auch auf dem internationalen politischen Parkett. Nicht die technische Entwicklung der Druckkunst zum Massenerzeugnis als solche schuf die Voraussetzung für die Reformation und die mit ihr einhergehenden und aus ihr folgenden politisch-konfessionellen Konflikte. Vielmehr schufen erst diese Konflikte und die daraus folgende politische Konfrontation in Europa den Markt für das Pamphlet als Massenmedium mit überregionaler Wirksamkeit.

---

[39] Mit zahlreichen Belegen H. Günther et al., Artikel Herrschaft, O. Brunner et al. (Hgg.), Geschichtliche Grundbegriffe: Historisches Lexikon zur politisch-sozialen Sprache in Deutschland, III, Stuttgart 1982, bes. S. 1-38, 98-102.

[40] P. Moraw, Von offener Verfassung zu gestalteter Verdichtung: Das Reich im späten Mittelalter (1250-1490), Frankfurt/M.-Berlin 1985, S. 21-27.

Ich halte fest: Die Pamphlete waren ein technisches Hilfsmittel zur Bewältigung einer Entwicklung, die aus der Auflösung mittelalterlicher Universalität und dem Prozeß der Herausbildung großer und institutionell integrierter Flächenstaaten resultierte. Sie unterstützten die Herausbildung einer neuen europäischen Ordnung, die sich erst im 18. Jahrhundert stabilisierte. Gerade in der Formierungsphase eines neuen europäischen Mächtesystems, das in der Pentarchie von Frankreich, England, Preußen, Österreich und Rußland gipfelte, waren die traditionellen Formen der symbolischen und nonverbalen Herrscherpropaganda, von den Skrofulosenheilungen bis zu den *Joyeuses Entrées*, wie sie vor allem im königszentrierten Frankreich praktiziert wurden, nicht mehr ausreichend. Ihre Reichweite griff angesichts der Komplexität des Mächtesystems und dem Zwang zur internationalen Kommunikation zu kurz. Joseph Klaits hat in seinem Buch 'Printed Propaganda under Louis XIV' gezeigt, daß sich um 1690 die französische Propaganda zwar der von England und den Niederlanden ausgehenden antiludovizianischen Pamphletenkampagne insofern anpaßte, als auch in Frankreich das Pamphlet als Medium zur Propagierung der innen- und außenpolitischen Ziele Ludwigs XIV. nunmehr planmäßig und in großem Stil eingesetzt wurde. Ihr war jedoch kein dauerhafter Erfolg beschieden, weil durch die Einbindung Frankreichs in ein europäisches Kommunikationssystem die Normen des Modells absoluter Königsherrschaft ständig in Frage gestellt wurden.[41] Die gedruckte Propaganda sorgte dafür, daß die Konkurrenz zwischen politischen Systemen, dem des französischen Absolutismus und dem seiner Gegner, an deren Spitze England und die Niederlande standen, zum ständig präsenten Problem des politischen Diskurses im Lande selbst wurde.

Auch hier wird deutlich, daß es nicht die technische Innovation des Drucks von Massenerzeugnissen wie den Pamphleten war, die eine interessendifferenzierte und pluralisierte politische Kultur schuf. Diese existierte auch schon vorher. Die technische Innovation sorgte jedoch dafür, daß sich die öffentlich ausgetragene Interessenkonkurrenz in Ländern mit starker interessenpluralistischer Struktur, wie England und den Niederlanden, als politisches Prinzip auf Dauer etablieren und verstärken konnte. Sie sorgte vor allem aber auch dafür, daß sich das politische Prinzip der Interessenkonkurrenz im gesamteuropäischen Kontext etablieren konnte. Die Massenpropaganda der Pamphlete unterstützte eine Entwicklung, an deren Ende letzlich eine politische Kultur stand, welche die Möglichkeit eröffnete, Konsens nicht mehr als verordneten und nicht hinterfragbaren Normenmonismus zu verstehen, sondern als Produkt der öffentlichen Auseinandersetzung. Einheit als ständig in der Vielheit zu suchender und aus der Vielheit herzustellender Konsens wurde zum Prozeßbegriff.

---

[41] So ist aus dem Resümee von Klaits, Printed Propaganda, S. 292-296, zu folgern.

Ob dies als "Kommunikationsrevolution" bezeichnet werden sollte, ist ein Sekundärproblem. Ich gebe jedoch zu bedenken, daß der Revolutionsbegriff die Assoziation eines linearen Reiz-Reaktions-Schemas weckt, das den Sachverhalt nicht trifft. Es geht vielmehr um ein kompliziertes System wechselseitiger Beeinflussung von Parametern der politischen Kultur, die sich zum großen Teil sehr langfristig entwickelten und die durch die Kommunikationstechnik des Pamphletierens einen wesentlichen Wandlungsimpuls erhielten, in ihr aber nicht gegründet waren.

DIE HOLLÄNDISCHEN ZEITUNGEN DES 17. UND 18. JAHRHUNDERTS*

von
Michel Morineau

Als ich vor einigen Jahren mit dem Studium der niederländischen Geschichte begann, freute ich mich schon im voraus auf die wichtige Quelle der in Holland gedruckten Zeitungen. Dort hoffte ich eine Fülle ökonomischer Informationen zu finden, die eine Annäherung an die faszinierenden Aktivitäten Amsterdams im 17. Jahrhundert erlaubten. Ein erster Blick in die Zeitungen bestätigte die Erwartungen: In der Bibliothèque Mazarine in Paris berichtete die Nummer 32 der *Tydinghen uyt verscheide Quartieren* vom 8. August 1637 über die Ladung dreier aus Ostindien zurückgekehrter Schiffe, und die folgende Nummer über die Fracht zweier aus Guinea kommender Schiffe. Die *Gazette d'Amsterdam* vom 30. Dezember 1666 registrierte den Schiffsverkehr vor Texel in der Vorwoche: vier Schiffe aus Bordeaux und anderen Häfen kommend, eins vom Kap Verde, eins aus Bergen, eins aus Stockholm sowie vor Vlieland den Schiffbruch eines aus Danzig kommenden Schiffes; außerdem waren ein Schiff nach Ostindien und eins nach Frankreich abgesegelt. Weitergehende Hoffnungen wurden jedoch gedämpft. Abgesehen davon, daß die Aussagen sehr lakonisch waren, erschien die Kontinuität und die Genauigkeit der Angaben nicht gesichert. Was konnte man von einem summarischen Hinweis auf 150 Schiffe "aller Nationalitäten" (darunter zwei holländische Konvoischiffe) erwarten, die in Cádiz ihre Anker gelichtet und aufgrund Gegenwindes einen Zwischenstopp in England eingelegt hatten?[1] Jedoch habe ich vielleicht zuviel erwartet, als ich über die Qualität der Zeitungen und ihre Genauigkeit in wirtschaftlichen Dingen spekulierte. Das Mißverständnis beruhte auf einer Überschätzung einerseits und auf der Unkenntnis des wahren Charakters dieser Zeitungen andererseits. Sie enthalten ökonomische Nachrichten, übrigens ausreichend verläßlich, aber ihr Hauptinteresse richtete sich auf politische Ereignisse in ganz Europa (und später in Amerika). So wie diese mit Recht einen Vorrang forderten, ist es nur folgerichtig, auf die Vorgeschichte dieses Kommunikationsmediums einzugehen.

---

* Aus dem Französischen übersetzt von Michael North.
[1] Ausgabe vom 2. März 1688.

1. Die Entstehung der Zeitungen

Um sich den holländischen Zeitungen zu nähern und ihre signifikante Abstammung zu entdecken, reicht es, sich mit der Praxis Ende des 15. Jahrhunderts auseinanderzusetzen. Zu dieser Zeit entstanden mehrere Netze der Nachrichtenübermittlung. Nachrichten wurden schon immer zwischen Herrschern ausgetauscht, aber das Gesandschaftswesen – insbesondere das venezianische – mit permanenter Residenz an den ausländischen Häfen brachte durch die sog. *dispacci* eine relative Häufigkeit und Regelmäßigkeit in das Nachrichtensystem. Parallel, wurden Kaufleute und Bankiers durch ihre Korrespondenten oder ihre Filialen auf dem laufenden gehalten. Diese Informationen waren für einen begrenzten Personenkreis reserviert und nicht für ein größeres Publikum bestimmt. Die ersten Novellanten verkehrten in den öffentlichen Gebäuden, den Handelshäusern und auf den Marktplätzen, um sich dort mit Nachrichten zu versorgen und diese zu verbreiten. Ihre Kunden kauften die Nachrichten oder gaben als hochgestellte Persönlichkeiten die Nachrichtenbeschaffung selber in Auftrag. Zu letzteren zählten die Herzöge von Urbino und Savoyen ebenso wie Liebhaber der römischen *avvisi* und die Fugger.[2] Diese "Neuen Zeitungen" waren Manuskripte, die von darauf spezialisierten Ateliers, z. B. von den *menanti* der Ewigen Stadt, in Schönschrift vervielfältigt wurden. Der Buchdruck war zwar schon erfunden, kam aber zu diesem Zweck noch nicht in Gebrauch. Seiner bediente man sich aber, wenn es um die Verbreitung außergewöhnlicher und sensationeller Ereignisse wie die Entdeckung der Inseln jenseits des Atlantiks durch Christoph Kolumbus oder die Eroberung von Malakka durch die Portugiesen 1511 ging. Immer wenn die Zeiten dafür günstig waren, erschienen solche "Enten" (frz. *canards*) – wie man sie fälschlich nannte – auf dem Markt.[3] Man muß sie aber von den Pamphleten unterscheiden, die andere Themen aus den Bereichen Politik oder Religion demonstrativ oder polemisch behandelten. Zwischen beiden Medien bestand kein Zusammenhang.

Dagegen ist die Verwandtschaft der "Enten" mit den "Neuen Zeitungen" offenkundig. So bestanden die "Enten" wie die "Neuen Zeitungen" aus vielfältigen Informationen verschiedener Provenienz, die aneinander gereiht wurden.[4] 1605 erhielt Abraham Verhoeven aus Antwerpen von den Erzherzögen Albert und Isabella ein Privileg mit dem Ziel, deren "große Ereignisse" vor

---

[2] J. Delumeau, La vie économique et sociale à Rome dans la deuxième moitié du XVIe siècle, Paris 1959; V. Klarwill, Fuggerzeitungen, Wien 1923.

[3] J.-P. Séguin, L'information en France avant les périodiques. 517 canards imprimés entre 1529 et 1631, Paris 1964; M.Lever, Canards sanglants. Naissance du fait divers, Paris 1993.

[4] Beispielsweise benutzte der *Discours du commencement de la guerre entre l'Empereur et le grand Turc* 1566 nacheinander Briefe aus Konstantinopel, Wien, Rom und Venedig.

allem für das Militär zu veröffentlichen. Ein periodisches Erscheinen war nicht vorgesehen und ist erst als Funktion wachsender Nachfrage mit der Zunahme absetzbarer Nachrichten festzustellen, so bei den Frankfurter *PostZeitungen*, die zweimal im Jahr erschienen, und den *Nieuwe Tydinghen*, die sogar wöchentlich auf den Markt kamen.[5] Es ist möglich, daß Broer Jansz., Verfasser der *Tydinghen uyt verscheide Quartieren*, auf ähnliche Weise begonnen hatte, als er die Heldentaten des Moritz von Oranien veröffentlichte: er nannte seine Zeitung *Out-courantier in't Leger van Sijne Princelijk Excellentie*. Auch wenn wir den Erfolg nicht statistisch messen können, wird dieser doch durch die zahlreichen Nachahmungen in Amsterdam, aber auch in Delft und Arnheim belegt.[6]

In der Folgezeit sollten die Zeitungen ein Teil der intellektuellen Landschaft der Niederländischen Republik werden. Es gab Veränderungen: 1. in der Periodizität: von der wöchentlichen Veröffentlichung zum zweimaligen (oder dreimaligen) Erscheinen in der Woche (an festen Tagen); 2. in der Gestalt: von einem simplen *recto* in zwei Kolumnen gedruckten Blättchen in gotischer Schrift zu einem vierseitigen Heft in lateinischer Schrift, manchmal ergänzt von einem zweiseitigem Supplement; 3. im Titel: manche veränderten sich, andere verschwanden und neue entstanden; 4. unter den Redakteuren: aufgrund von Tod (Nachfolge der Witwe, des Sohns oder des Neffen) oder der Neuaufnahme des Zeitungsgeschäfts. Eine Neuerung war die Publikation von Zeitungen in französischer Sprache seit den 1630er Jahren: zuerst in einfachen Übersetzungen, später mehr und mehr in eigenständigen Ausgaben.[7]

Nach einer Zeit vielfältiger – nicht immer von Erfolg gekrönter – Initiativen stabilisierte sich das Zeitungsangebot. Unter den in niederländischer Sprache erscheinenden Zeitungen standen der *Amsterdamsche Courant* und der *Oprechte Haarlemsche Courant* an der Spitze. Unter den französischsprachigen imponierten *Amsterdam, Nouvelles extraordinaires de divers endroits* (kurz *Gazette de Leyde* genannt) und die *Gazette d'Utrecht*. Es ist leicht zu verstehen, daß sich letztere einer großen Verbreitung und eines guten Rufes in Europa erfreuten, während erstere kaum außerhalb der Niederlande – abgesehen von Batavia – zirkulierten.

Diese Beobachtungen betreffen die "große Presse", die aufgrund ihrer Informationsbeherrschung und ihrer Seriosität den größten Leserkreis hatte. Mit diesen Zeitungen beschäftigen wir uns hier ausschließlich. Doch an ihrem Rand existierten Periodika mit kürzerer Lebensdauer, die Neuigkeiten

---

[5] Verhoeven zögerte nicht, mangels Nachrichten seine "Zeitung" mit Gedichten, Liedern etc. zu füllen.

[6] Diese Blätter sind bekannt durch die Faksimile-Sammlung von F. Dahl, Dutch Corantos (1618-1650): A Bibliography, The Hague 1946.

[7] Diese Zeitungen in französischer Sprache gingen der Entstehung der *Gazette de France* voraus.

aller Art, vom Klatsch bis zu übler Nachrede und Verleumdung, druckten. Daneben zirkulierten kleine gedruckte Blätter mit Informationen, die den Zeitungen fehlten (Wechselkurs-Courants) oder ihnen entgangen waren (z. B. die Fracht der Ostindienflotten) sowie Pamphlete. Letztere konkurrierten nicht mit den Zeitungen, da sich diese bis 1785 fast immer auf die Information ihrer Leser beschränkten, ohne dabei persönliche Meinungen einfließen zu lassen.[8] Nach 1785 änderte sich die Situation mit dem Aufkommen der Patriotenbewegung, als die Zahl der Zeitungen anschwoll und politische Stellungnahmen eine Blütezeit erlebten.

2. Der Inhalt der Zeitungen

Insgesamt waren die holländischen Zeitungen durch folgende Elemente charakterisiert: sie waren gedruckt; sie berichteten die letzten Neuigkeiten von dort, wo sie herkamen; sie erschienen regelmäßig; die Charakteristika der modernen Presse Publizität, Aktualität, Universalität und Periodizität sind also schon anzutreffen.[9] Diese Elemente verdammten die Zeitungen zu einem gewissen Durcheinander, das dem Leser ins Auge sprang und von der heterogenen Herkunft der Notizen herrührte. Die ersten Zeitungen brachten Nachrichten aus Rom und Venedig, den traditionellen Zentren; aus Frankfurt und Hamburg; aus den für die Holländer so wichtigen Ostseehäfen Danzig, Stettin, Stralsund und Lübeck; aus französischen Städten wie Paris, Bayonne, Bordeaux, Rouen, Dieppe und Calais; aus Brüssel und Antwerpen in den spanisch beherrschten Niederlanden – trotz des Kriegszustandes; und natürlich aus der Niederländischen Republik selbst. Manchmal kamen die Neuigkeiten aus weiter Ferne: vom Kap Verde, den Bermudas, Brasilien, Peru, Java, den Philippinen. Diese Universalität war nicht auf die holländischen Zeitungen beschränkt, wir treffen sie in allen europäischen Zeitungen, und doch war sie in den Niederlanden – aufgrund ihrer ökonomischen und militärischen Vormachtstellung – früher und weiter entwickelt als anderswo. Zur gleichen Zeit nahm die Zahl der Korrespondenzzentren zu, konzentrierte sich der Informationsfluß (z. B. in Frankreich auf Paris), wuchs die Bedeutung einzelner Zentren (z. B. London), während andere Nachrichtenzentren erst erwachten (z. B. Surinam oder St. Petersburg).

Es wäre interessant, die Zeit für die Übermittlung einer Nachricht zu kennen. Nehmen wir beispielsweise eine Amsterdamer Zeitung im Herbst 1667 und den Friedensschluß zwischen England und den Niederlanden in Breda.

---

[8] Jedoch war die Haltung hinsichtlich ökonomischer Nachrichten unterschiedlich: Während diese in den Amsterdamer Zeitungen reichlich flossen, tauchten sie in der *Gazette de Leyde* zusammenhanglos auf und waren in der *Gazette d'Utrecht* meistens nicht existent.

[9] Die Literatur zur Pressegeschichte ist nicht mehr zu übersehen; einen gründlichen und zugleich attraktiven Überblick bieten K. Beyrer, M. Dallmeier (Hgg.), Als die Post noch Zeitung machte. Eine Pressegeschichte, Frankfurt 1994.

30 Tage dauerte die Übermittlung von Neapel oder Madrid, 26 von Rom, 20 von Venedig, 18 von Wien, 12 von Danzig, 6 von Hamburg, Paris und London... Der Rhythmus war noch schwach ausgeprägt, und er spiegelt die europäischen Postverbindungen wider, die Arterie, die die Zeitungen mit Nahrung versorgte. Manche Städte dienten als Relais für Nachrichten, die aus weiter Ferne kamen: Venedig für Smyrna, Konstantinopel oder Ragusa; Madrid für Cádiz oder Malaga, etc. In den Niederlanden stammten die Nachrichten aus Amsterdam vom Tage, die aus Den Haag vom Vortag, wogegen die aus Vlissingen oder Groningen 5-6 Tage alt waren und so Aufschluß über die Kommunikationsverhältnisse in der Republik geben. Dies galt nur für günstige (Jahres)Zeiten. Temperaturschwankungen, der Winter mit Schnee und Eis sowie Kriege brachten die Ordnung durcheinander, so daß mit Zeitverlust alternative Routen und Informationsquellen gesucht werden mußten. Während der niederländischen Auseinandersetzungen mit Spanien liefen die Nachrichten von der Iberischen Halbinsel häufig über Livorno, Genua und Dünkirchen. Von Nordamerika benötigte eine Nachricht gut zwei Monate, von den Antillen und Surinam etwas mehr als drei, aus Guinea vier und aus Ostindien sechs Monate, d. h. die Zeit der Retourflotte der Ostindischen Kompanie.[10] Einige dieser Routen änderten sich an der Wende zum 18. Jahrhundert, was die Übermittlungsdauer auf manchen Strecken verkürzte.

Die Vielfalt der Zeitungen unterschied sich nicht grundsätzlich von der heutiger Tageszeitungen. Sie wurde verstärkt durch die Art der Berichterstattung. Wir haben bereits festgestellt, daß politische und militärische Ereignisse dominierten. Aber es wurden zunehmend andere Themen entwickelt. Hierzu gehörten Naturkatastrophen wie Unwetter, Überschwemmungen, Erdbeben, Vulkanausbrüche etc. Die Rangordnung der verschiedenen Fakten war oftmals irreführend und richtete sich nach Ausmaß, Folgen oder wirtschaftlichen Konsequenzen. Andere Nachrichten betrafen "kleine Ereignisse" hochgestellter Persönlichkeiten und gekrönter Häupter, wobei die Berichterstattung immer dezent blieb.

Im politischen Geschehen nahmen die internationalen Beziehungen den größten Raum ein: zwei Seiten im 17. Jahrhundert, vier bis fünf Seiten im 18. Jahrhundert. Man berichtete über Rekrutierungen, Grenzzwischenfälle, Allianzen und Rüstung. In Kriegen interessierten dann Truppenbewegungen, Schlachten und Belagerungen sowie Verhandlungen zwischen den kriegführenden Parteien am meisten. Die Friedensverträge wurden wiedergegeben oder resümiert und die Ausführung der Beschlüsse genau beobachtet.[11] Aber auch innenpolitische Ereignisse wurden nicht vergessen, wie die Verdammung der Freimaurer durch den Papst, eine Reise Friedrichs II. nach Ost-

---

[10] Der Landweg von Indien nach Europa, der von Kaufleuten genutzt wurde, schien nicht viel länger zu sein, obwohl die Nachrichten aus Persien über Konstantinopel liefen.

[11] Alle angeführten Beispiele stammen aus der *Gazette d'Utrecht* des Jahres 1751.

friesland, die Debatten des englischen Parlaments etc. Im Jahre 1751 – und in anderen Jahren – ließen sich die holländischen Zeitungen diskret in ihrer Republik blicken: ihre Privilegien, ihr städtischer Ursprung, ihre Selbstzensur, ihre Aktualität waren für sie eine Verpflichtung. Sie berichteten von den Reisen des Statthalters, seinem Tod, den Begräbnisfeierlichkeiten, der Ausfertigung der Vollmachten, der Eidesleistung.

Einige der vorgenannten Themen betrafen auch die Wirtschaft. Der Bericht über eine Trockenheit und eine bevorstehende Hungersnot in Spanien oder Italien gehörte zwar zur Rubrik "Wetter", ließ aber die Kaufleute die Möglichkeit des Getreideexports vorausahnen. Die Nachrichten über den ersten Heringsverkauf in London und Hamburg 1751 verlieren das Anekdotische, wenn man sie vor dem Hintergrund englischer "Heringsautarkie" und des Verlusts des niederländischen "Heringsmonopols" sieht. Von größerem Interesse und genauer registriert waren die Warenströme, egal ob es sich um Danziger Getreide oder überseeische Waren handelte, sowie die Schiffe, die Texel, Vlieland oder den Sund passierten. Natürlich wurden auch die Börsenkurse aus London oder Paris, nicht aber aus den Niederlanden (diese fand man in der *Gazette de France*) veröffentlicht. Einen letzten wichtigen Teil der Zeitungen bildeten die Anzeigen, in denen z. B. der Verkauf von Büchern und Stichen sowie Auktionen aller Art angekündigt, verschwundene Personen gesucht und Schuldner öffentlich gemacht wurden.

Wie versorgten sich die Autoren der Zeitungen mit Nachrichten? Die lokale Informationsbeschaffung stieß auf dem Gebiet der Republik auf keine besonderen Schwierigkeiten; den Korrespondenten ging der Stoff nicht aus. Außerdem waren öffentliche Resolutionen verschiedener Staaten vorhanden, wenn es um Krieg ging, und es gab Lagebeurteilungen aus den Hauptquartieren. In Kriegszeiten, wie z. B. im Jahre 1666, schickte der *Oprechte Haarlemsche Courant* spezielle Korrespondenten zu Wasser und zu Lande aus. Für weiter entfernte Schauplätze bedienten sich die Zeitungen zahlreicher Informationskanäle. Hierzu gehörte in erster Linie das schon früh existierende europäische Zeitungsnetz: Nachrichten einer Zeitung wurden in anderen Zeitungen entweder wörtlich oder in Übersetzung nachgedruckt, so z. B. in den *Tydinghen uyt verscheide Quartieren*, dem *Courante uyt Italien, Duitsland, enz.*, den *Nieuwe Tydinghen* des Abraham Verhoeven in Antwerpen und den *PostZeitungen* in Berlin, Hamburg und Frankfurt.[12] Andere schöpften aus einem Pool existierender Informationen, in London im 18. Jahrhundert aus 53 verschiedenen Blättern wöchentlich. Eine weitere Möglichkeit der Informationsbeschaffung boten auswärtige Korrespondenten, die gut ausgesucht werden mußten. Die dabei zugrunde gelegten Kriterien sind bekannt. 1690 suchte das *Nouveau Journal Universel* für Paris einen

---

[12] D.H. Couvée, De Nieuwsgaring van de eerste courantiers, Pers, Propaganda en Openbare Mening (Festschrift K. Baschwitz), Leyden 1956, S. 26-40.

Mitarbeiter. Jedoch kamen Personen, die in der Geheimniskrämerei der Kabinette zu Hause waren, dafür ebensowenig in Betracht wie Satiriker. Dieses Bild wird auch von anderen Zeitungen bestätigt, die – besorgt um ihren professionellen Ruf – Antichambrieieren und Persiflage ablehnten.

Was die Journalisten betrifft, so waren sie bei den führenden niederländischen Periodika und bei den in niederländischer Sprache erscheinenden Zeitungen einheimischer Herkunft. An der Spitze der französischsprachigen Zeitungen standen fast immer protestantische Refugiés, in einem Fall ein Genuese (Tronchin du Breuil). Ihr gesellschaftlicher Status scheint nicht besonders hoch gewesen zu sein. Es gab aber doch Ausnahmen, worauf der Nachruhm von Casteleyn in Haarlem und La Font in Leiden während des 18. Jahrhunderts sowie des Onkels und des Neffen Luzac in Leiden während des 18. Jahrhunderts hindeutet. Ihr Ruf beruhte auf ihrer Originalität – schwer zu erreichen, wenn die Quellen allgemein zugänglich waren – und ihrer Zuverlässigkeit. Eine gewisse Wachsamkeit war notwendig, weil sich falsche Informationen ebenso wie tendenziöse und propagandistische Effekte in die Berichterstattung einschleichen konnten. Die Journalisten waren sich der Tatsache bewußt, leicht Falschinformationen aufzusitzen, und entschuldigten sich, wenn sie dabei ertappt wurden, mit den Risiken des Berufes, d. h. dem guten Glauben oder der Eile bei der Redaktionsarbeit, um nicht die Abfahrt des letzten Kuriers zu verpassen. Sie brachten Richtigstellungen, hatten ein wachsames Auge und verspürten keine Freude, wenn sie einen Fehler bei einem Kollegen entdeckten. Darin drückte sich zweifellos die Wertschätzung ihrer Zeitungen aus.

3. Wert und Zuverlässigkeit der Zeitungen

Die Quellenkritik erfordert eine chronologische Analyse ebenso wie eine Differenzierung zwischen Autoren und Erscheinungsdaten. Dies ist – ohne die Unterscheidung einer persönlichen Handschrift – etwas frustierend. Die Zeitungen zeichnen sich – zeitbedingt durch die Kriege gegen Spanien, England und Frankreich – durch einen patriotischen Ton aus. Nachrichten mit direktem Interesse für die Republik flossen überreichlich: die Großtaten der Geusen, die Bedrohung durch Dünkirchener Kaperer; die Belagerungen von Bergen op Zoom, Breda, Bois-le-Duc und Maastricht, aber auch der Transfer von Truppen und Geld von Madrid nach Brüssel. Im 18. Jahrhundert war die Perspektive weiter und weniger auf die Niederländische Republik gerichtet. Der Ton wurde neutraler, und dies blieb so bis zum Amerikanischen Unabhängigkeitskrieg und zur Zeit der Patrioten (1785-87). Vielleicht war auch die *Gazette de Leyde* in dieser Hinsicht besonders emanzipiert. Wie werden die Zeitgenossen dies wohl wahrgenommen haben?[13]

---

[13] Die in niederländischer Sprache veröffentlichten Zeitungen konzentrierten sich mit der Zeit mehr und mehr auf Informationen aus dem Bereich der Schiffahrt,

Die Regierungen machten sich ausreichend Gedanken. Zumindest in den Niederlanden. Die Freiheit hatte Grenzen: Respekt vor den Regenten der Publikationsorte, den Provinz- und Generalständen wurde gefordert und zur Ordnung gemahnt, wenn ein Fürst Beschwerde eingelegt hatte und diese für gültig befunden worden war. Manchmal gab es Suspendierungen und Verbote. Sehr genau las man die Zeitungen an fremden Höfen, angefangen bei Ludwig XIV., der ihre öffentliche Verbreitung verbot. Souveräne und Minister überwachten das Erscheinen, protestierten, wenn sie irgendetwas Rufschädigendes vermuteten, und zögerten nicht, sich für ihre Proteste eine Tribüne zu suchen, während es sich die Journalisten zugute hielten, nicht käuflich zu sein. Gehen wir von den Regierungen zu den viel zahlreicheren "einfachen" Lesern über. Wieviele waren dies eigentlich? Wir besitzen Auflagegeschätzungen für die *Gazette de Leyde* zu verschiedenen Zeiten im 18. Jahrhundert. Nach Jeremy Popkin schwankte die Auflagenstärke jeder Nummer 1745-49 zwischen 1.000 und 1.500 Stück und erreichte ihren Gipfel mit 7.000 Exemplaren 1785. Die Basis dieser Zahlen ist schwach und aus der Retrospektive nach dem internationalen Absatz geschätzt.[14] Die Summe aller Leser aller Zeitungen wird wohl 30.000-40.000 betragen haben? In allen Ländern? Eine weitere Frage betrifft den Preis der Zeitungen. Ein polemisches Büchlein nennt vor 1760 einen Betrag von 24 Livres tournois oder 12 Gulden in Holland im Jahr. Dies wären bei einem zweimaligen Erscheinen in der Woche 2 1/2 Stüber pro Ausgabe, d. h. ungefähr ein Zehntel eines Arbeitertagelohns. Wenn man eine holländische Zeitung in Frankreich kaufen wollte, kamen die Frachtkosten hinzu, und im Falle eines Abonnements erhielt man die Zeitung vom Generalauslieferer in Paris. Letzterer hatte einen netten Verdienst, denn die bei ihm gekaufte Zeitung brachte ihm um die Mitte des 18. Jahrhunderts jährlich 120 Livres tournois. Sein Monopol wurde jedoch durch das Erscheinen von Konkurrenten gebrochen, so daß die Preise für die *Gazette de Leyde* und die *Gazette d'Utrecht* auf 36, für *Amsterdam* auf 48 Livres tournois sanken.

Das Zeitunglesen und umso mehr das Kaufen einer Zeitung läßt auf ein gewisses Interesse schließen. Die Zeitungslektüre war und ist bis heute aus verschiedenen Gründen reizvoll. Zu diesen gehört der Reichtum an Information, der nicht nur Neugier befriedigt und ein Gefühl des Wissens und damit verbunden der Macht verleiht. Außerdem weckt die Zeitung die - vielleicht etwas romantische - Illusion, sich gleichsam in die Welt zu versenken. Immerhin kann die Freude nachempfunden werden, die die Verfolgung der Weltläufe Nummer für Nummer dem Leser bereitete. In einem Wort, man war auf dem Laufenden und konnte damit Staat machen. Die Verzögerung

---

wodurch sie sowohl Proteste der Regierenden als auch Eingriffe der Zensur vermieden.

[14] J. Sgard (Hg.), Dictionnaire des Journaux, I, Paris 1991, S. 468f. (Verf. J. Popkin).

der Nachrichten, der Zeitunterschied in bezug auf die Aktualität sowie der entfernte Niederschlag der Nachrichten wurden nicht als Nachteil empfunden, da die Kommunikation es nicht besser erlaubte. Überdies wurde die Zeitverzögerung, z. B. bei den in Holland gedruckten und in Frankreich gelesenen Zeitungen, durch die Auswahl der Nachrichten korrigiert und durch die Tatsache kompensiert, daß die holländischen Zeitungen im Vergleich zu den offiziösen französischen Blättern gleichsam eine "freie Presse" darstellten.[15] Der Charakter einer Nachricht beeinflußte ebenfalls ihren Wert. Wenn es sich um politische Ereignisse oder höfische Begebenheiten handelte, schien dies günstig für die Aufnahme und die Verbreitung, aber der Kreis der Interessenten war beschränkt (Adel, hochgestellte Persönlichkeiten etc.). Die kaufmännische Welt zog dagegen nicht den gleichen Gewinn aus einer Nachricht, den man vielleicht *a priori* annehmen möchte. Wenn eine wirtschaftliche Nachricht gedruckt war, hatte sie meist keinen großen Neuigkeitswert - im Vergleich zur Geschäftskorrespondenz - und außerdem verlor sie rapide an Wert, da ihre Verbreitung die ökonomische Verwertungsmöglichkeiten reduzierte.

Allein vor diesem Hiintergrund kann man die Rolle einschätzen, die die Zeitungen in der Gesellschaft ihrer Zeit spielten. Wir können konstatieren, daß die Zeitungen genau die Aufgaben erfüllten, die die Leser von ihnen verlangten. Sie informierten sie ausreichend gut. Sie lieferten einen Überblick, und jede Nummer einen Überblick zu einem bestimmten Zeitpunkt. Sie berichteten fortgesetzt von Ereignissen, insbesondere über militärische und internationale Beziehungen. Sie informierten über Strukturen und Institutionen, über das englische Parlament und die Haushaltsdebatte ebenso wie über die Motive der amerikanischen Unabhängigkeitsbewegung. Trugen sie so zur Formierung einer öffentlichen Meinung bei? In der ersten Hälfte des 17.Jahrhunderts hielten sie zweifellos ein Nationalgefühl im Kampf gegen Spanien wach, ohne dabei in einen schmähenden Ton zu verfallen. Sie informierten exakt über alles, was der Republik zum Guten gereichte. Eine solche Gelegenheit gab es noch einmal in der zweiten Hälfte des 17. Jahrhunderts bis zum Frieden von Utrecht. Danach gaben die Neutralität und die Unparteilichkeit der Berichterstattung in internationalen Angelegenheiten jedem die Möglichkeit, seine Position selbst zu definieren. Hat sich die *Gazette de Leyde* dennoch weiter engagiert? Man denke an die positive Einstellung gegenüber der amerikanischen Unabhängigkeitsbewegung und die Qualität ihrer Berichte zu dieser Zeit. Die rasche Zunahme der Abonnenten, deren Zahl sich 1778 mit 2.560 im Vergleich zu 1.767 (287 Abonnenten) fast verzehnfacht hatte, bestätigt eine solche Beobachtung. Jedoch spiegelte die Schwärmerei für die Vereinigten Staaten in Paris und Versailles eher die

---

[15] Eine Nachricht von London benötigte via Amsterdam 12-14 Tage, via Calais die Hälfte.

Feindschaft und Revanchegelüste gegenüber England wider als reine Freiheitsideale. So ging die Abonnentenzahl 1783 nach dem Ende des Krieges auf 1.490 zurück. Andere Mittel der Information existierten. Daher überschätzt man wahrscheinlich die Rolle der Zeitung als Meinungsführer. Im Jahre 1789, als Etienne Luzac den Sturm auf die Bastille mißbilligte, wurde die Zeitung plötzlich verdächtig und zum Gegenstrom des in Frankreich herrschenden Zeitgeistes.

Die Jahre vergingen.... 1865 schätzte Eugène Hatin den Wert und den Nutzen der holländischen Zeitungen sehr hoch ein, da er diese für die ersten Quellen "unserer" Geschichte hielt.[16] Ein solcher Enthusiasmus spiegelt den Stand einer Geschichtsforschung wider, die die Archive noch nicht berührt hatte. Heute ist der Blick geschärft. Wir müssen nicht mehr auf die großen Enthüllungen der Hauptereignisse des 17. und 18. Jahrhunderts warten, auf die Geheimnisse der Politik, auf das Aufrollen des politischen Geschehens. Man benötigt die Zeitungen deshalb allerhöchstens zur Verifikation oder Vertiefung. Dennoch darf man die Zeitungen nicht vernachlässigen, denn sie enthalten Details, die anderweitig nicht zu finden sind, und so in der "großen Geschichte" fehlen, wie z. B. die Aktivitäten der Barbaresken im Mittelmeer, die Vorbereitung der Kopfsteuer in Frankreich 1694-95, die Revolte der Lyoner Arbeiter 1786. Die Gelehrten des ausgehenden 19. und beginnenden 20. Jahrhunderts, allen voran Arthur de Boislile, täuschten sich darin nicht. Die Aufmerksamkeit der Zeitungen gegenüber Naturphänomenen war groß und ist für die Landeskunde ebenso von Bedeutung wie für das Erstellen von Annalen. Hätte jemand ohne sie das leichte Beben am 18. Februar 1756 in einer allgemein als ruhig gelten Zone gespürt, als er auf dem Weg von Paris nach Halle die Städte Antwerpen, Utrecht, Aachen und Magdeburg passierte?

Ein besonderes Problem stellen die ökonomischen Nachrichten dar. Kristof Glamann hat die Benutzung der Zeitungen für die Frachten der Niederländischen Ostindischen Kompanie strikt abgelehnt, vermutlich aufgrund falscher Eindrücke.[17] Man muß nämlich zwei Fälle unterscheiden. Im ersten Falle, wie bei der Ostindischen Kompanie, verfügen wir über Originalquellen, auf die man sich ohne Bedenken verlassen kann. Im zweiten Fall sind die in den Zeitungen publizierten Zahlen die einzig verfügbaren. Diese a priori zu verwerfen, wäre willkürlich und würde eine Lücke hinterlassen. Es ist vorzuziehen, sie zu benutzen, aber Vorsicht walten zu lassen, indem man sie im Laufe des Arbeitsprozesses einer inneren Kritik unterzieht. So verfuhr beispielsweise Czesław Biernat, als er die Getreidemengen rekonstruierte,

---

[16] E. Hatin, Les gazettes de Hollande et la presse clandestine au XVIIIe siècle, Paris 1865.
[17] K. Glamann, Dutch-Asiatic Trade, 1620-1740, Copenhagen-The Hague 1958, S. 270ff.

die in die Danziger Pfundkammer gebracht wurden.[18] Die amerikanischen Edelmetallexporte gehören ebenfalls in diese Kategorie. Dabei war es notwendig, die Lücke von 1660 an zu füllen, die nach Earl J. Hamiltons Untersuchungen in Sevilla immer noch bestand. Wenn dies für das 18. Jahrhundert auch weitgehend gelungen ist, bleibt dennoch das Interesse an der zweiten Hälfte des 17. Jahrhunderts.[19] Zuletzt hat Larry Neal die in englischen und holländischen Zeitungen sowie in den Wechselkurs-Courants veröffentlichten Effekten-Kurse verglichen und so die Integration der Kapitalmärkte analysiert.[20]

Wir werden uns von der Konsultation der holländischen Zeitungen keine "Goldenen Berge" zum Neuschreiben der Geschichte versprechen. Aber wir werden sie auch nicht verschmähen, da die Zeitungen zu vielen Dingen einen Beitrag liefern. Darüber hinaus sind sie selbst Studienobjekt, einerseits als Verbindungsstück zur Entwicklung der Kommunikation, andererseits als Zeugnis für den Informationsstand einer Epoche, kurz gesagt eine Repräsentation der Welt, auf die man sich stützen konnte. Die Erinnerung an diese Welt und die Zerbrechlichkeit dieser dünnen Blätter, wenn man sie in Händen hält, rufen Respekt und gleichzeitig Rührung hervor.

---

[18] C. Biernat, Statystyka obrotu towarego Gdańska w latach 1651-1815, Warszawa 1962.
[19] M. Morineau, Incroyables Gazettes et Fabuleux Métaux. Les retours des trésors américains dans les gazettes hollandaises (XVIe-XIIXe siècles), Paris-Cambridge 1984-85.
[20] L. Neal, The Rise of Financial Capitalism: International Capital Markets in the Age of Reason, Cambridge 1990.

INFORMATIONSZENTREN IM VERGLEICH
DIE STELLUNG VENEDIGS UND ANTWERPENS IM 16. JAHRHUNDERT

von
Renate Pieper

Das Imperium der spanischen Habsburger wurde im 16. und beginnenden 17. Jahrhundert durch die Aussage charakterisiert, daß in diesem Reich die Sonne nicht untergehe. Von der festen Residenz in Madrid leitete der Monarch die Geschicke seiner europäischen, amerikanischen, afrikanischen und asiatischen Besitzungen und bediente sich hierzu eines weitverzweigten Informationssystems. Aber nicht nur der spanische König, sondern auch andere europäische Fürsten und Kaufleute gingen dazu über, sich mit Hilfe neuer Medien möglichst umfassend und schnell über die neuesten Entwicklungen zu unterrichten, denn der Zugang zu aktuellen Nachrichten stellte eine wichtige Voraussetzung für politische und ökonomische Entscheidungen dar. Damit wuchs gleichzeitig die Bedeutung, die der Kontrolle und Verbreitung von Meldungen in Form einer gezielten Informationspolitik zukam. Die Möglichkeiten, Neues zu erfahren oder zu verbreiten, wurden wesentlich durch die Verbindungen der Kommunikationsteilnehmer untereinander, d.h. durch das Kommunikationsnetz bestimmt, dessen Struktur von der Position der Informationszentren abhing. Die Untersuchung von Kommunikationsnetzen, durch die die Verbindungen zwischen Wirtschaftszentren und politischen Zentren rekonstruiert werden, eröffnet damit nicht nur Einsichten in ein Netzwerk, seine Funktion und seine Auswirkungen, sondern zeigt auch die Bedeutung wichtiger Kommunikationszentren auf.

Seit dem ausgehenden 15. Jahrhundert ermöglichte es die Verbesserung der europäischen Schiffahrt, Verbindungen über die Ozeane hinweg aufzubauen und den Nachrichtentransport entlang der europäischen Küsten zu intensivieren. Zudem wurden durch die Ausdehnung des Postwesens und die Verbreitung des Buchdrucks die Möglichkeiten des Austausches von Informationen erheblich erweitert. In diesem Zusammenhang kam es zu einer Reorganisation der kommunikativen Netzwerke und zur Herausbildung neuer Informationszentren. So erlebten die Handels- und Schiffahrtsmetropolen Venedig und Antwerpen eine neue Blüte, eine Entwicklung, die im folgenden nachzuzeichnen ist.

Die historische Analyse von Kommunikationsprozessen hat sich zunächst mit den Transportbedingungen befaßt. Hierzu trug insbesondere die Serie der Annales *Portes, routes, trafiques* bei. Neuere Studien untersuchen die persönlichen Beziehungen zwischen Bewohnern verschiedener Regionen. Mehrere Arbeiten befassen sich mit den Verbindungen zwischen den europäischen Staaten und ihren überseeischen Kolonien. Hier ist auf die Studie von David Cressy, *Coming Over*[1], hinzuweisen, der die Beziehungen von Auswanderern nach Nordamerika zu ihren Heimatorten in England untersucht. Eine vergleichbare Arbeit legte Ida Altman[2] vor, die die Beziehungen von Emigranten nach Spanisch-Amerika zu ihren Heimatorten in der spanischen Provinz Extremadura nachzeichnete. Eine dritte Gruppe von Studien zu historischen Kommunikationsprozessen befaßt sich mit den Kommunikationsmedien. Hierzu zählen Arbeiten, die die Bedeutung der Verschriftlichung der Gesellschaften Südeuropas im 12. und 13. Jahrhundert untersuchen.[3] Die entscheidende Voraussetzung dafür war die Verwendung von Papier als Beschreibstoff. Eine entsprechende technische Neuerung bedeutete die Einführung des Buchdrucks.[4] Er begleitete die Verschriftlichung der Gesellschaften Nordeuropas im 15. und 16. Jahrhundert. Schließlich werden historische Kommunikationsprozesse unter Verwendung soziologischer und diskurstheoretischer Ansätze – wie denen von Jürgen Habermas und Pierre Bourdieu – analysiert. Sie sind vor allem zur Untersuchung von Rezeptionsprozessen herangezogen worden.[5] Keine der vier genannten Untersuchungsrichtungen hat sich bislang mit dem Fluß von Informationen innerhalb eines Kommunikationsnetzes im historischen Kontext befaßt. Hierzu ist es notwendig, die älteren geographischen und räumlichen Konzepte der Annales mit den neueren Ansätzen zu den Kommunikationsmedien zu verbinden, um auf diese Weise den Rahmen und die Bedingungen für die Verbreitung von Nachrichten und Vorstellungen im frühneuzeitlichen Europa zu bestimmen.

Um die Struktur und Entwicklung von Kommunikationsprozessen zu untersuchen, soll aus dem gesamten europäischen Kommunikationssystem ein

---

[1] D. Cressy, Coming Over. Migration and Communication between England and New England in the Seventeenth Century, Cambridge 1987.

[2] I. Altman, Emigrants and Society. Extremadura and America in the Sixteenth Century, Berkeley-Los Angeles-London 1989.

[3] S. hierzu u.a. Ivan Illich, Im Weinberg des Textes. Wie das Schriftbild der Moderne entstand. Ein Kommentar zu Hugos "Didascalicon", Hamburg 1991.

[4] E. Eisenstein, The Printing Revolution in Early Modern Europe, Cambridge 1983. M. Giesecke, Der Buchdruck in der Frühen Neuzeit. Eine historische Fallstudie über die Durchsetzung neuer Informations- und Kommunikationstechnologien, Frankfurt/M. 1992.

[5] So die Beiträge in S. Greenblatt, New World Encounters, Berkeley-Los Angeles-Oxford, 1993; J. M. Williams, R. E. Lewis, Early Images of the Americas. Transfer and Invention, Tuscon-London 1993.

Ausschnitt betrachtet werden, der im 16. Jahrhundert eine gewisse politische und ökonomische Einheit darstellte und gleichzeitig verschiedene Regionen umfaßte. Diese Bedingungen wurden vom habsburgischen Imperium erfüllt, dessen Einflußbereich von der Iberischen Halbinsel über Italien bis zu den österreichischen Erblanden und zum Königreich Böhmen reichte. Dazu gehörten auch die reichsnahen Gebiete Süddeutschlands sowie Teile des Rheinlandes und die südlichen Niederlande. Die in einer Stadt eintreffenden Meldungen zirkulierten innerhalb des Ortes und in seiner näheren Umgebung durch mündliche Informationsweitergabe sehr schnell, deshalb liegt das Schwergewicht der folgenden Analyse nicht auf den einzelnen Empfängern, sondern auf den jeweiligen Munizipien.

Die zwischen den europäischen Städten bestehenden Verbindungen lassen sich nur rekonstruieren, wenn Nachrichten über mehrere Stationen verfolgt werden können. Hierzu ist es notwendig, Meldungen zu einem Thema auszuwählen, das in regelmäßigen Abständen und während des gesamten 16. Jahrhunderts das Interesse der Europäer weckte. Diese Bedingungen erfüllten, als besonders spektakuläre Neuigkeiten, die Nachrichten vom Eintreffen der Gold- und Silberflotten aus Hispanoamerika. Die Mitteilungen über den Wert der Edelmetallimporte verbreiteten sich mit hoher Geschwindigkeit in Europa, denn das Eintreffen der Silberflotten beeinflußte die europäische Geldversorgung und die Finanzmärkte. Amerikanisches Gold und Silber bestimmten die Finanzkraft und damit auch die politische Macht der Spanischen Krone, des Kaisers und des Papstes. Von der rechtzeitigen Verfügbarkeit des amerikanischen Reichtums hing die Bezahlung und Entlohnung von Söldnertruppen, Wahlmännern und Kreditgebern ab. Der Verlust eines mit Edelmetallen beladenen Schiffes durch Untergang oder Piraterie war ein überall in Europa aufsehenerregendes Ereignis, zumal das Ausbleiben der Flotten zum Bankrott zahlreicher Bankiers und Kaufleute führte. Die Nachrichten vom Eintreffen des Goldes und des Silbers aus der Neuen Welt fanden somit überall in Europa ein interessiertes Publikum.

Bereits 1503 hatte die Kastilische Krone festgelegt, daß die Schiffe, die von den spanischen Besitzungen in Amerika zurückkehrten, den Hafen von Sevilla in Andalusien anzulaufen hätten. In den sechziger Jahren des 16. Jahrhunderts erfolgte die Einführung eines Konvoisystems, in dessen Rahmen zwei Handelsflotten mit militärischem Begleitschutz nach Hispanoamerika ausliefen und im Verlauf des Spätsommers und Herbstes des folgenden Jahres nach Sevilla zurückkehrten. Deshalb lassen sich seit den siebziger Jahren des 16. Jahrhunderts in der zweiten Hälfte eines jeden Jahres Berichte finden, die sich mit der tatsächlichen oder erwarteten Ankunft, dem Ausbleiben oder gekaperten Schiffen der Edelmetallflotten befaßten und die den Wert der Ladung angaben.

Zu den wichtigsten Medien, die Nachrichten über amerikanisches Gold und Silber im habsburgischen Einflußbereich verbreiteten, gehörten die Korrespondenz von Gesandten und Kaufleuten sowie die handschriftlichen Neuen Zeitungen. Gedruckte Informationen zur Ankunft der Silberflotten erschienen vor dem 17. Jahrhundert nur selten.[6]

Da es wenige Darstellungen zu den handschriftlichen Neuen Zeitungen gibt,[7] sollen diese kurz beschrieben werden. Handschriftliche Neue Zeitungen, *avvisi* oder *avisos*, finden sich seit dem Ende des 15. Jahrhunderts in unregelmäßigen Abständen. Sie entwickelten sich aus der zusätzlichen Berichterstattung, die in der Kaufmannskorrespondenz enthalten war. Die handschriftlichen Neuen Zeitungen bestanden aus ein bis zwei Bögen, die als eigenständiger Brief an Abonnenten versandt wurden und Informationen über aktuelle Ereignisse von politischer, militärischer oder wirtschaftlicher Bedeutung enthielten. Es handelte sich um kurze Meldungen, die zumeist nicht kommentiert wurden. Im Gegensatz zur direkten Korrespondenz richteten sich die handschriftlichen Neuen Zeitungen an einen größeren Personenkreis und wahrten daher eine gewisse Anonymität, d.h. sie wurden weder unterschrieben noch waren sie an eine bestimmte Person gerichtet. Auf diese Art und Weise eigneten sie sich zur Weitergabe, zum Verlesen und zur weiteren Abschrift. Ihre Überschrift bestand in der Angabe von Ort und Zeit ihrer Abfassung.

Im Verlauf des 16. Jahrhunderts entwickelten sich die handschriftlichen Neuen Zeitungen zu einem regelmäßigen Nachrichtenmedium, das vierzehntäglich oder wöchentlich von sogenannten Zeitungsschreibern oder Novellanten abgefaßt wurde. Diese Personengruppe umfaßte, soweit sie sich trotz der Anonymität rekonstruieren läßt, berufsmäßige Zeitungsschreiber, wie Jeremias Krasser in Augsburg, aber auch Drucker, Kaufleute und – wie häufig behauptet wird – Postmeister. Zu den Beziehern und Abonnenten, die diese handschriftlichen Neuen Zeitungen kauften, gehörten der Papst, der Kaiser, Könige und Fürsten wie der Herzog von Bayern, der Pfalzgraf von Pfalz-Neuburg, der Herzog von Florenz, der Herzog von Urbino, sowie Kaufleute

---

[6] Für die Periode bis 1598 konnten lediglich 6 gedruckte Hinweise zur Ankunft und zur Ladung der Silberflotten ermittelt werden. Zu einer Taxonomie der verschiedenen Nachrichtenmedien in der Frühen Neuzeit siehe R. Pieper, Die Vermittlung einer Neuen Welt. Amerika im Nachrichtennetz des habsburgischen Imperiums (1493-1598), Kapitel IIb, im Druck. Der vorliegende Beitrag beruht im wesentlichen auf den Ergebnissen dieser Studie.

[7] Eine umfassende Darstellung zur Entstehung geschriebener Neuer Zeitungen findet sich bei T. G. Werner, F.-W. Henning, Das kaufmännische Nachrichtenwesen im späten Mittelalter und in der frühen Neuzeit und sein Einfluß auf die Entstehung der handschriftlichen Zeitung, Scripta Mercaturae 13/2 (1979), S. 3-51; s. auch P. Sardella, Nouvelles et spéculation à Venise au début du XVIe siècle, Cahiers des Annales 1, Paris 1949.

wie die Fugger in Augsburg und die Ött in Venedig. Außerdem erreichten sie einen weiteren Personenkreis, zu dem u. a. Mitglieder der städtischen Führungsschichten, wie der Augsburger Ratsherr Hans Merer, der Dompropst Prem und der Regensburger Stadtkämmerer Stephan Fugger gehörten. Auch der kaiserliche Bibliothekar Hugo Blotius, Phillipp Melanchton, Georg Spalatin und der Kämmerer des Herzogs von Florenz, Fabio de Mondragon, bezogen handschriftliche Neue Zeitungen.[8] Die Empfänger der Zeitungen gaben diese weiter oder sie sandten Abschriften an Freunde und Verwandte. Auf diese Weise zirkulierten die handschriftlichen Neuen Zeitungen im gesamten christlichen Europa. Ihre Verbreitung erreichte ihren Höhepunkt um die Mitte des 17. Jahrhunderts und bereitete den Markt für die gedruckten Tageszeitungen vor, die seit dem ausgehenden 17. Jahrhundert erschienen. Sie bildeten die Informationsgrundlage für gedruckte Neue Zeitungen, Flugblätter, Meßrelationen und Gazetten.

Die Genauigkeit, mit der die handschriftlichen Neuen Zeitungen über den Wert der amerikanischen Edelmetallimporte berichteten, unterschied sich nur unwesentlich von der der Gesandtschafts- und der kaufmännischen Korrespondenz: alle drei handschriftlichen Mitteilungsformen stimmten weitgehend mit den Unterlagen der spanischen Kolonialbürokratie überein. Im 16. Jahrhundert basierte schließlich jegliche Information über die Ladung der in Spanien eintreffenden Edelmetallflotten auf den offiziellen Abrechnungen und Zolldeklarationen. Dies ging zum Teil so weit, daß sich in handschriftlichen Neuen Zeitungen genaue Abschriften aus den Rechnungsbüchern finden. Die gedruckten Neuen Zeitungen und Meßrelationen zeigten hingegen deutliche Abweichungen und Ungenauigkeiten, wenn man sie mit den staatlichen Vorlagen vergleicht.

Die Geschwindigkeit, mit der die einzelnen Medien die Neuigkeiten verbreiteten, ist recht unterschiedlich. Während die handschriftlichen Medien die Meldungen im allgemeinen innerhalb von vier bis sechs Wochen von Spanien in die anderen Reichsteile vermittelten, erschienen die Druckerzeugnisse mit einer zeitlichen Verzögerung von mindestens einem halben Jahr. Darüber hinaus erfolgte die Drucklegung nicht regelmäßig, sondern nur dann, wenn ein anderes, in der jeweiligen europäischen Region wichtiges Ereignis besonderes Interesse an der Ankunft überseeischer Reichtümer weckte, und somit den Absatz der Drucke garantierte. Eine Erklärung dafür ist, daß die Kosten der direkten Korrespondenz nicht gesondert in Rechnung gestellt wurden und der Absatz der handschriftlichen Neuen Zeitungen durch Abonnenten gesichert war, Druckerzeugnisse aber auf einem anonymen Markt verkauft werden mußten.

---

[8] R. Pieper, Aktuelle Berichterstattung aus der Neuen Welt im ausgehenden 16. Jahrhundert. Der Überfall von Sir Francis Drake auf Santo Domingo und Cartagena (1586) in europäischen Zeitungen, Iberische Welten (Festschrift G. Kahle), Köln-Weimar-Wien 1994, S. 667-684.

Innerhalb des Nachrichtentransfers konnten die europäischen Städte drei verschiedene Funktionen ausüben. Orte, die überwiegend Nachrichten aussandten, sollen als Sender bezeichnet werden. Diejenigen Städte, die die von verschiedenen Orten eintreffenden Nachrichten sammelten, neu kompilierten und ihrerseits weitergaben, fungierten als Vermittler. Städte, in denen man vorwiegend Nachrichten erhielt, sind als Empfänger einzustufen. Die Interessen der Sender und Vermittler werden zumindest die Darstellung und Interpretation der Ereignisse beeinflußt haben, eventuell auch deren Inhalt, hier bot sich eine Möglichkeit zur politischen und ökonomischen Einflußnahme. Die Verbindungen zwischen den Städten ergaben sich nicht nur durch die geographische Nähe, sondern ebenfalls durch wirtschaftliche und politische Beziehungen und Affinitäten. Somit bedingte die Struktur der Netzwerke die Auswahl der jeweils vermittelten Ereignisse und die verbreiteten Interpretationen der Vorgänge. Dies wird am Kommunikationsnetz des habsburgischen Imperiums und der Stellung von Venedig und Antwerpen in diesem Netz besonders deutlich.

Um die Position eines Ortes im Netzwerk zu bestimmen, kann man auf das von Soziologen und Ethnologen benutzte mathematische Konzept der Netzwerktheorie zurückgreifen.[9] Dabei werden die Städte als Knoten des Netzwerkes interpretiert und die Nachrichtenflüsse in Form von Briefen oder handschriftlichen Neuen Zeitungen als Kanten, die die Knoten miteinander verbinden. Im folgenden werden nur die Städte als Sender, Vermittler oder Empfänger berücksichtigt, die in einem Dokument auch explizit erwähnt werden, d.h. es werden nicht alle möglichen Poststationen oder Häfen in die Rekonstruktion des Netzwerkes aufgenommen, sondern nur diejenigen Orte, die sich aktiv an der Aufnahme, Transformation und Weitergabe einer Information beteiligten. Da der Nachrichtenfluß eine gewisse Zeit erfordert, und zwar in Abhängigkeit von der Entfernung und den zur Verfügung stehenden Transportmedien, muß das von den Soziologen und Ethnologen verwandte Netzwerkkonzept modifiziert werden. So kann man nicht von symmetrischen Kommunikationsnetzen ausgehen, sondern muß den Nachrichtenfluß als gerichtete Größe betrachten. Die Verbindungen zwischen den Knoten sind als Vektoren zu interpretieren, deren Breite proportional ist zur Anzahl der Nachrichten, die von einer zur anderen Stadt versandt wurden (Graphiken 1 und 2). Die Übertragung der graphischen Darstellung in Matrizen (Tabellen 1 und 2) ermöglicht es, die Zentralität[10] eines jeden Ortes im Netz zu bestimmen und festzustellen, welche Funktion einer bestimmten Stadt zukam, ob sie vorwiegend Nachrichten aussandte, vermittelte oder empfing.

---

[9] M. Schenk, Soziale Netzwerke und Kommunikation, Heidelberg 1984; T. Schweitzer (Hg.), Netzwerkanalyse. Ethnologische Perspektiven, Berlin 1988.

[10] Zur Berechnung der verschiedenen Maßzahlen, die Auskunft über die strukturelle Morphologie eines Netzes geben, d.h. die Position einer Stadt im Netz und die Dichte des gesamten Netzes, s. M. Schenk, Soziale Netzwerke, S. 40-63.

INFORMATIONSZENTREN IM VERGLEICH

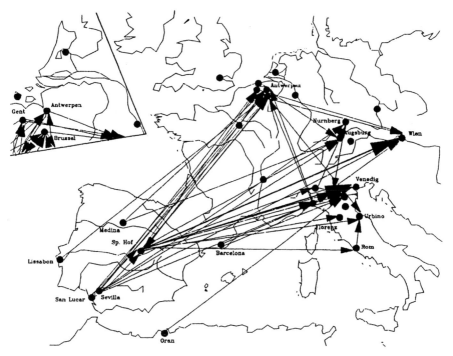

Abbildung 1: Verbreitung der Meldungen über das Eintreffen der Edelmetallflotten (1496-1576)

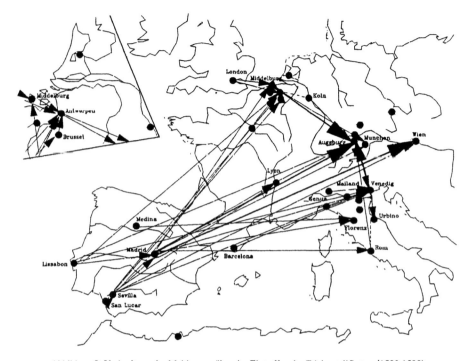

Abbildung 2: Verbreitung der Meldungen über das Eintreffen der Edelmetallflotten (1580-1598)

INFORMATIONSZENTREN IM VERGLEICH

Tabelle 1: Verbreitung der Meldungen über das Eintreffen der Edelmetallflotten (1496–1576)

Empfänger→ Sender↓	Lis	Ora	Bar	Med	San	Sev	Sp.	Fer	Flo	Gen	Mai	Man	Rom	Urb	Ven	Wie	Deu	Aug	Nür	Brü	Gen	Ant
Lissabon	—	.	.	.	.	.	.	.	.	.	.	.	.	.	.	.	.	.	.	1:1	.	.
Oran		—	.	.	.	.	.	.	.	.	.	.	.	.	.	.	.	.	.	.	.	.
Barcelona	.	.	—		.	.	.	1:1	.	.	.	.	.	.	.	.	.	.	.	.	.	4:1
Medina	.	.		—	.	.	.	1:1	.	.	.	.	.	.	.	.	.	.	.	.	.	1:1
San Lúcar	.	.	.	.	—		2:1	.	.	.	.	.	.	.	.	:2	.	1:1	1:1	1:1	1:1	1:1
Sevilla	.	.	.	.	.	—	6:1	1:1	6:1	1:1	1:1	2:1	2:1	1:1	19:1	15:1	:2	1:1	1:1	4:1	1:1	1:2
Sp. Hof	.	.	.	.	.		—		4:1	.	.	.	.	.	.	1:1	.	.	.	.	.	.
Ferrara	.	.	.	.	.	.	.	—	.	.	.	.	.	.	.	.	.	.	.	.	.	.
Florenz	.	.	.	.	.	.	.	2:1	—	.	.	1:1	.	.	.	1:1	.	.	1:1	1:1	.	1:1
Genua	.	.	.	.	.	.	.	1:1	.	—	.	.	.	.	.	.	.	.	.	.	.	.
Mailand	.	.	.	.	.	.	.	.	.	.	—	.	.	1:1	.	.	.	.	.	.	.	.
Mantua	.	.	.	.	.	.	.	.		.	.	—	.	.	.	.	.	.	.	.	.	.
Rom	.	.	.	.	.	.	.	.	.	.	.	.	—	.	.	.	.	.	.	.	.	.
Urbino	.	.	.	.	.	.	.	.	.	.	.	.	.	—	.	.	.	.	.	.	.	.
Venedig	.	.	.	.	.	.	.	.	.	.	.	.	.	.	—	1:1	.	.	.	.	.	.
Wien	.	.	.	.	.	.	.	.	.	.	.	.	.	.	.	—	.	.	.	.	.	.
Deutschland	.	.	.	.	.	.	.	.	.	.	.	.	.	.	.	.	—	.	.	.	.	.
Augsburg	.	.	.	.	.	.	.	.	.	.	.	.	.	.	.	2:1	2:1	—	.	.	.	.
Nürnberg	.	.	.	.	.	.	.	.	.	.	.	.	.	2:1	1:1	1:1	1:1	.	—	.	.	.
Brüssel	.	.	.	.	.	.	1:1	.	.	.	.	.	.	.	.	.	1:1	1:1	.	—	.	.
Gent	.	.	.	.	.	.	.	.	.	.	.	.	.	.	.	.	.	.	.	.	—	.
Antwerpen	.	.	.	.	.	.	1:1	.	.	.	.	.	.	.	.	:2	1:1	1:1	.		.	—
An	0	0	0	0	0	0	10	6	6	5	1	4	2	4	20	21	4	7	2	8	2	7
Ab	1	1	2	5	3	13	60	0	0	6	2	0	1	0	0	0	1	0	3	6	2	3
Adjazenz	1	1	2	2	2	8	15	5	1	7	3	3	2	3	2	6	4	4	4	7	4	7
Distanz (∞ = 4)	81	81	78	78	74	58	37	69	81	63	75	75	78	75	78	62	68	70	72	66	72	61

Die erste Zahl gibt die Anzahl der direkten Verbindungen an, die zweite die Distanz. "An" ist die Anzahl der eingetroffenen, "Ab" die der abgesandten Meldungen.

Tabelle 2: Verbreitung der Meldungen über das Eintreffen der Edelmetallflotten (1580–1598)

Empfänger→ Sender↓	Lis	Bar	Med	San	Sev	Sp.	Flo	Gen	Mai	Rom	Urb	Ven	Lyo	Wie	Aug	Köl	Mün	Brü	Ant	Mid	Lon
Lissabon	—	.	.	.	.	6;1	.	.	.	.;2	.	2;1	.;2	.	2;1	.	.;2	.	1;1	.	.
Barcelona	.	—	.	.	.	.	.	.	.	.	.	1;1	.	.	.;2	.	.	.	.	.	.
Medina	.	.	—		1;1	2;1	6;1	.	.	.	.	.	.	.	.;2	.	.;2	1;1	1;1	.	.
San Lúcar	.	.		—	.	2;1	.	.	.	.	.	1;1	1;1	.;2	.;2	.	2;1	.	1;1	.	.
Sevilla	.	.	.	.	—		1;1	.	.	5;1	.;2	4;1	2;1	7;1	7;1	.	.	.	.	1;1	.
Sp. Hof	.	.	.	.	.	—	.	.	.	.	.	1;1	.	.	.;2	.	.	.	.	.	.
Florenz	.	.	.	.	.	.	—	.	.	.	.	2;1	.	.	.;2	.	.	.	.	.	.
Genua	.	.	.	.	.	.	.	—	.	.	.	.	.	.	4;1	.	.	.	.	.	.
Mailand	.	.	.	.	.	.	.	.	—		.	.	.	.	.	.	.	.	.	.	.
Rom	.	.	.	.	.	.	.	.	.	—	.	.	.	.	10;1	.	.	.	.	.	.
Urbino	.	.	.	.	.	.	.	.	.	.	—	2;1	.	.	3;1	.	.	.	.	.	.
Venedig	.	.	.	.	.	.	.	.	.	.	.	—	.	.	.	.	.	.	.	.	.
Lyon	.	.	.	.	.	.	.	.	.	.	.	1;1	—	.	1;1	.	.	.	.	.	.
Wien	.	.	.	.	.	.	.	.	.	.	.	.	.	—	.;2	.	.	.	.	.	.
Augsburg	.	.	.	.	.	.	.	.	.	.	.	.	.	.	—	.	2;1	.	1;1	.	.
Köln	.	.	.	.	.	.	.	.	.	.	.	.	.	.	10;1	—	.;2	.	4;1	.	.
München	.	.	.	.	.	.	.	.	.	.	.	.	.	.	.;2	.	—	.	2;1	.	1;1
Brüssel	.	.	.	.	.	.	.	.	.	.	.	.	.	.	.	.	.	—	.	.	.
Antwerpen	.	.	.	.	.	.	.	.	.	.	.	.	.	.	.	.	.	.	—	.	.
Middelburg	.	.	.	.	.	.	.	.	.	.	.	.	.	.	.	.	.	.	.	—	.
London	.	.	.	.	.	.	.	.	.	.	.	.	.	.	.	.	.	.	.	.	—
An	0	0	0	0	1	10	7	0	0	5	2	12	3	8	37	0	4	1	10	2	0
Ab	11	1	6	4	6	30	2	1	4	0	0	12	3	0	1	1	0	1	12	4	3
Adjazenz	4	1	1	3	6	12	2	1	2	1	1	8	3	2	7	1	2	2	8	3	2
Distanz (∞=4)	62	75	77	65	58	42	74	75	75	72	73	56	69	72	43	77	67	72	56	67	71

Die erste Zahl gibt die Anzahl der direkten Verbindungen an, die zweite die Distanz. "An" ist die Anzahl der eingetroffenen, "Ab" die der abgesandten Meldungen.

Zur Untersuchung der Funktion, die die Handels- und Hafenstädte Antwerpen und Venedig im Verlauf des 16. Jahrhunderts als Informationszentren einnahmen, wurden 152 Briefe und handschriftliche Neue Zeitungen ausgewertet, die zwischen 1496 und 1598 abgefaßt wurden und deren Empfänger sich im habsburgischen Einflußbereich aufhielten. Außerdem konnten 6 Druckerzeugnisse ermittelt werden, die in diesem Zeitraum publiziert wurden und in denen sich Hinweise auf den Umfang der amerikanischen Edelmetallimporte finden. Da es zur Rekonstruktion des Netzwerkes erforderlich war, den Informationsfluß nach Möglichkeit über mehrere Stationen zu verfolgen, wurde auf die Analyse von Meldungen verzichtet, die innerhalb der Iberischen Halbinsel kursierten.

Die erste erhaltene Meldung vom Eintreffen amerikanischer Edelmetalle in Europa findet sich in einer handschriftlichen Neuen Zeitung, die zwischen dem 23. Juni und 9. Juli 1496 in Mailand abgefaßt und nach Ferrara geschickt wurde, wo sie vor dem 2. August 1496 eintraf:

Avvisi venuti de Hyspania.
Che Colonno, capitaneo del armata hispana, ... era arrivato a Cales, e ha portato gran quantitate de oro.[11]

Diese handschriftliche Zeitung wird vom Botschafter des Herzogs Herkules I. von Este versandt worden sein. Die am Vermittlungsprozeß beteiligten Orte waren der spanische Hof als Absendeort, Mailand als Vermittlungsort und Ferrara als Empfangsort.

Vier Jahre später findet sich die erste präzise Mitteilung zum Wert des Edelmetalls, das aus der Neuen Welt nach Europa verschickt wurde. Der im Auftrag von Herkules I. von Este reisende Alberto Cantino schrieb am 7. Juni 1501 aus Oran nach Ferrara, daß man von den neuen Inseln (den Antillen) 14.000 Dukaten mitgebracht habe sowie einige Goldklumpen, von denen einer sogar 120 Dukaten Wert sei.[12] Hier verlief der Informationsfluß also von Oran direkt nach Este, ohne daß sich der genaue Ursprungsort der Meldung ermitteln läßt, der einer der andalusischen oder portugiesischen Häfen gewesen sein wird.

Seit den 1550er Jahren wurde der Kaiserhof regelmäßig mit Kopien oder Übersetzungen der Aufstellungen und Abrechnungen versorgt, die die Beamten der *Casa de la Contratación* von Sevilla aus an die Krone und den Indienrat sandten. So legte der kaiserliche Gesandte am spanischen Hof, Hans Khevenhüller, seinem Schreiben vom 2. August 1576 an Kaiser Maximilian II.

---

[11] Reale Commissione Colombiana pel quarto centenario della scoperta dell' America. Raccolta di documenti e studi, III,1, hg. v. G. Berchet, Rom 1892-1893, im folgenden zitiert als Raccolta III,1, S. 148. Neue Zeitung aus Mailand vom 23. Juni - 9. Juli 1496, eingegangen am 2. August 1496 in Ferrara: "Neue Zeitung aus Hispanien: Kolumbus, Kapitän der spanischen Flotte, ist in Cádiz eingetroffen. Er bringt viel Gold mit."

[12] Raccolta III,1, S. 150.

eine Aufstellung bei: "folgt hernach was di 29. Juli von Sevilla alher geschrieben wirdt, was die Flott auss Nueva España für den König und Particulares bringt."[13] Für den König waren es 967.000 Dukaten und für die Privatleute 1,9 Mill. Dukaten. Diese Meldung wurde von Sevilla nach Madrid und von hier aus an den Kaiserhof weitergegeben.

Detaillierte Hinweise finden sich auch in handschriftlichen Neuen Zeitungen. So wurde dem Herzog von Urbino in einer Zeitung aus Venedig vom 20. Dezember 1586 mitgeteilt, daß am 2. November 1586 Schiffe aus Neuspanien in San Lúcar de Barrameda eingetroffen seien, die 800.000 Dukaten für den König, 1,2 Mill. Dukaten für Kaufleute und Privatpersonen und Koschenille im Wert von über eine Mill. Dukaten geladen hätten.[14] Hier verlief der Nachrichtentransfer von San Lúcar de Barrameda, dem der Stadt Sevilla vorgelagerten Hafen, über Venedig nach Urbino.

Diese Hinweise mögen genügen, um eine Vorstellung davon zu vermitteln, welche Art von Informationen über die amerikanischen Edelmetallexporte kursierten. Die Empfänger der hier ausgewerteten Briefe und Neuen Zeitungen hielten sich in den italienischen Städten Florenz, Ferrara, Mailand, Mantua, Rom, Urbino und Venedig auf, am Kaiserhof, der in Wien und Prag residierte, im deutschen Sprachgebiet unter anderem in Augsburg, Nürnberg und München, im niederländischen Antwerpen und am Hof der Statthalter in Brüssel oder Gent.

Während des 16. Jahrhunderts bestanden für die Sender und die Vermittler von Informationen zwei verschiedene Netzwerke, die die handschriftliche Nachrichtenweitergabe übernahmen. Zunächst wurde von 1496 bis 1579 der größte Teil der Meldungen direkt vom Absender zum Empfänger geschickt (Graphik 1, Tabelle 1), weil in diesem Zeitraum die Meldungen über die amerikanischen Edelmetalle vorwiegend durch direkte Korrespondenz zwischen Sender und Empfänger verbreitet wurden. 66 Briefen – Gesandschaftsberichten und kaufmännischer Korrespondenz – standen lediglich 24 handgeschriebene Neue Zeitungen gegenüber. Der größte Teil der Informationen hatte seinen Ursprung am spanischen Hof und in den andalusischen Hafenstädten. Von der Iberischen Halbinsel schickte man 77 Nachrichten. Die anderen am Netzwerk beteiligten Städte außerhalb Spaniens und Portugals versandten nur 24 Nachrichten oder leiteten sie weiter. Die Vermittlung von Informationen übernahmen Brüssel und Genua, diese Städte erhielten etwa so viele Meldungen, wie sie aussandten, Antwerpen und Venedig hingegen empfingen wesentlich mehr Nachrichten, als sie fortschickten, und nahmen daher vorwiegend die Funktion der Empfänger wahr.

---

[13] Haus-, Hof- und Staatsarchiv (Wien), Spanien, Diplomatische Korrespondenz 9, fol. 26.
[14] Biblioteca Apostolica Vaticana, Cod. urb. lat. 1054, fol. 595-597.

Die zentrale Position in diesem, bis 1579 gültigen Netzwerk wurde durch den spanischen Hof eingenommen, der sich seit 1560 dauerhaft in Madrid aufhielt. Er besaß damit während dieses Zeitraums ein nahezu absolutes Informationsmonopol über die Verbreitung von Meldungen, die sich auf den Umfang und das Eintreffen der amerikanischen Edelmetallimporte bezogen. Von Madrid aus konnten direkt alle genannten italienischen Städte und der Kaiserhof erreicht werden, außerdem Brüssel, Gent und Augsburg. Zu den übrigen Städten im deutschen Sprachgebiet und in den Niederlanden bestanden entweder indirekte Verbindungen oder aber diese besaßen direkte Beziehungen zu den andalusischen Häfen. Da die andalusischen Hafenstädte bezüglich ihrer Zentralität die zweitwichtigste Position im Netz einnahmen, verstärkten sie noch das spanische Informationsmonopol. Als Vermittler besaß Brüssel den gleichen Grad an Zentralität wie die andalusischen Hafenstädte, allerdings wurden von hier aus nur 7 Meldungen ausgesandt, während Sevilla in 13 Fällen als Informant genannt wurde. Auch die zweite Stadt, die sich mit der Vermittlung von Neuigkeiten befaßte, Genua, besaß einen recht hohen Grad an Zentralität, denn die Stadt folgte an dritter Stelle bezüglich der Häufigkeit vermittelter Nachrichten im Netz. Antwerpen hingegen nahm zwar eine recht zentrale Position ein, leitete aber nur wenige Informationen weiter. Venedig beschränkte sich auf den direkten Empfang von Nachrichten vom spanischen Hof und besaß damit nur eine marginale Stellung. Bis zum Zusammenbruch des spanischen Messe- und Finanzsystems und vor dem endgültigen Ausbruch des Krieges in den Niederlanden und der Herausbildung der handschriftlichen Neuen Zeitungen zu einem regelmäßigen Nachrichtenmedium verfügte der spanische Hof über eine direkte Kontrolle des Nachrichtensystems. Die Stellung von Antwerpen und Venedig bei der Verbreitung von Nachrichten zu den amerikanischen Edelmetallieferungen war zu diesem Zeitpunkt eher marginal.

Während der letzten beiden Dekaden des 16. Jahrhunderts (Graphik 2, Tabelle 2) änderte sich das Bild, die Strukturen der Nachrichtenvermittlung hatten sich deutlich verschoben. Aus dieser Zeit liegen erheblich mehr handschriftliche Neue Zeitungen vor als direkte Korrespondenz. 46 Zeitungen standen 20 Briefe gegenüber, und damit hatte die Anzahl der pro Jahr versandten handschriftlichen Neuen Zeitungen außerordentlich zugenommen, während das Volumen des Briefverkehrs stagnierte. Ende des 16. Jahrhunderts sandte die Iberische Halbinsel nur noch die Hälfte aller Meldungen aus, und damit hatte der spanische Hof sein Informationsmonopol verloren. Jetzt wurden nur noch 30 Mitteilungen direkt von Madrid ausgesandt. 12 Meldungen gingen von Venedig aus und 12 von Antwerpen. Die Beteiligung der übrigen Teilnehmer des Netzes an der Weitergabe von Meldungen war deutlich geringer. Abgesehen von den Fuggern in Augsburg, die den größten Teil der hier ausgewerteten Berichte erhielten, empfingen Antwerpen und

Venedig die meisten Informationen. Zwar besaß der spanische Hof in Madrid auch weiterhin den höchsten Grad an Zentralität, da er über eine direkte Verbindung zu 12 weiteren Teilnehmern des Netzes verfügte. Die nun als Vermittler auftretenden Städte Antwerpen und Venedig nahmen aber hinsichtlich der Zentralität noch vor den andalusischen Hafenstädten – aber nach Augsburg – die dritte Position ein, damit hatten sie sich zu Informationszentren entwickelt.

Venedig verfügte über enge und vielfältige Verbindungen zur Iberischen Halbinsel und bezog zudem Mitteilungen aus anderen italienischen Städten, um sie dann an die Abonnenten handschriftlicher Neuer Zeitungen in Italien und in Süddeutschland zu verschicken. Die Beziehungen von Antwerpen zu Spanien und Portugal waren geringer als diejenigen Venedigs. Dafür bestanden gute Kontakte zu den Generalstaaten (Middelburg) und eine direkte Verbindung nach London. Auf diese Weise hörten die Fugger und der Herzog von Bayern durch die Vermittlung Antwerpens von den Erfolgen englischer und niederländischer Kaperfahrten. Die Informationen, die von Antwerpen ausgesandt wurden, verbreiteten sich im allgemeinen über Köln im deutschen Sprachraum.[15] Im Gegensatz zu Venedig, das auch Oberdeutschland mit Nachrichten versorgte, gelangten bei den hier analysierten Schriften keine Informationen von Antwerpen nach Süden.

Der Vergleich der beiden Nachrichtennetze zeigt, daß im ausgehenden 16. Jahrhundert Brüssel und Genua ihre Position als Vermittler von Meldungen von der Iberischen Halbinsel in die übrigen Städte des habsburgischen Einflußbereiches verloren hatten. Diese Aufgabe wurde nun von Venedig übernommen und ausgebaut. Außerdem entwickelte sich in der zweiten Hälfte des 16. Jahrhunderts in Nordeuropa ein weiteres Kommunikationszentrum, die Stadt Antwerpen. Die Beziehungen Antwerpens zur Iberischen Halbinsel waren schwächer als es diejenigen von Brüssel gewesen waren und die geographische Reichweite der Verbindungen Antwerpens war geringer als diejenige Brüssels. Dafür verfügte die Scheldestadt aber trotz der politischen und militärischen Ereignisse über intensivere Beziehungen zu den aufsteigenden nördlichen Seemächten. Auf diese Weise ergab sich eine geographische Aufgabenteilung zwischen den beiden neuen Informationszentren Antwerpen und Venedig. Antwerpen versorgte die Regionen nördlich der Alpen mit Nachrichten und kompensierte die unzureichenden Verbindungen zur Ibe-

---

[15] Die handschriftlichen Neuen Zeitungen wurden nördlich der Alpen zumeist in Antwerpen und Köln zusammengestellt, wobei die die Edelmetallimporte betreffenden Meldungen von Antwerpen ausgingen. So lauten die Überschriften: "Zeitungen, auß Anttorff und Cölnn, di 20 und 25 Mayo Anno 95", Österreichische Nationalbibliothek, Cod. 8968, fol. 411-412. Das Pendant zu Antwerpen und Köln stellten Venedig und Rom dar: "Zeitungen aus Rohm, unnd Venedig di 13 und 19 Mayo Anno 95", ÖNB, Cod. 8968, fol. 397-398. Hier wurden die Meldungen über amerikanisches Silber und Gold im allgemeinen in Venedig abgefaßt.

rischen Halbinsel durch Informationen aus den nördlichen Niederlanden und aus England, wohingegen Venedig sehr enge Beziehungen zu Spanien und Portugal pflegte, aber keine zu den neuen Seemächten. Der Aufstieg von Antwerpen und Venedig zu zentralen Vermittlern ging einher mit dem Verlust des Informationsmonopols, das der spanische Hof über die amerikanischen Edelmetallimporte besessen hatte.

Die Umstrukturierung des Kommunikationsnetzes und die Entwicklung neuer, im Sinne einer geographischen Aufgabenteilung komplementär zueinander arbeitender Informationszentren, ist wesentlich auf die starke Zunahme der handschriftlichen Neuen Zeitungen als regelmäßiges Kommunikationsmedium zurückzuführen. Dieses verfügte über eine größere soziale und geographische Reichweite als sie die auf direkten Kontakten basierende Korrespondenz besaß. Nun konnten sich die Führungsgruppen in ganz Europa, von Dänemark bis nach Italien und von Polen bis nach England, unabhängig von ihren persönlichen Beziehungen, durch dieses anonyme Nachrichtenmedium informieren. Gleichzeitig mit der Erschließung neuer Empfängergruppen, die sich über die aus Amerika eintreffenden Reichtümer unterrichteten, wurde die Interpretation der damit in Zusammenhang stehenden Vorgänge, wie die Ankunft oder der Verlust von Schiffen, aber nun nicht mehr ausschließlich von Spanien, sondern auch von dessen politischen und ökonomischen Kontrahenten – England und den nördlichen Niederlanden – bestimmt.

Allerdings kamen die genaueren Informationen auch weiterhin von der Iberischen Halbinsel, wie ein Vergleich handgeschriebener Neuer Zeitungen, die die Fugger 1593 erhielten, zeigt. So gab eine Neue Zeitung aus Antwerpen vom 20. Mai 1593[16] unter Berufung auf Informationen aus Middelburg vom 9. Mai 1593 an, daß die Indienflotte am 24. April 1593 auf den Azoren angekommen sei und 20 Schiffe umfassen würde. In Lissabon kamen die Nachrichten von den Azoren am 15. Mai 1593 an. Dies berichtete eine Neue Zeitung aus Lyon vom 10. Juni 1593,[17] die sich auf Meldungen aus Madrid vom 22. Mai 1593 berief, die ihrerseits auf Berichten aus Lissabon vom 15. Mai 1593 beruhten. Von Lissabon wurde nach Madrid geschrieben, daß die Indienflotte in den Terceras eingetroffen sei und daß der Wert der Ladung an Edelmetallen und Waren 12 Mill. Dukaten betragen würde.

Dieses Beispiel zeigt, daß man sich in England und in den nördlichen Niederlanden zunehmend für die amerikanischen Silberflotten interessierte. Durch die Kaperschiffe konnten die Informationen unter Umständen sogar schneller nach Norden gelangen als die Angaben der offiziellen Register über die regulären Schiffsverbindungen zur Iberischen Halbinsel. Wollten die protestantischen Staaten das spanische Informationssystem umgehen, so waren

---

[16] ÖNB, Cod. 8966, fol. 541-542.
[17] ÖNB, Cod. 8966, fol. 479-480.

sie allerdings darauf angewiesen, die Indienflotte, deren Reisezeit sich nicht unbeträchtlich verschieben konnte, auch tatsächlich abzupassen. Der beschriebene Transport macht aber auch deutlich, daß bis zum Ende des 16. Jahrhunderts sämtliche Mitteilungen über den Umfang der Edelmetallimporte auf spanischen Abrechnungen beruhten. Wollte man unabhängig vom spanischen Nachrichtensystem Informationen erhalten, so muße man sich darauf beschränken, die zwischen Amerika und Europa verkehrenden Schiffe zu zählen. Somit dominierte und kontrollierte Spanien trotz des wachsenden Einflusses der nördlichen Seemächte auf das Kommunikationssystem auch zum Ende des 16. Jahrhunderts immer noch den Informationsfluß über die amerikanischen Edelmetallimporte.

Die Handelsmetropolen Venedig und Antwerpen hatten sich seit den zwanziger und dreißiger Jahren des 16. Jahrhunderts als Zentren des Drucks von *Americana* etabliert.[18] Hier erschienen zwischen 1531 und 1590 mehr Werke mit Hinweisen zur Neuen Welt im Jahr als in jeder anderen Druckerstadt des deutschsprachigen Druckgebietes, der Niederlande oder Italiens. Erst in der letzten Dekade des 16. Jahrhunderts wurden in Frankfurt 93 *Americana* publiziert, während es in Venedig nur noch 91 *Americana* waren. Die Herausgabe von Werken zur Neuen Welt war in Venedig bereits seit den 1570er Jahren und in Antwerpen seit den 1580er Jahren rückläufig. Dies war auch der Zeitraum, in dem man in beiden Städten dazu überging, regelmäßig und in wachsendem Umfang handschriftliche Neue Zeitungen zu erstellen, in die dann Nachrichten über die Neue Welt eingingen. Die diesen Phänomenen zugrundeliegende Ursache und die Frage, ob es sich hierbei um ein zufälliges Zusammentreffen oder um einen engen Zusammenhang handelte, ist bislang nicht bekannt.

Zusammenfassend läßt sich festhalten, daß es Venedig und Antwerpen, die im ausgehenden 16. Jahrhundert ihren Zenit als Handelsmetropolen und Druckzentren von *Americana* überschritten hatten, dank ihrer etablierten kommerziellen und politischen Verbindungen gelang, einen neuen Wirtschaftszweig aufzubauen, den eines regelmäßigen Nachrichtendienstes. Beide Informationszentren befanden sich im Einflußbereich des habsburgischen Imperiums, besaßen aber auch enge Verbindungen zu anderen Mächten, dadurch gelang es ihnen, Nachrichten über aktuelle Ereignisse von allen Richtungen zu erhalten und innerhalb ganz Europas, über politische und konfessionelle Grenzen hinweg, zu verbreiten. Der Spanischen Krone eröffnete der Zugang zu diesem Informationsnetz die Möglichkeit, ihre Interpretation überseeischer Ereignisse zu verbreiten.

---

[18] Die folgenden Angaben beruhen auf J. Alden, D. C. Landis (Hgg.), European Americana: A Chronological Guide to Works Printed in Europe Relating to the Americas, 1493-1600, Bd. 1, New York 1980.

AMSTERDAM AND THE ORIGINS OF FINANCIAL JOURNALISM[1]

by

Cora Gravesteijn

Everyone knows that in today's newspaper one can read exchange rates and that there are specialized financial newspapers like the *Financial Times* and *Wallstreet Journal*. Most people hardly realize that the origins of this kind of information date back several centuries.

Business thrives on the most recent news. The merchants and bankers of the 16th, 17th and 18th centuries – no less than those of today – required the freshest advices in order to conduct their affairs profitably. The success of their ventures depended on reliable information sent from afar.

Mercantile communications form some of the earliest written records and merchants continue to be interested in organizing and perfecting rapid, dependable systems of data communicating. The Italian merchant houses testify to the constancy of this concern from the late middle ages on (12th century).[2] The "news letters" of the Fugger family of Augsburg were extracts from probably the largest information network in early modern Europe. Merchants have regularly been a force behind reforms in postal services just as in more recent times businessmen have promoted international telegraphic cables and satellite communications. Thus it is understandable that merchants and bankers in the fifteenth and sixteenth centuries, in their continuing quest for better ways to speed the flow of business news, turned for

---

[1] This paper is an extensive version of my contribution to the IVth Salzau-Kolloquium "Kommunikationsrevolutionen im Vergleich", in Herrenhaus Salzau, Germany, on 2-3 May 1994. The complete text with information on the practice of publishing "early business newspapers" in 33 cities in Europe is published in: J.J. McCusker and C. Gravesteijn, The Beginnings of Commercial and Financial Journalism: the Commodity Price Currents, Exchange Rate Currents, and Money Currents of Early Modern Europe, Amsterdam, 1991.

[2] Compare the information and lists of prices in the eleventh and twelfth century letters of Jewish merchants in Cairo as translated and printed in S[helomo] D. Goitein: Letters of Medieval Jewish traders, Princeton, New Jersey 1973. Compare the comments by Eliyahu Ashtor, Recent Research on Levantine Trade, Journal of European Economic History, 14 (1985), n.17.

help to the most recent innovation in information technology, the printing press.[3]

What follows is the description of the origins of early business newspapers, their status, what they look like and finally a picture of the position of Amsterdam as communication center for commercial and financial news.

1. Definition and Types of Commercial and Financial Newspapers

The kind of publication described here, is the early business newspaper of which there are three related types: commodity price currents, exchange rate currents and money currents. There is no doubt about them being newspapers, as they satisfy a number of criteria[4]:

1. They were narrow, specialized newspapers, a subset of the genre 'newspaper' but newspapers nonetheless in the same way that financial and commercial newspapers published in our time are so considered.
2. Whereas they were for the most part reproduced mechanically, some were only partly printed.
3. They were published regularly and periodically.
4. They were available to anyone willing to pay for them.

What best defines these newspapers is their contents. The commodity price current published the prices at which commodities were traded on the local market. The exchange rate current published the local rates of exchange at which foreign bills of exchange were similarly bought and sold. The bill of exchange was the primary negotiable instrument for international monetary transfer before the late nineteenth century. Both commodity price currents and exchange rate currents had appeared early in the 16th century. The money current published how much various domestic and foreign coins

---

[3] See in this regard the work of E. Eisenstein, The Printing Press as an Agent of Change, 2 vols., Cambridge 1979; P.M. Handover, Printing in London from 1476 to Modern Times: Competitive Practice and Technical Invention in the Trade of Book and Bible Printing, Periodical Production, Jobbing, &c., Cambridge, Mass. 1960, p. 99: "During the fifteenth century in Europe another class obtained power, the politicians, bankers and merchants. They appreciated the value of news and to have it they organized a service by arranging for agents to write to them. The establishment of such a manuscript service antedates the first printed news publication."

[4] The commercial and financial newspapers that are the subject of this paper fall short of the widely accepted definition of a newspaper used by O. Groth, Die Zeitung: Ein System der Zeitungskunde (Journalistik), 4 vols., Mannheim 1928-1930, I, pp. 22-90. We think that "early business newspapers" describe them neatly and accurately. Compare E. W. Allen, International Origins of the Newspaper: the Establishment of Periodicity in Print, Journalism Quarterly 7 (1930,) pp. 310f., who also enjoins a less dogmatic, more historical perspective on any such criteria when discussing early newspapers.

were worth in the local money of account; it first appeared sometime within the 17th century.[5] The earliest commodity price currents sometimes incorporated a section listing exchange rates. Later some of them also included the prices of gold and silver. Some exchange rate currents began to record money prices and others printed the prices of shares and the yield on bonds. All three of the basic currents continued to be published well into the 19th century.

2. Origin

The prototype of the published commodity price current of the 16th century seems to have been a much older handwritten version of something similar. Local agents of Italian merchant houses resident in the major commercial centres of Western Europe and the Mediterranean organized the collection and reporting of local price data from as early as the 14th century.[6] Even though these reports were essentially inter-office memoranda and not meant for public distribution, they were clearly more than randomly prepared lists of merchants' selling prices.

All extant copies of these early manuscript *listini dei prezzi* followed the same standardized format and included a wide range of commodities. They were remarkably consistant during a long period of time, from places as far apart as Damascus (1383) and London (1438). It is even more remarkable that the earliest printed, published commodity price currents later used essentially the same format. The first extant commodity price currents list nearly the same commodities in the same order as did the much older *listini dei prezzi*.

The earliest surviving examples of the commodity price currents are from Venice (1588), and the northern European trading centers of Frankfurt am Main (1581), Amsterdam (1585), and Hamburg (1592). But probably the commodity price current was published much earlier. We found evidence of an Antwerp price current and also from Venice are earlier evidences. The printed published commodity price current followed the same format as the *listini dei prezzi* and used the same language. It leads to the conclusion that

---

[5] Further research is likely to discover more newspapers. Therefore it seemed to us pointless to make too much of what are currently thought to be the earliest known issues of each current. There are references to the Antwerp exchange rate current from as early as the 1530s and 1540s but the first known issues are from 1633. The earliest known commodity price current is from the 1581 autumn fair at Frankfurt am Main.

[6] F. Melis, Documenti per la storia economica dei secoli XIII-XIV, Istituto Internazionale di Storia Economica "F.Datini," Pubblicazione, Serie I: Documenti, No.1, Firenze 1972, pp. 38f., 298-321, discusses and reproduces fourteen *listini* dated between 1383 and 1430.

both the idea and the practice of publishing the commodity price current started in the Italian city states.

The exchange rate current also seems to have been of Italian origin, probably from Florence, although the evidence is less clear. The publication of the exchange rate current probably grew out of the practice of maintaining and promulgating the formal record of the rates of exchange settled upon during the periodic fairs held in the major commercial centers. We know that an important function of the financial fairs was to settle accounts. Business done and bills of exchange drawn since the last fair were totaled up, accounts were presented and the balances due were paid off at the fair.

The first exchange rate current is most likely from the Lyon fair, the most significant of the European exchange fairs for fully a century after 1450. Controlled by the Florentine bankers, the Lyon fairs renowned not only for the large amount of the business done at each of them, but also for the innovative, sophisticated manner in which they were conducted. The Florentines introduced at Lyon the practices of the Italian exchange fairs. The Lyon fairs then settled the standard. The procedures were quickly exported to the rest of Europe, first by the Genoese through the Besançon fairs, and later notably to Antwerp.

Regularly on the second day of acceptances after each of the four annual fairs, the leading bankers assembled in a meeting known as the *conto* and fixed rates of exchange at which negociations conducted during the fairs would be settled.[7] This was a key event in the sequence of each fair and the rates so fixed were recorded by and announced by the chief executive officer, the chancellor of the fair. It became obvious that it would be useful for all the participants to have copies for themselves of what had been agreed. The chancellor of the fair, who had the responsibility for collecting and compiling the record of proceedings, was the obvious person to oversee the printing and publication of the news.[8]

Our first evidence of the publication of an exchange rate current in northern Europe is from about 1550 in Antwerp and this was also published in Italian. Businessmen all along shared the information about prices and

---

[7] For the *conto*, see, among others, T. Buoninsegni, De i cambi: Trattato risolutissimo et utilissimo, nel quale con molta brevità, & chiarezza si diachiarano i modi hoggi, usitati ne i cambi, Firenze 1573, fols. 21r-v; L. Roberts, The Merchants Mappe of Commerce, Wherein the Universal Manner and Matter of Trade is Compendiously Handled, [London] 1638.

[8] At the Genoese fair, the chancellor kept the record of the exchange rates fixed at the *conto*. See S. Bianci, Proportione della quantità discreta ridotte in prattica, Napoli 1653; J.-G. da Silva, R. Romano, L'histoire des changes: les foires de "Bisenzone" de 1600 à 1650, Annales: Économies, Sociétés, Civilisations 17 (1962), pp. 715-721. Compare, for Florence, the source cited by M. Bernocchi, Le monete della Repubblica Fiorentina, 4 vols., Firenze 1974-1978, IV, pp. vi-vii.

exchange rates. The printing press made this easier to accomplish. There is no sharp contrast between the period of the handwritten and the printed version. Significant changes attended its publication rather than the introduction of printing. Format changed and more locally specific commodities were listed. Soon a variety of other commercial and financial publications began to be published (stock price currents, currents for particular commodities as grainprices, etc.). Each of these publications was based upon the activities of the local business community and, where we know the details, was produced by the mercantile community through an agency or committee established by it.

They were meant for local clients and this raised the question in what language they should be published. Initially most currents had been published in Italian. In Northern Europe Dutch was the language of many of the earliest commodity price currents. The pressure to change were considerable and by the end of the 18th century almost all business newspapers were being published in the local language. On the other hand, one important reason for the publication of these newspapers was to inform overseas merchants, of local conditions. To do this efficiently required the parallel publication of foreign language editions of some commodity price currents from the larger commercial centers: of the Amsterdam price current we see parallel editions in Dutch, English, Italian and French.

With the exchange rate currents we see that local languages supplanted Italian and Dutch more slowly. Reason for this may be tradition: Italian as the language of finance in late medieval and early modern Europe retained a certain currency even into the newer era.

3. Organization

The business newspapers shared several characteristics. As business enterprises, they were all organized in much the same way. Local authorities excercised a monopoly on their publication. The data these newspapers published were the prices or rates in effect on the market near the close of the trading day.[9] The editor sent his clerk around to collect his information from individual traders who dealt in the particular commodities or exchanged bills on the particular places. Apparently there was a normal routine, probably a regular reporting system, whereby the clerks typically checked with certain merchants and brokers. The publishers not only worked to satisfy their customers, and to retain their right to publish, but also to enhance their profits. To attract new readers, publishers advertised, to retain them, they introduced new features; to encourage regular subscrip-

---

[9] See F. C. Spooner, Risk at Sea: Amsterdam Insurance and Maritime Europe, 1766-1780, Cambridge 1983, p.163: "When a price appeared in the list, it may be inferred that the market was 'made'."

tions, they priced their services competitively; to keep their readers loyal, they strove to serve their needs reliably and consistently.

The commodity price current was published by a recognized authority, appeared regularly once or twice a week on the same days each week for sale to anyone who had the money to buy it, and listed a full range of products traded on the local market. Perhaps most important to the economic historian, the merchant's prices were his individual offering prices while those in the commodity price current were the market prices assembled and published in an official, public manner. What distinguished them was the quality of the data they published. Local merchants found them necessary both as an independent record of the latest prices and as a way to advertise the goods and services available to their customers. Individuals at a distance wanted to have the commodity price currents as a source of news about the prices of goods they hoped to sell there and as an independent check on the prices of goods recently sold there. There was thus a concomitant concern at home and abroad about the accuracy of the data published and this created a certain indirect control on the quality of these publications.

All of the earliest commodity price currents and exchange rate currents were published by a licensed commodity broker or foreign exchange broker acting under the authority of the fair or the exchange controlled more or less directly by its chief executive officer. He, in turn, acted with the approval of the political authorities which maintained a broad interest in controlling publishing and the press. Something so central to their mutual interests as the promulgation of the prices of their goods and services demanded the close scrutiny of the business community and government.

One should not confuse this kind of business newspapers with lists of prices sent out by individual merchants or mercantile firms, meant for the firm's customers. Those were sent only irregularly to the firm's customers, they were dated accordingly, usually with the date of the covering letter with which they were often incorporated and they had a rather narrow list of prices of commodities with which the firm dealt.

4. The Amsterdam Commodity Price Current

The first printed Amsterdam commodity price current is dated 1585.
The first Amsterdam commodity price current from the 17th century dates from 1609 and from that moment on we see that design and style hardly changed during two centuries. The Amsterdam commodity price current is not only one of the oldest printed price currents, but also one of the best known.

It had the long, narrow shape that characterized the commodity price currents of Northern Europe (see Figure 1).

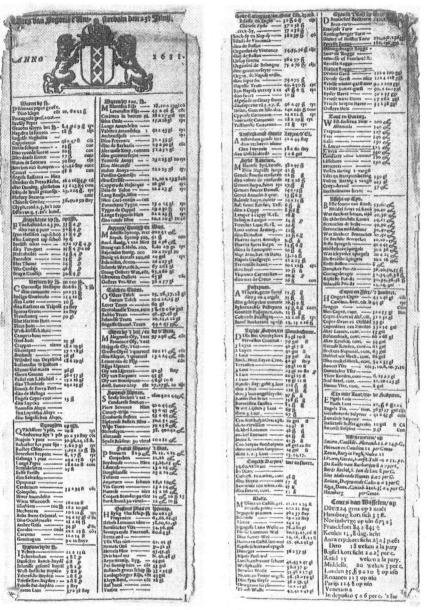

Amsterdam Commodity Price Current, 23 June 1631

Those were completely printed on both sides of a strip of paper, in two columns and measured 10/32 cm to 14/46 cm. They recorded the prices of an increasingly greater number of commodities grouped in categories into what ultimately became 27 sections. Two and later three sections quoted the rates of insurance, foreign exchange and, latterly, money. It was an official newspaper. To sell the Amsterdam commodity price current to a wide market, publication in other languages was necessary. We have found examples of an Italian-language translation from the middle of the 17th century, scattered French-language translations from throughout the 17th and 18th century and examples of an English version from 1678 and 1679. These translated editions followed the original closely, but they were tailored a bit to the foreign customer and, occasionally, they were dated the day following the appearance of the Dutch version.

On 31 January 1613 the Burgomasters of Amsterdam issued regulations governing publication of the Amsterdam commodity price current and gave the right to publish them to the Dean and Council of the Brokers Guild. They in turn passed the immediate oversight of the publication into the hands of a committee of five brokers chosen by lot. By 1680 they were called *prijs-courantiers*. It appears likely, that the 1613 regulation had simply adopted the already existing operation structure. In the imprint of the 1609 issue we find the statement *ghecorrigeert by ons vyven* (checked by the five of us), which were probably the price courantiers.[10]

In their first dealing with the commodity price currents, the Burgomasters were largely concerned with issues of organization and structure, but most of the later episodes involved financial matters.

The regulations of 1613 established a format for the commodity price current and included the grant of the right to display the city's coat of arms in the newspapers masthead. The publication had to maintain an adequate standard. Several copies of each issue had to be deposited with the Burgomasters' office. The ordinance not only ordered the *prijs-courantiers* to correct any mistakes, but also instructed them to report such incidents to the Court of Justice.

The regulations also dealt with the way in which the current was to be distributed. It had to be produced and delivered each week without delay. Subscriptions were sold. In addition, in order that all merchants could have access to them, individual issues could be purchased at the Amsterdam Exchange from the general secretary of the Exchange (*beursknecht*).[11] The

---

[10] Keur, 30 January 1683, Archieven van de Burgemeesters, Keurboek Q, fol 43r., Municipal Archives Amsterdam; Handvesten ... der stad Amsterdam, [ed. Noordkerk], II, p. 1067. *Courantier* was a generic word for the publishers of newspapers.

[11] For the office of *beursknecht*, see J. Wagenaar, Amsterdam, in zyne opkomst, aanwas, geschiedenissen, voorregten, koophandel, gebouwen, kerkenstaat, schoolen, schutterye, gilden en regeeringe, 4 vols., Amsterdam 1760-1802, II, p. 31; and

general secretary received at least fifty copies of each issue, and he in turn sold them at the entrance of the Exchange, at two stuivers each. The general secretary kept one-quarter stuiver for his effort, the rest he turned over to the deacons or board of the Dutch Reformed Church, which organized the poor relief. The more copies sold, the more income for the poor relief.[12]

In 1662 the Burgomasters ordered some changes in the regulations. In January of that year the poor relief board complained to the Burgomasters that the *prijs-courantiers* had been selling copies of the commodity price current to booksellers at such low rates that the booksellers in turn resold them for less than the two stuivers charged by the general secretary of the exchange. Thus the general secretary found that his sales were diminished and, as a consequence, so did the payments to the poor relief fund. Twice, in 1670 and 1683, the Burgomasters had to intervene to defend the publication from interlopers.

Despite the regulations and the efforts to protect the monopoly, by 1720 we see several specialized price lists published. It was also obvious that the importance of the committee of brokers who oversaw its publication decreased: the number of *price-courantiers* fell steadily from five to one after 1717, the competition for a place in the committee diminished and also the income from the position became less in the 18th century.[13]

P. Scheltema, De Beurs van Amsterdam, Amsterdam 1846, pp. 48f. Compare the functions of the *Börsenknecht* on the Hamburg exchange as discussed in G. H. Kirchenpauer, Die alte Börse, ihre Gründer und ihre Vorsteher: Ein Beitrag zur hamburgischen Handelsgeschichte, Hamburg 1841, pp. 65-67.

[12] "In the course of time newspapers must have come to be regarded as valuable sources of municipal revenue, since they were licensed monopolies, allowed to operate only upon the payment of a substantial recognition fee, [that was] sometimes used to finance the local poor house...", G. C. Gibbs, The Role of the Dutch Republic as the Intellectual Entrepôt of Europe in the Seventeenth and Eighteenth Centuries", Bijdragen en Mededelingen Betreffende de Geschiedenis der Nederlanden 76 (1971), pp. 323-349. See also I. H. van Eeghen, De Amsterdamse Courant in de achttiende eeuw, Jaarboek van het Genootschap Amstelodanum 44 (1950), p. 48. Van Eeghen asserts that the placaat of 9 December 1702 which gave a legal basis in the province of Holland to this licensing system "formalised an already existing practice." It is intriguing to speculate that the licensing of the Amsterdam commodity price current may have been one of the first instances – if not the first – of this practice in the Netherlands.

[13] W. P. Sautijn Kluit, De Amsterdamse Prijs-Courantiers in de 17e en 18e eeuw, Bijdragen voor Vaderlandsche Geschiedenis en Oudheidkunde, N.S. 8 (1875), pp. 58-66. In 1686 the authorities ordered a new *prijs-courantier* to pay 80 gulden annually to the man he had replaced as a kind of pension in lieu of the income from the position. We infer from this that the position must have been worth at least three to four times that amount and that, since there were still four members of the committee, that the minimum total net annual income must have been around 1000 gulden.

Given the careful organization, there seems to have been little room for other than the occasional, random mistakes. The Amsterdam commodity price current maintained a high reputation for integrity. Throughout the period 1585-1796 the newspaper appeared weekly; from 1786 on it became a twice-weekly newspaper. The consistency with which the Amsterdam commodity price current was published, affords us reliable, comparable series of market data in ways that we cannot duplicate from other sources. Moreover, we can be certain that they were actual market prices generated by the trading of the day on the Amsterdam Exchange.

Much like the financial data printed in modern newspapers, the commodity prices given in the Amsterdam commodity price current were little more than lists of names and numbers. The economy of presentation necessitated that the information be printed in a kind of code or shorthand that needed to be interpreted before it could be understood. Some contemporary writers undertook to explain the nature of the commodity price current in handbooks of mercantile practice and they sometimes supplemented their expositions with a reprint of a full issue of the commodity price current. Most valuable in this regard are books by the Dutch writers Johannes Phoonsen and Isaac Le Long, the Frenchmen Jean Pierre Ricard and Jean Baptiste Antoine Malisset d'Herterau, the Italian Andrea Metrà, and the Germans Jürgen Elert Kruse and Johann Christian Herrmann.[14]

5. The Amsterdam Exchange Rate Current

Each week the Amsterdam commodity price current reported the exchange rates on several European cities for bills of exchange negotiated at Amsterdam. We don't know the reason why, but by the middle of the 17th century we see the publication of a separate exchange rate current.

There are several reasons for the idea that the Amsterdam exchange rate current had an early and continuing existence as an authorized publication of the Amsterdam Exchange. One reason is the monopoly given to the price courantiers in 1613, reinforced in 1670 and 1683, and pursued after 1683. As a consequence it appears highly unlikely that anyone but the current holder of a license would publish his name in the imprint. Someone who published

---

[14] J. Phoonsen, Wissel-styl tot Amsterdam, Rotterdam 1667; J. B. A. Malisset [d'Herterau], La parfaite intelligence du commerce, 2 vols., Paris 1785; Andrea Metrà, Il mentore perfetto de negozianti, 5 vols., Trieste 1793-1797; Johann Christian Herrmann, Algemeiner Contorist, welcher von allen und jeden Gegenständen der Handlung aller in und ausser Europa belegenen Handelsplätze die neuesten und zuverlässigsten Nachrichten ertheilet, 4 vols., Leipzig 1788-1792; J. E. Kruse, Allgemeiner und besonders Hamburgischer Contorist, Erfurt, 2 ed. 1761, 3 ed. 1772.

an exchange rate current without permission risked incurring the penalties and fines allowed to the *prijs-courantiers* for a breech of their monopoly.[15]

Amsterdam Exchange Rate Current, 7 January 1694

---

[15] It was the interest not only of the *prijs-courantiers* but also the city authorities and the officials of the Dutch Reformed Church to monitor this situation because the licensing of publications was a source of municipal revenues used for poor relief in Holland.

Another indication that the Amsterdam exchange rate current was an official publication is less direct: in 1679 six merchants of Lyon called upon their city government for the establishment of an official, published exchange rate current, like the ones published at Amsterdam, Hamburg, Livorno and Venice.[16]

The Amsterdam exchange rate currents of the pre-1750 era retained a consistent appearance and format over time (see Figure 2). They all assumed the long, narrow appearance common to the exchange rate current in the rest of Europe. In the earliest years the Amsterdam exchange rate currents were rather small: those from the 1670s measured roughly 4-11 cm. The 1656 example mentioned only 13 cities, but that number grew to nearly 20 by the end of the century; by then it measured about 6 by 15 cm. The newspaper was published threedays a week. Just as with the Amsterdam commodity price current, the Amsterdam exchange rate current was available in several languages.

After 1720 several changes occurred, which suggests a significant break with the past. While we found several hundred lists, they failed to maintain any consistancy, either in their physical appearance or in the day of the week on which they were issued. From the great diversity of sizes and shapes in use at the same time, we surmise that more than one printer produced them.

It would appear that changes in business practice were an underlying cause of what happened to the Amsterdam exchange rate current. These changes may have been associated with, among other things, the events of the year 1720, which seriously damaged the prestige of the European financial and commercial community (Missisippi Bubble in France, South Sea Bubble in England). Given the increasing challenge to Amsterdam's position mounted by others, especially Londoners, the need to remain competitive pushed Amsterdam exchange brokers into a variety of cost-cutting expedients. One such device may have been to utilize their own forms for listing the latest exchange rates in order to include them whenever they sent off a letter. These forms were cheaper than were subscriptions to an official newspaper.

In the case of Amsterdam we see the regularity of issue during the 17th century contrasted with the discordant randomness of the next century. From the former situation we conclude that there was an officially published exchange rate current in existence until 1720. From the latter condition we find support for our assumption that the monopoly had ended by then and that an official current was no longer published. Thus we conclude that the lists of exchange rates that survive from this period in large numbers, were the product of the clerks of brokers and bankers who were employed to fill in forms, pre-printed by the city's printers.

---

[16] M. Vigne, La banque à Lyon du XVe au XVIII siècle, Lyons-Paris 1903, pp. 138f.

THE ROLE OF TELEGRAPHS IN THE 19TH CENTURY REVOLUTION OF COMMUNICATIONS

by
Jorma Ahvenainen

I

The telegraph, like railways and steamships, is one of the means of communication which were invented or constructed in the period of 1850 to 1913. The feature common to all of them was that they definitely increased the speed of communication but nowhere more so than in the transmission of information after the introduction of the telegraph in about 1840.

The introduction of the telegraph may be separated into two categories on a territorial basis: intracontinental application and intercontinental application. The first category contained local traffic as well as the employment of the telegraph for arranging the routing of trains. At an early stage, the railway telegraph was also employed for the commercial transmission of private information. On large continents such as North and South America even the intracontinental traffic had great significance for accelerating the transmission of information. As the railway network in the United States extended from the east towards the West the telegraph that had been built concurrently with it began to transmit commercial information to the east coast where the information might be forwarded as overseas mail to Europe or to other continents. In the news sent from the prairie to Europe it can be mentioned that information concerning grain crops and markets in the West were included. In the same fashion, information concerning the cotton market was dispatched from southern ports and centrally collected in New York or Boston, from where it was sent as overseas mail to Europe.[1] As a matter of fact, grand-scale construction of the telegraph on large continuous continents was uncomplicated as the lines were built on land and no bodies of water provided an obstacle.

The possibility to employ the telegraph in several areas were fundamentally altered when the technology had made sufficient progress for the first sea cables to become operational. This occurred in November, 1851 when the first operational submarine cable was laid across the Channel between Calais

---

[1] The Economist, 17 March 1866; information gathered about the cotton market began with the phrase "telegraphic advice from different ports" (to New York).

and Dover, connecting Britain with the European mainland.[2] This proved so successful, economically as well as technically, that other attempts were made and many new sea cables were laid between Great Britain, Belgium and the Netherlands. In 1854 Denmark was brought into the continental network with a cable from Copenhagen to Flensburg. A year later the Sound cable formed a link between Denmark and Sweden. In 1859 the continental system was extended via Denmark as far as Haparanda, and this also meant a continuous line between Denmark and Russia around the Gulf of Bothnia.[3]

While the countries of continental Europe were setting out to link their various line systems and thus expedite international correspondence, Great Britain began to lay cables under the Mediterranean. In the 1860's in particular, the cable companies in Britain were regarded with great interest since they offered a remarkably attractive field for capital investment. Britain's colonial interests in the Mediterranean and beyond to the East and the South made the Mediterranean crucial to Britain's international communications network and guaranteed a degree of protection for the capital being invested in the area. Alexandria was reached in 1859. Actually the Mediterranean lines were already long sea cables, however not yet oceanic cables.

Of even more significance for global international communications was the establishment of intercontinental connections through the introduction of transoceanic cables. As is well known, in August 1866 the North Atlantic cable was opened for traffic. In the Near East, Karachi in 1865 was reached by using continental and Turkish lines. From Alexandria via the Red Sea, Bombay was connected with Europe in 1870 and around the same year the cables from Europe extended to the Far East, to Hong Kong (1871), Shanghai (1870), and Yokohama (1871). Australia and New Zealand were reached in 1876. The West Indies were connected to the North American cable network from 1866 to 1870 and to the intercontinental network thereafter when the Atlantic cable was completed. South America tied into the European connection around 1873 to 1875.

It was in intercontinental communication that the benefit of the telegraph was the most significant, absolutely revolutionary. The transmission of information was accelerated on a different scale than previously. Through certain working methods it is possible to compare the length of time required for commercial information to travel between Europe and overseas. The following table indicates the length of time required for commercial information to be published in London both before and after the introduction of the telegraph; this was a question of how many days elapsed between dispatch and publication. The expression "surface mail" signifies post going by land

---

[2] The Economist, 15 November 1851; Charles Bright, Submarine Telegraph, London 1898, pp. 5-14.

[3] Det Store Nordiske Telegraf-Selskab 25 Aar, Kjöbenhavn 1894, pp. 6f.

and sea. In fact, the same is expressed also in *The Economist* with the phrase "mail arrived, the latest dates". The third column refers to the Persian Gulf telegraph, inaugurated in 1865.[4]

Table No. 1: The interval in days for trade data between overseas dispatch and publication in London in 1866/69 and 1870/1886.

To London from	Surface Mail 1866-1869	Via Gulf Telegraph 1866-1869	Transmission via Telegraph 1870-	Connected via Intercontinental Telegraph
	-	days	-	
Australia: Sydney	60	-	4	1876
New Zealand	65	-	4	1876
Asia:				
Bombay	29	9	3	1870
Calcutta	35	12	3	1872
Hong Kong	51	29	3	1871
Madras	40	15	3	1870
Shanghai	56	30	4	1870
Yokohama	70	50	5	1871
Africa:				
Alexandria	11	5	2	1868
Capetown	30	-	4	1868
Lagos	12	-	3	1886
Madeira	8	-	2	1874
North America:				
Glavestone	17	-	3	1866
Montreal	14	-	2	1866
New Orleans	17	-	3	1866
New York	14	-	2	1866

[4] J. Ahvenainen, Telegraphs Trade and Policy. The Role of the International Telegraphs in the Years 1870-1914, W. Fischer et al. (eds.), The Emergence of a World Economy 1500-1914, II, Stuttgart 1986, pp. 506-508.

To London from	Surface Mail 1866-1869	Via Gulf Telegraph 1866-1869	Transmission via Telegraph 1870-	Connected via Intercontinental Telegraph
	-	days	-	
Central America:				
Barbados	26	-	4	1868
Havanna	24	-	4	1868
Jamaica	25	-	4	1868
South America:				
Baia (Bahia)	15	-	3	1873
Buenos Aires	32	-	3	1875
Colombo	33	-	3	1875
Natal	36	-	4	1875
Rio de Janeiro	30	-	3	1875
Valparaiso	46	-	4	1875

Until the opening of telegraphic communications in the 1860's, the length of time required by surface mail between Europe and North America was about a fortnight, in the case of South America about a month and in that of the Far East from one month to two months; Australia and New Zealand were at a 70 day's distance from Europe.

These figures changed radically after the introduction of the telegraph. The maximum number of days needed for these distances was shortened to five days, between Japan and Europe. In the beginning of the 1880's the markets news in all the important business centers were available in 2 – 3 days. Important European news like stock market lists were published one day later, the overseas lists in the daily press with a delay of two days.

II

The telegraph divided communications into two categories: traditional mail and electronic communications. All those requiring communications made use of both methods concurrently. It is fairly difficult to clarify the private correspondence of companies as a whole. However it is possible to follow how the press employed the telegraph in publishing economic information. This can be discerned in prestigious newspapers and especially in financial publications. The subject can be pursued on various continents, i.e. what information received via telegraph was published by the European press, for example, and what, on the other hand, was published by the press on other continents. Publications by the telegraph companies themselves constitute a special case themselves. There are not many but they suffice to demonstrate which news were of interest to the commercial society outside Europe.[5]

The telegraph was first used as a commercial means of communication in Europe in the 1850's when rates of exchange and price reports, transmitted telegraphically, were published. When the Channel cable became operational in the fall of 1851 the first information transmitted thereby was rates of exchange, and *The Economist* noted that since then as much was known in the Paris stock exchange about British shares as in that of London.[6]

On the whole, the first public use of the telegraph in Europe was to transmit rates of exchange and price reports. Companies began to exchange private messages by telegraph. The Norwegians who had invested in the Finnish sawmill industry advised their representative in Finland through instructions via telegraph while the Finnish representative sought advice from Norway. Telegraphic communication became part of the daily routine. In the same fashion, transactions began to be conducted telegraphically: "what is your lowest tender on this specification, prompt answer." Nevertheless, it remained customary for a long time to confirm the telegram by letter, which usually clarified the details.[7] In Europe, the shipping industry employed the telegraph quite early. It was of great benefit to be able to advise a ship on new ports of call via the telegraph.

The intercontinental telegraph was even more significant in its consequences. It simply provided a method with which to rule the world, it made *Weltpolitik* possible and was one of the elements of the age of imperialism. From the point of view of the telegraph itself, however, the distinction between trade and policy is not large; they were intertwined.

The expansion of the telegraph was followed by a shift in business towards real-time operations. The first signs of the telegraph being used in a commercial sense for the traffic to the East are to be found in the press from the end of 1865 onwards. Most frequently, the information was about India but the travel of information might be speeded up by forwarding information received from the Far East to India via telegraph. The news usually was short notices about exchange rates or prices of essential products.[8] By the same

---

[5] According to the daily London papers, e. g. The Financier and the Lloyd's List and Commercial Daily Chronicle; The Financier 22 June 1880: The market for the Argentine bonds was again affected by adverse rumours. It was said that two telegrams have been received from Buenos Ayres.

[6] The Economist, 15 November 1851.

[7] J. Ahvenainen, Enso-Gutzeit 1872-1992, Helsinki 1992, p. 63.

[8] The Economist, 6 January 1866: the following telegrams relating to financial matters have been received from India; 10 March 1866: from Bombay we have intelligence from the 7 March; 28 March 1866: via the Gulf we have an intelligence from Bombay the 21 April; 11 August: advice from Bombay to 27 July and postal advice the 7 July.

token, the Indian press began to publish information received from the capitals of Europe.[9] This could have been more frequent but the Gulf line was working quite irregularly and the line was out of order for long periods of time. The situation changed completely when a sea cable was laid in 1870 from Alexandria to Bombay.

In August 1866 the North Atlantic line was opened for traffic. The first indications that its use was having an effect on the dispersal of commercial information came during the same year in the autumn. On 27 October *The Economist* wrote: "The present firmness in the cotton trade is principally owing to telegraphic reports of worse accounts being received on the American yield."[10] In the first place, the telegraph was used to complement the political news and market reports which had arrived by surface mail and had then been printed; these were supplemented by brief "stop press" messages which had come as telegrams and which could convey a wealth of information to an expert. Another method was to first send a telegram and then to complete the message by surface mail later on.[11] But telegrams were expensive; not even the newspapers had funds for anything but the most indispensable use of the telegraph besides what they received through news agencies which distributed information to newspapers.[12]

The information relayed by news agencies immediately after the introduction of the telegraph consisted of short reports on currency, precious metals and exchange rates.[13] The quickest to employ the telegraph was the business community whereas the communications of the press were characterized by conservatism that stood by the use of surface mail. At the latest end of the 1870s the businessmen had learned the use of the overseas telegraph for the short-term business. In January 1880 *The Electrician* wrote about a case which in their opinion was "a striking instance of the use of the ocean telegraph in business." This case related to a Wall Street broker who in sixteen minutes had been dealing with a quantity of stocks between New

---

[9] The Bombay News, 28 November 1866.

[10] The Economist, 27 October 1866.

[11] The Economist, 6 December 1851 (related to the political unrest in France): today no important communication by the submarine telegraph has reached London; 14 January, 1871: We have already noticed a telegraphic statement of the present cotton crop. The mail has now brought more detailed information. On 4 April The Economist published a letter of their New York correspondent from 24 March, but at the end of the text appears a special addendum "later developments".

[12] The principal news agencies of the time before the First World War were the British Reuter, the French Havas and the German Wolff.

[13] The Economist, 10 January 1880 (Saturday): The discount houses on Monday placed themselves in a better position ... the diminishing tension in New York and Berlin. In 1885 at the latest information on the balance sheets of the leading banks in the United States and Europe was published with nearly simultaneous dates.

York and London. In the same volume this paper gave a few other instances of similar cases showing the time of the operations from 13 to 21 minutes.[14]

The very early use of the telegraph for the international financial matters explains itself through the fact that there the time needed for the operations was often the decisive factor.

Information on various products also first appeared as telegraphic news at different times. The cotton business was one of the very first to employ the telegraph to publicize its price notations. From January 1869 on, market reports on cotton appeared in *The Economist* with a two-day delay. Similarly, market information about coffee and sugar was transferred to the telegraph as soon as it reached the main production areas. As soon as the telegraph was extended to the West Indies, *The Bulletin* of *The West India and Panama Telegraph Co.* began to publish quotations for sugar in London and New York.[15]

On the other hand, from among the products of international commerce, market information about grain was available solely by surface mail until the end of the 1870's and making the publication of the relevant information subject to delay. For example, information on the United States grain market appeared in London with a two-week delay. It is not easy to find an explanation for this method of operation; perhaps this was just a result of differences in commercial procedures among different products.

III

The introduction of the telegraph not only accelerated the transfer of information but, at the same time, homogenized world politics and the world economy. All countries were able to react to political news nearly simultaneously. Within the economy, it can be said that the telegraph actually made a world economy possible. This was revealed most clearly in monetary and capital transactions: quotes and rates of exchange lost their local nature and became global. The same happened with transoceanic shipping tariffs, they became standardized. As the range of the telegraph was extended and new products and production areas were included, simultaneous international price fluctuations also became part of the financial world. This factor had an effect on the amplification of economic trends.

---

[14] The Electrician, 3 January 1880.

[15] The West India and Panama Telegraph Co. asked the local governments for subsidies when it came to the West Indies and in that connection promised a free bulletin. On this basis the publication of The Bulletin began in June, 1873. Later on this promise appeared to have been a less than successful move for the company. By giving out market information for almost nothing she played out one of her best potential sources of returns and involved herself in endless disputes about the contents of this newsletter.

The use of the telegraph increased as the network was expanded but also telegraph tariffs influenced its use. Even though the commercial community greatly benefited from the new instrument, the question of tariffs was one of the main topics in the discussion on the telegraph and the business community was very soon demanding lower tariffs in order to get more use of the new quick means of communication. Negotiations on tariffs commenced almost at the same time as the first sea cables were laid. Not only the telegraph companies, the press and the traders were involved in these discussions but also quite often the governments, especially since they had granted exclusive rights for the landing and working of the cables.

The telegraph was an invention born and first widely taken into use in the industrialized North Atlantic community. Accordingly, it was the industrialized countries who benefited most from the telegraph. Commercial information concentrated in a few locations, and decision-making relating to buying and selling could more securely be centrally conducted from a single city. All this served to consolidate big business. The old centers of commerce, above all London, grew considerably when the head offices were able, with the help of the telegraph, to make decisions nearly as well as their local agents, who, at the same time, were becoming less independent. Thus, the intercontinental telegraph contributed to the intensification of global commerce.

SUBMARINE CABLES AS A FACTOR IN BRITAIN'S ASCENDANCY AS A WORLD POWER, 1850-1914

by
Robert Boyce

In the half century before the First World War Britain vastly expanded its overseas commercial and financial interests, its navy and its empire, and became the leading world power. In the same period Britain also acquired a dominant position in the field of high-speed international communications through the ownership of the great majority of long-distance electric submarine cables. In November 1850, after one false start, a British company successfully laid a cable across the English Channel. This, the first important international cable, was barely 40 kilometers in length, and for fifteen years the introduction of longer cables was held up by technical problems in their construction and laying. However, in 1866 the Atlantic was successfully spanned with a cable joining London via the south-west of Ireland to Newfoundland and on to New York. Other cables were laid between Malta and Alexandria (1868), England and Malta (1869), Suez and Bombay (1870), Madras and Singapore (1870), Singapore, Australia and China (1871), and England via Lisbon, Madeira and Cape Verde Island to Brazil and Argentina (1874). Thus within twenty years submarine cables had reached three-quarters of the way around the world, and virtually all of them were constructed and owned by British firms.[1]

This is not to say that other countries remained inactive. From 1853 the French government attempted to establish a cable link across the Mediterannean to Algeria and after several costly failures succeeded in doing so on a permanent basis in 1870, although this was accomplished only by contracting the project to a British-owned firm. In 1869 a French firm created competition on the Atlantic route by laying a cable from Brest to the island of St. Pierre in the Gulf of St. Lawrence and on to Sydney, Nova Scotia, where it joined the telegraph to New York; it remained in French hands for four years before being sold to its British competitor. In 1879 a second French cable was laid on the Atlantic route. After it too found itself in financial difficulties,

---

[1] C. Bright, Submarine Cables: Their History, Construction and Working, London 1898, part 1; H. Barty-King, Girdle Round the Earth: The Story of Cable and Wireless and its predecessors to mark the group's Jubilee, 1929-1979, London 1979, ch. 1-2.

the French government adopted a more deliberate approach to international high-speed communications, starting with the erection of a cable-making facility at La Seyne-sur-mer, adjacent to the naval base at Toulon. Thereafter the French state supported the development of a discrete network of cables in the Mediterranean, the West African coast and beyond. Meanwhile in east Asia the Danish-owned Great Northern Company took advantage of Denmark's status as a benign small state to secure permission to establish a cable connection between China and Japan, which it joined to the Russian overland telegraph linking Russia's Maritime province to Europe. In 1881 a third country entered the competition for Atlantic traffic when the American owned Western Union Telegraph Company laid two cables from Nova Scotia to Cornwall. Yet Britain, though no longer the monopoly provider of international high-speed communications that it had been in the 1860s, remained dominant throughout the period. Out of a total of 247,000 kilometers of submarine cables in use worldwide in 1892, 66 percent were British-owned, and of 473,000 kilometers of submarine cables in 1908, 56 percent were British-owned. French interests owned only 8.9 percent of the total in 1892 and 9.4 percent in 1908, and German-Dutch interests 1.9 percent and 7.2 percent respectively. Britain's nearest rival, the United States, increased its share of the world total from 15.8 percent in 1892 to 19.5 percent in 1908, but its cables were concentrated in the Atlantic, the Caribbean and South American routes.[2] Only one cable operated outside this region, a line from San Francisco to America's new colony of the Philippines, which was laid in 1903, This new cable was intended to provide America with an independent connection to Manila, but on account of Britain's stranglehold over most of the east Asian markets its American managers were obliged in private to concede majority ownership to the Eastern Telegraph Company, the British firm that dominated the global industry.[3] It is almost self-evident that Britain's ascendancy as a world power owed something to its pre-eminent place in international high-speed communications. But as this paper will show, the contribution of the cables is by no means a simple one, since possession of near monopoly control over much of the global communications system involved sizeable costs as well as benefits.

I

The reasons for Britain's dominance are easier to explain than the consequences. International high-speed communications became practicable in the middle of the nineteenth century as the result of a conjuncture of three

---

[2] D.R. Headrick, The Invisible Weapon: Telecommunications and International Politics, 1851-1945, New York 1991, tables pp. 39, 94.

[3] L.B. Tribolet, The International Aspects of Electrical Communications in the Pacific Area, Baltimore 1929, pp. 188f.

factors. One was the existence of the appropriate technology. Emerging out of the scientific work on electricity over the preceding century, this had been developed and applied in the late 1830s when the construction of land telegraph networks was begun in western Europe and America.[4] The second was the discovery of a suitable insulating material for underwater electric transmission, namely gutta percha, a natural substance rather similar to rubber, which was brought to the attention of cable makers in 1847.[5] The third was the existence of iron framed ships, large enough to transport the vast lengths of cables required to span the oceans, capable of running a steady course and stable enough to allow them to be successfully laid. Britain as it happened was in a particularly favoured position to combine these three factors. It was a major contributor to primary research in electricity, and also one of the first countries to possess a large well-run electric telegraph industry. Gutta percha came almost exclusively from the British colony of Malaya. And as for cable laying, Britain had a large, modern merchant fleet which included the Leviathan, later known as the Great Eastern, in its day easily the largest ship in the world, which played a vital part in the laying of the Atlantic and Indian cables.[6] The Great Northern continued to be used until the 1870s, at which time British cable interests commissioned another vessel, second only to the Great Eastern in size, to replace it.

But a number of other factors were also required to transform a potential lead in international communications into an actual one. One, the existence of demand for communications was already present in Britain to a unique degree. By 1850 Britain was the world's largest trading nation, while the City of London since the revolutionary wars at the beginning of the century had overtaken its continental rivals as the greatest concentration of markets in the world. The Baltic Exchange for shipping, the metals and other commodity markets, the bullion market, Lloyds the insurance market, the credit and bill markets, the Stock Exchange: all were uniquely large, international in scope and, in the buoyant conditions of 1848-1873, increasingly voracious consumers of information from overseas. A second source of demand for international high-speed communications derived from Britain's Imperial defence. The Crimean War prompted state support for cables, as did the rebellion in India in 1857. But these incidents occurred before cable technology was adequately developed, and as a result costly mistakes were made at the

---

[4] J.L. Kieve, Electric Telegraph: A Social and Economic History, Newton Abbot 1973, ch. 1.

[5] C. Bright, Early Submarine Telegraphy, Telegraph and Telephone Journal 7 (1923), pp. 187f.; Gutta percha was in fact first used for cables in 1852, C. Bright, The Life Story of Sir Charles Tilston Bright, rev. and abridged ed., London 1910, p. 13.

[6] The ship, built by I.K. Brunel in 1858, weighed 18,000 tons and was 219 meters long and 26.5 meters wide.

taxpayers' expense. Once the crises were over, Imperial security ceased to be a decisive factor in the expansion of the British cable network, and did not become important again until the 1890s. Even with the various technical improvements introduced over the previous half century, however, submarine cables remained very limited in their carrying capacity: the average cable could transmit only 25 - 30 words per minute as late as the First World War.[7] Transmission costs therefore remained high, and the great bulk of the traffic on the international lines was generated by commercial and financial interests.

As important as demand was the availability of adequate financing, since the larger projects required a sizeable initial capital outlay and, until the early 1870s at least, involved a substantial risk of total loss. Here, too, Britain was in a favoured position, first because of the size of its domestic capital market, secondly because of concurrent developments in domestic high-speed communications. During the 1840s and 1850s investment in the land telegraphs of Britain and Ireland had soon proven to be highly profitable, which encouraged a number of investors in this sector to look favourably upon the opportunities to fund the early submarine cable projects, despite their high risk. Then in 1868, at the very moment when some of the most serious practical problems in strengthening cable casings and effecting mid-ocean repairs were being solved, the British government nationalised the inland telegraph system in order to rationalise the service, and compensated shareholders of the private firms by a sum of £8 million, which was paid out in 1870. This had the effect of releasing funds for new investment just when advances in the relevant technology had reduced the risks of submarine cable projects almost to the level of land-based telegraphy, and thus much of the government's compensation went into the cable industry.

The role of John Pender, the most prominent individual in the industry almost since its inception, is instructive. Pender, a Scottish-born businessman, had made one fortune in the cotton industry in Glasgow and Manchester before seeking another in communications. In 1852 he became a shareholder and director of the English and Irish Magnetic Telegraph Company, when it was formed to construct a line from London to Dublin; by 1855 the company operated 3,500 kilometers of telegraph lines out of a world total of 12,800 kilometers. In 1856 Pender was one of three hundred investors who subscribed to shares in the Atlantic Telegraph Company, which Cyrus Field floated in England when he could not attract sufficient interest in his native United States; Pender was elected a director.[8] The Company's first attempt to

---

[7] F.J. Brown, The Cable and Wireless Communications of the World, London 1927, p. 85.

[8] Field reserved 75 shares for US investors, believing that an American interest in the venture was desirable, but was able to sell only 27 of them, Bright, The Life Story, p. 43.

span the Atlantic in 1857 failed, its second attempt in 1858 succeeded only for two months when the line went dead and the cable was lost. Pender was one of the few original investors to support the third attempt in 1865, and accepted the main burden of responsibility for salvaging the project the following year through two firms, the Telegraph Construction and Maintenance Company, or Telcon, which was to manufacture a new cable, and the Anglo-American Telegraph Company, which acquired the assets and liabilities of the Atlantic Telegraph Company and would own and operate the new cable once it was laid. Pender's gamble paid off handsomely.[9] The 1866 cable was successfully laid, and the cable lost the previous year was also salvaged and made operational. Pender then turned his interest eastwards and formed several new companies, amalgamated in 1873 as the Eastern and Associated Telegraph Company, which were responsible for operating the cables that reached India, Singapore, Australia and China. Subsequently he also formed several companies, eventually amalgamated into the Western Telegraph Company, to operate services to Latin America.

Pender, who had moved from Manchester to the City of London in the 1860s, forged close alliances in the financial community which facilitated his operations.[10] He and his associated companies also acquired powerful friends in the relevant departments of Whitehall.[11] From the virtual beginning of submarine telegraphy the Admiralty displayed its interest by providing ships to escort the cable-laying vessels. Subsequently it continued to assist British companies through its Hydrographic department, which responded to requests to chart the seabed for suitable cable routes.[12] The results of the Hydrographic department's massive charting work were freely available to nationals of other countries, but there were occasions when the suitability of a route could only be determined by deliberate hydrographic surveying, and

---

[9] H. Barty-King, 'Sir John Pender', Dictionary of Business Biography, IV, London 1985, p. 610.

[10] J. Ahvenainen, The Far Eastern Telegraphs: The History of Telegraphic Communications between the Far East, Europe and America before the First World War, Helsinki 1981, p. 18.

[11] Within Whitehall the Post Office, the Treasury and the Foreign Office were regarded to be very sympathetic to the Company. Secretary of the Treasury to Under Secretary of State, Colonial Office, 3 February 1897, Public Record Office (hereafter PRO), Colonial Office (CO) 42/850, f. 2699; Lord Selborne minute, 13 February 1900, PRO, CO 42/877, f. 4213; Selborne minute, 6 April 1900, PRO, CO 42/878 f. An abundance of fragmentary evidence indicates that the Admiralty was equally sympathetic.

[12] The US Navy and Royal Navy shared the task of surveying the north Atlantic seabed in the 1850s. The Royal Navy agreed to do further surveying in 1862, and lent ships and navigators for the four cable laying efforts between 1857 and 1866. Bright, Submarine Cables, pp. 28f., 79, 89, 97. See also A. Day, The Admiralty Hydrographic Service, 1795-1919, London 1967, pp. 70f.

here British cable firms had the advantage on account of the Admiralty's support. The Foreign Office also assisted them in the negotiation of foreign landing rights. The influence wielded by the Foreign Office was probably an important factor in the success of British cable firms, although less so in the early years of development, since in most instances the foreign government granting the landing right had no alternative to the British network and in any case expected to benefit from the cable connection with the rest of the world.

II

In the competition for control of international communications in the nineteenth century, Britain was a double winner in that it was both first in the field and also much the largest competitor. Being first in the field involved the assumption of high risks in applying new and largely untested technology, but it also enabled Britain to gain control of many of the most profitable routes. Faced with heavy initial investment to construct and lay a cable, and high risks, the British cable companies regularly demanded exclusive landing rights in foreign countries, and in many cases obtained them. The Atlantic Telegraph Company, for instance, secured the concession of monopoly landing rights in the British colony of Newfoundland in 1854. These rights were acquired by its successor, the Anglo-American Telegraph Company, in 1865, and were thus available to the first two trans-Atlantic cables when they opened for commercial traffic the following year. Neither the United States nor Britain nor the Dominion of Canada (which came into being in July 1867) was prepared to grant exclusive landing rights, and the United States went further by refusing landing rights to firms until or unless they renounced any monopoly rights they possessed at the opposite end of their cable. But with Canada standing between the United States and Newfoundland, the US government was not in a position to object to the Anglo-American Company's monopoly in Newfoundland.[13] The monopoly gave the Company the shortest route across the Atlantic, and as the speed of transmission on a cable declined in proportion to its length, it made the Company's cables relatively more efficient than those of their competitors. When Canada attempted in 1874 and again in 1875 to adopt the American policy and insist upon the elimination of the Company's exercise of monopoly rights in Newfoundland, the British government protected the Company by recommending that the Crown should refuse Royal assent to the relevant Canadian government legislation.[14] This monopoly was still in place in 1901 when Signor Guglielmo Marconi erected an aerial in Newfoundland to receive the first trans-oceanic radio signal. The Anglo-American Telegraph

---

[13] The Economist, 29 August 1874, pp. 1048f.
[14] The Economist, 6 March 1875, p. 276.

Company asserted its monopoly rights to foreign communications in Newfoundland, forcing Marconi to dismantle his aerial and decamp to a more remote site on Cape Breton Island, Nova Scotia, some thousand kilometers to the west.[15]

In China, the Philippines, Brazil, Argentine and other non-British parts of the world, British firms were first on the scene and managed to negotiate exclusive landing rights. Many of the concessions were for 25 years duration, some for much longer. The Western Telegraphic Company in 1873 obtained an exclusive concession from the Brazilian government for 60 years.[16] Elsewhere, even when a formal monopoly was refused, the cable firms occasionally managed to obtain the same result by other means. In Australia, for instance, the colonial governments of Western and Southern Australia agreed to erect and maintain at their own expense the extremely long land lines needed to link up with the Eastern Company's cable that landed in the north at Port Darwin.[17] This gave the two governments a stake in the future of the system, and thus when a project was promoted in the 1880s to lay another cable in competition with the Eastern Company's line, these governments refused to join the other Australasian colonies in backing it. The difficulty of breaking the Eastern Company's monopoly was made the greater by the close links that were forged between the Company and the local press in Australia. With the encouragement of the Company, a cartel was created of the leading newspapers in the colonies, whose members received a regular supply of British and foreign news at rates so low that other newspapers could scarcely compete with them. It almost goes without saying that in return the newspapers within the cartel offered little criticism of the cable company's monopoly pricing policy, which affected other users more than them.[18]

Being the first mattered greatly at a time when the technology of cables was uncertain, the risks were high and the routes for the most part did not seem likely ever to generate high profits. Here a legal monopoly was often secured, and if not a legal monopoly often a practical one because competitors were reluctant to venture into the limited market. However, being first mattered less on the busy routes where high potential profits created a stronger pull on competitors. On the relatively short routes along or across the Mediterranean, for instance, where jurisdiction was shared by several

---

[15] Barty-King, Girdle Round the Earth, p. 131.

[16] W. Dover, Western Telegraph Company, to F.J. Brown, 7 May 1918, General Post Office Archives (GPO), POST 33/1091, M8539/1923, f. iii.

[17] The line from Port Darwin to Adelaide, capital of South Australia, was over 3,150 kilometers long. Sen. Staniforth Smith to Sir William Mulock, 5 October 1904, National Archives of Canada (hereafter NAC), RG3, vol. 628, f. 65162.

[18] D.H. Ross to Sir W. Mulock, 8 April 1905, NAC, RG3, vol. 683, f. misc. docs.; D.H. Ross to W. Mulock, 26 May 1905, NAC, RG3, vol. 628, f. 65162.

countries, no monopoly was possible and the cost of entry was small enough to attract numerous competitors.[19] On the north Atlantic route, the Anglo-American Telegraph Company's Newfoundland monopoly was not enough to discourage competitors for more than a few years. The French competitor who entered the field in 1869 had to lay a considerably longer and thus less efficient cable to St. Pierre. It was thus vulnerable to the predatory pricing tactics of the Anglo-American Company, which forced the French firm into a merger within two years, whereupon the British monopoly was restored. The British Company employed similar tactics when the British-owned Direct US Cable Company entered the field in September 1875. But Western Union, the American firm controlled by the financier Jay Gould which entered the field in 1881, was more robust than its French predecessor, and forced the British firm to accept a purse-sharing agreement on mutually acceptable terms. By the turn of the century other entrants had established themselves on the north Atlantic route, and despite the rapidly increasing demand for high-speed communications had driven transmission charges sharply downwards. The initial rate in 1866 had been £20 for twenty words. By 1888 the rate had fallen to 1s. per word, one-twentieth the initial rate, where it remained until the first world war. In fact, even this understates the decline since by the latter date commercial firms, which were the great users of the cables, almost invariably used codes that enabled their messages to be concentrated in 'words' that reduced the length of messages by an average of two-thirds.[20]

III

Britain, however, gained more from its possession of the largest, most comprehensive network of cables in the world than from being first in the field. The benefits may be treated under five headings:
- revenue gains
- the stimulus to technology and industry
- commercial and financial market efficiency gains
- contributions to Imperial defence
- the promotion of Imperial unity.

To start with the generation of revenue, there is no doubt that the possession of cables made Britain a richer and hence more powerful country. In 1873 only six cable companies in the world were as yet profitable, but of them five were British-owned. The nominal capital value of the five was £6 million, and their distributed profits were just under £400,000 (with a sizeable sum retained in reserves).[21] By 1898 some £50 million had been in-

---

[19] The Economist, 8 March 1873, p. 275.

[20] Rodolph Lemieux to Earl Grey, 13 January 1910, NAC, RG3, vol. 627, f. 65162; H.M. Collins, From Pigeon Post to Wireless, London 1925, p. 64.

[21] The Economist, 8 March 1873, p. 275.

vested in submarine cables, of which over two-thirds were British owned.[22] And by 1913 the world cable network was half as large again, with the British share still well over half the total.[23] Reliable statistics on total revenues are not available, but it is worth noting that in 1913 the revenue of the two principal companies in the Eastern group amounted to £2.3 million.[24] Since together they owned approximately a half of all British-owned cables, and since their operating costs were between a third and a quarter of their revenues, it seems likely that the net earnings of British cables that year amounted to perhaps £3 million. And since inward traffic was balanced by outward traffic, one half this amount constituted overseas earnings. Besides the cable operating firms, Britain dominated the cable construction, laying and maintenance industry. Until the 1880s, when the French established a national capability, only Britain possessed the know-how and engineering resources to make cables, and even in 1913 most of the world's cables were still made in Britain and serviced by British firms. Telcon, the firm associated with the Eastern Company through the Pender family, at the turn of the century was alone responsible for constucting and laying two-thirds of the world's cables. At the turn of the century its net profits reached £154,000, a sizeable fraction of it earned abroad.[25]

The second form of benefit, namely the stimulus the cable business gave to British technology and industry is more difficult to assess. Telcon at the turn of the century employed several hundred engineers as well as operating ten of the world's forty-two cable laying and repair ships.[26] The British cable operating firms employed several hundred engineers and technicians of their own. Leading members in 1871 formed the Society of Telegraph Engineers, which encouraged technical innovation, welcomed the membership of all engineers with an interest in electrical applications, and in 1889 changed its name to the Institution of Electrical Engineers. The industry gave rise to at least two good quality periodicals: *The Electrician*, a weekly journal begin in 1861, which advertised itself as 'the oldest electrical journal in the world', and the *Telegraphic Journal*, later renamed the *Electrical Review*, a monthly later published fortnightly which began in 1872.[27] Several of the British firms in the industry had already made modest direct contributions to science when John Pender, by now knighted for his achievements in cable communications and known as the 'Cable King' died in 1896. As a memorial the

---

[22] Bright, Submarine Cables, p. 163.
[23] Headrick, Invisible Weapon, tables pp. 94, 199.
[24] Barty-King, Girdle Round the Earth, pp. 170f.
[25] The Economist, 23 February 1901, p. 297. On the role of Telcon, see G.L. Lawford and L.R. Nicholson, The Telcon Story, 1850-1950, London, 1950.
[26] Bright, Submarine Cables, p. 161.
[27] Bright, Submarine Cables, pp. 181f.

Eastern group of companies endowed the Pender laboratory at University College London and the Pender chair of electrical engineering, along with more modest endowments at Glasgow University.[28]

The third benefit, the contribution of cables to the development and efficient working of commercial and financial markets, may well have been the most important. The City of London, it is true, was already thriving when the Dover-Calais cable opened for traffic in 1851. However, in subsequent decades it grew by leaps and bounds, becoming by 1914 the mercantile-financial capital of the world. This coincides with the period when the world was unified by a cable network centred on London, and not surprisingly because the cables transformed the operation of international markets to the benefit of the City. Before telegraphs and cables were introduced it took a London merchant six months to get an answer to a letter sent to Calcutta or Bombay. Once the direct cable link was established an answer could be obtained within six hours.[29] The effect of this speeding up of overseas communications was to reduce the element of risk in commercial and financial transactions and the margins required to safeguard against loss. This reduced the transactions costs and produced a dynamic – not merely a one-off – effect upon international trade and commerce, of which London was the chief beneficiary. It also reduced the role of middlemen operating in local markets, and tended to concentrate transactions in the lowest cost market: the market with access to the most up-to-date information, which was London. In part for these reasons, the various markets that made up the City of London all grew enormously in this period. The conventional way of determining the value of cables to the City is to assume that it is equivalent to the actual expenditure upon cable communications. As commercial messages comprised at least 80 percent of the total cable traffic, half of which originated in Britain and over a quarter in the City of London, the value at the turn of the century might have been very approximately £1,00,000 (and the value for British commerce and finance as a whole nearly twice this amount). But this understates the real value of cable communications for London, which includes the dynamic effects upon international trade and commerce, and the revolutionary effect upon the organisation of markets world-wide. Whatever figure may be put on this, there seems little doubt that cables were of central importance to the ascendancy of the City of London in world commerce and finance before the First World War.[30]

---

[28] Barty-King, Girdle Round the Earth, p. 108.

[29] Bright, Submarine Cables, p. 171.

[30] Remarkably neither the older economic histories, such as Sir John Clapham, An Economic History of Modern Britain, III: Machines and National Rivalries, 1887-1914, Cambridge 1938, nor newer histories such as R. Floud, D. McCloskey (eds.), The Economic History of Britain since 1700, Cambridge 1994, or P.J. Cain, A.G. Hopkins, British Imperialism: Innovation and Expansion, 1688-1914, Harlow Essex,

The fourth benefit, that of enhancing Imperial security and defence, was possibly comparable to the third. At the time the first oceanic cables were being laid it was a commonplace to claim that they would conduce to the general peace of the world by accelerating the dissemination of knowledge and thus remove the ignorance that generated international mistrust and conflict. There is no question that cables contributed to the speed-up of news distribution. Even as late as the American Civil War in the 1860s, news of the conflict and decisions by the two warring parties took at least four weeks to reach European capitals. At the same time news took at least six weeks to reach India or be received in London from the sub-continent. The cables, by transmitting information in as many hours as it took weeks before their introduction, ensured on the face of it that decision-makers in the major capitals could respond to overseas developments with the benefit of more relevant knowledge and hence in a more effective way. The actual effect of cables was however more ambiguous. In some cases the availability of up-to-date knowledge strengthened the hands of the Imperial authorities in London. This was the case in the Afghan campaigns of 1878, 1879 and 1880, and in the negotiations with the Boer leaders in the Transvaal. But in other cases, the existence of cables appears to have strengthened the hands of officials overseas, rather than their masters in London, and scarcely to have improved the quality of decision-making. This appears to have been so in the South African crisis, where Sir Alfred Milner, High Comissioner and Governor of the Cape Colony, adopted an aggressive posture towards the Boers, and government ministers in London, obliged to rely upon the picture of events that he presented to them through his telegrams, had little alternative but to support his diplomatic moves.[31]

With the cables came organised news services and, almost inevitably, a London-based firm in the forefront. This was Reuters, which transfered its operations from Brussels to London almost coincidentally with the construction of the Dover-Calais cable.[32] The quality as well as the quantity of overseas news generated by Reuters was of a different order of magnitude from that which British newspapers had carried in earlier decades. Reuters also contributed, through the influence of its largely British staff, to the dissemination of an essentially British view of world affairs.[33] But whether the acce-

---

1993, discuss the role of international high-speed communications on the rise of the City or British economic growth.

[31] Barty-King, Girdle Round the Earth, p. 72; R.V. Kubicek, The Administration of Imperialism: Joseph Chamberlain at the Colonial Office, Durham N.C., 1969, p. 109.

[32] To be precise, one month before the cable opened on 13 November 1851. G. Storey, Reuters' Century, 1851-1951, London 1951, p. 13.

[33] By the first world war Reuters' managing director was Sir Roderick Jones, who saw Reuters' function as one of propagating British values. J. Fenby, The International News Services: A Twentieth Century Fund Report, New York 1986, p. 45.

lerated and increased dissemination of news or the promotion of a British view of the world contributed significantly to the reduction of conflict and the enhancement of British security interests, it is impossible to say.

A more obvious way in which submarine cables enhanced British security was the contribution they made to the projection of British military power. The British government took an interest in cables almost from their inception on account of their potential strategic value. The outbreak of the Crimean War in 1854 prompted the government to finance the erection of a land line from Bucharest, the terminus of the Austrian state telegraph line, to Varna on the Black Sea, and the laying of a temporary cable to the Crimea. The Indian mutiny of 1857, when the local British commander regained control with the aid of a telegraph line, underlined the value of high-speed communications as well as the fragility of British Imperial control. Shortly afterwards, the British government entered into an ill-judged commitment to a commercial scheme of laying a cable through the Red Sea to India. After having its fingers badly burnt by the project, the government preferred to leave further cable development strictly to commercial enterprise, which by this time scarcely needed public inducements. By 1870 the principle had been established that the government would grant no subsidy for a submarine cable unless the cable was absolutely essential for the security of the Empire and would not be constructed in the absence of a public subsidy. In the 1870s and 1880s, a period of international stability, the official British attitude towards strategic cable requirements was marked by complacency.[34] It was only in the 1890s, when serious challenges emerged to the international order, that official attitudes decisively changed. Some writers suggest that a 'virtual fetish' for 'all-Red' or British controlled cables now emerged, but this overstates the case.[35] Only a few short cables were laid with state subsidies for strategic purposes. As for the Pacific cable project, the decision to provide a modest subsidy in the form of a Treasury loan on near commercial terms was agreed in December 1900 only after years of prevarication and

---

[34] The Report of the Oversea Defence Committee, 21 November 1879, for instance, scarcely touches upon the place and importance of overseas or international communications as a factor in Imperial defence. PRO, Cabinet Papers (CAB) 11/81. The Carnarvon Report, or to give it its full title, The Third and Final Report of the Royal Commissioners appointed to inquire into the Defence of British Possessions and Commerce Abroad, 22 July 1882, made regular reference to communications, but generally equated them with shipping routes rather than the new generation of high-speed communications. PRO, CAB 7/4. The first clear indication of a change in official attitudes appears in the War Office statement to the Cabinet Defence Committee, 23rd meeting, no.11, 5 July 1887. PRO, CAB 7/7.

[35] P.M. Kennedy, Imperial Cable Communications and Strategy, 1870-1914, English Historical Review 86 (1971), p. 735.

then with the greatest reluctance.³⁶ At the same time the competitiveness of British-owned cables on the north Atlantic route was undermined by the two American firms which controlled the collection and distribution of messages within the United States, and in April 1911 the Anglo-American Telegraph Company leased it cables to Western Union, leaving all sixteen cables on the route in American, French or German hands.³⁷ This was a remarkable development: the abandonment of British control over this vital route and a decisive blow to the notion of an all-Red global system. Yet the British government made no move to forestall it.

The importance of submarine cables to British Imperial security had become increasingly evident towards the turn of the century. During the Fashoda incident in 1898 General Kitchener had the advantage over Major Marchand of access to the sole telegraph cable link with the outside world, through which he was able to create the impression that Marchand's predicament left him no choice but to capitulate.³⁸ Two years later cables again proved valuable during the Boxer rebellion in China.³⁹ As military experts now appreciated, the ability to send messages to overseas bases in the event of war virtually eliminated the risk of surprise. They also enabled Britain's naval forces to be brought to bear upon an enemy much more quickly than would otherwise have been possible, effectively increasing Britain's naval strength, according to one recent estimate, by a factor of two or three.⁴⁰ By 1914 other powers including Germany controlled a substantial network of submarine cables. But none had the density and breadth of networks that Britain had and thus the virtual invulnerability to disruption. Nor as yet was long-distance radio an effective substitute. British authorities only fully recognised the strategic value of cables when it was brought home to them in the first world war. It was, for instance, only then that they regarded the Pacific cable as of vital strategic importance. Even so, the cables contributed very substantially to the defence of British interests overseas.

The fifth and final benefit, that of drawing the far-flung parts of the British Empire into a closer union, was commonly regarded at the time as the greatest contribution of the new technology: hundreds of speeches were devoted to extolling the Imperial value of the various cables. It is certainly true that Britain's overseas possessions were drawn closer to one another

---

³⁶ Of the ministries of state involved in the decision, only the Colonial Office was enthusiastic.

³⁷ 'Atlantic Cable Arrangements', Manitoba Free Press, 7 January 1911, copy in NAC, RG3, vol. 678, F. 108009-2.

³⁸ Headrick, Invisible Weapon, pp. 84f.; Barty-King, Girdle Round the Earth, pp. 125f.

³⁹ Barty-King, Girdle Round the Earth, p. 124.

⁴⁰ J. Cell, British Colonial Administration in the Mid-19th Century: The Policy-Making Process, New Haven, Conn., 1970, p. 220.

insofar as distances were annihilated by the speed of communications. Until the advent of the cable, newspapers in Delhi, Lucknow, Auckland, Victoria, Montreal and Toronto were condemned to printing news from London that was already one or two months old. Once the cables were introduced, news could appear in the colonial press almost as fast as in the provincial press of Britain itself. Further grounds for accepting the claim derive from the fact that by the 1890s, the decade when the British-owned cable system was virtually completed, the idea of Imperial unity became the subject of unprecedented public interest. Charles Bright, son of the chief engineer of the first successful Atlantic cable and a leading authority in his own right, drew the connection in his history of 'submarine telegraphs' in 1898:

> The "Little England" idea [he wrote] is practically dead as a door nail. In its place, we hear on all sides of Imperial Federation and Inter-Colonial Federation schemes, of a Pan-Britannic Zollverein or Customs Union between the United Kingdom, its self-governing colonies, and India. These movements may end in some form of British Imperial Federation. They may even lead ...to the constitution of ... a true Pan-Anglican Federation – embracing all the "free" communities in the different parts of the world which ...are naturally united by the common bonds of the English language. ...In a work like this, partly written for the rising generation of telegraphists in all these countries... it does not seem out of place to refer to such possibilities – especially as the extension of submarine telegraphy is doing more, perhaps, than any other single movement in the world to render their eventual realisation possible.[41]

Bright may have been correct to draw the connection. But it is difficult to distinguish the contribution of the cables from that of other factors in the generation of this imperialist mood. Besides, despite the fact that access to cables greatly increased with the reduction of transmission rates, the imperialist mood subsided after the turn of the century. Moreover, as will be seen, the influence of the cables upon Imperial relations was by no means all in one direction.

IV

To read old accounts of overseas telegraphy, it must seem that the consequences for Britain and the British Empire were wholly benign. But as with any assessment of the wider consequences of technical innovation, consideration must be given to the costs as well as the benefits, and in the case of the cables it seems clear that the costs were far from negligible. In the first place, the cost of being the first in the field and devoting resources to what became the largest network in the world was to become dangerously wedded to the relevant technology. Britain was responsible for much of the

---

[41] Bright, Submarine Cables, p. 170.

initial technical innovation including the design of cables, the development of protective sheathing, the invention of effective grappling and lifting gear, automatic relays and the duplex method of transmission whereby signals could be sent simultaneously in opposite directions along the cables, thus nearly doubling their capacity.[42] But the firm that dominated the British industry, the Eastern and Associated Telegraph Company, gradually came to adopt a complacent view of its own operations and devoted relatively trifling amounts to research and development. Its response to the advent of radio was, as mentioned, characterised by suspicion and hostility; on at least one occasion it sabotaged an experiment by Marconi.[43] The British government was also relatively indifferent about the new 'wireless' technology. On the eve of the first world war it operated only two transmitters, one at Leafield England, the other in Egypt. And whereas government advisers had made careful plans to defend cable landings and destroy enemy cables in the event of war, they failed to consider enemy radio transmitters even as potential targets.[44] Marconi himself was disappointed with the lack of interest in his inventions in London and looked elsewhere, finding investors in New York and Montreal more enthusiastic.[45] As a result Britain never secured the pre-eminent place in the field of radio telegraphy that it had gained in cable communications, and it soon found itself challenged in this new field by Germany and the United States.

The defensive mentality that discouraged the development of radio in Britain also led to confrontation with Germany over cable policy. This began in 1894 when a German request to land a cable from Emden on the Essex coast for relay direct to Ireland and America was refused. This was a reversal of Britain's traditional policy of welcoming all cable landings on the assumption that ownership mattered little if one end was on British soil, and further that all cables, regardless of ownership, contributed to London's supremacy as the communications capital of the world.[46] The decision to break with this policy appears to have been taken by the Post Office, which issued landing permits on behalf of the state, on essentially protectionist commercial grounds: to protect revenues of the North Sea cables that had recently reverted to public ownership, to protect the Eastern Telegraph Company from state-subsidised competition, and above all to protect the City of London from the diversion of communications away from it to a possible new center

---

[42] Brown, The Cable and Wireless Communications of the World, pp. 53, 57-59, 63-66 and passim.

[43] P. Heenan, Cable and Wireless, International Dictionary of Company Histories, V, London 1992, p. 282.

[44] F. Donaldson, The Marconi Scandal, London 1962, p. 240; Headrick, Invisible Weapon, p. 132.

[45] Barty-King, Girdle Round the Earth, pp. 131f.

[46] For many years a government landing permit cost £1.

in the Azores. As the Secretary of the Post Office put it, the German cables would diminish Britain's standing as 'the centre of the Telegraph system of the World...and would thus deprive the mercantile community in this country of a part of the advantage which they at present enjoy.'[47] There is little evidence of an anti-German motive, but nevertheless it had the effect of offending the German authorities who, in light of other developments, treated it as a deliberate affront to their independence. Perhaps it was inevitable that Germany at this time would adopt a nationalist communications policy. All the same, Britain, as the near monopoly controller of high-speed communications to large parts of the world, should have been sensitive to the impact of a change of policy on landing rights upon Germany and other countries dependent upon its network. Since the 1880s France had been actively pursuing independence from Britain in the manufacture and operation of cables. The change in British policy immediately provoked Germany to follow suit. By 1900 it had secured an independent route to the United States via the Azores, and was actively planning links with West Africa and South America. Thus an administrative decision provoked commercial rivalry that fed into political and military rivalry and ultimately to the crisis of 1914. Such a cost is virtually impossible to quantify and it is probably useless to try. All the same it is difficult to believe that it was small.[48]

A similar conclusion may be drawn in assessing the costs of cable supremacy on intra-Imperial relations. As mentioned already, contemporaries commonly assumed that submarine cables would tend to increase mutual awareness within the Empire which in turn would strengthen Imperial solidarity: immigrants in the overseas colonies would remain British in outlook, unity of purpose would be ensured, and implicitly the authorities in London would remain able to bring to bear the power of the Empire in the pursuit of British objectives. Arguably, however, the cables did none of these things: rather the reverse.

To take the last claim first, the underlying feature of intra-Imperial relations in the half century before the first world war was the steady drift towards colonial self-government. There was indeed a great deal of talk of Imperial federation or unity, especially in the last two decades of the nineteenth cen-

---

[47] J.C. Lamb memorandum, 26 October 1894, GPO, CO 42/874, f. 2827. Headrick rejects the suggestion that the Post Office was seeking to protect the Eastern Company's interests. But see the minute by John Anderson, 18 November, 19 November 1898, PRO, CO 42/866, f. 25853. In the words of Lord Selborne a few years later, 'The G.P.O. fairly amazes me more and more. They do not mind any amount of important cable routes falling into foreign hands so long as the sacred principle is maintained of no competition by HMG, direct or indirect, with the Eastern Telegraph Company.' Minute, 13 February 1900, PRO, CO 42/877, f. 4213.

[48] C. Lesage, Les cables sous-marins allemands: la rivalité Anglo-Germanique, Paris 1915, p. 52.

tury. But from the standpoint of the settler colonies at least, it was to be a federation of equals. Cables or no cables, the capacity of the Imperial government to impose its will over the whole of the Empire thus met steadily greater resistance from the colonial governments. For instance, at the same time as the clamour for Imperial unity began in earnest, Canada, the pacesetter among the colonies, insisted upon establishing a formal representative to the Imperial government analogous to a diplomatic mission. The British government vigorously resisted this development, which would mark out Canada as a distinct legal entity, and made difficulties over the proposed title of high commissioner, favouring the more modest title of agent or agent general. But when Canada insisted the Imperial government gave way, and other Dominions followed Canada's lead when they came into being.[49]

The effect of high-speed cable communications upon this trend is far from clear. In the latter part of the nineteenth century Canadians visiting London found Englishmen remarkably indifferent to events in Canada or elsewhere in the Empire. By now the means existed for nearly instantaneous transmission of news, yet the British newspapers largely ignored Imperial developments: so far as an Imperial consciousness was concerned, it was almost as if the submarine cables had never been invented.[50] As for Canada, its continuing dependence upon Britain for security and the continuing arrival of large numbers of British immigrants meant inevitably that there was relatively more interest in news from the 'mother country'. The cables went some way to satisfy this demand. But far more striking is the extent to which Canada's overseas news, transmitted by the cables, was filtered through American sources. The telegraph had reached central and western Canada from the United States in 1847, and the US news agencies or 'wire services' followed shortly afterwards.[51] When the trans-Atlantic cable reached North America in 1866, Canadian newspapers had already well-established relations with the American wire services and found it advantageous to continue purchasing their American and overseas news from them.[52] Cable transmission costs remained high for several decades, and press reports, unlike commercial messages, were normally sent 'en clair' rather than in a condensed code. Wire services, permitted by the telegraph or cable companies to spread the costs among a large number of newspaper subscribers, had a tremendous advantage over independent news gathering methods. The practical conse-

---

[49] D. Creighton, John A. MacDonald, II: The Old Chieftain, Toronto 1955, pp. 269-280.

[50] As the great champion of cables and Imperial unity, Charles Bright, wrote in 1909, 'it is to be feared that the genuine concern amongst the electorate [in Britain] regarding Imperial matters does not in reality amount to much.' C. Bright, Imperial Telegraphic Communications, London 1911, p. xxiii.

[51] History of Telegraphs in Canada, n.d., NAC, RG3, vol. 678, f. 108009.

[52] P. Rutherford, The Making of the Canadian Media, Toronto 1978, p. 18.

quence for Canada was that foreign news was cheaply available and the operations of the cartel on the Atlantic cable route attracted little criticism in the press, but at the cost of an increasing tendency to view the world through American rather than British eyes.[53]

This was not the only instance of submarine cables weakening rather than strengthening Imperial ties. In the case of the seven Antipodean colonies (Queensland, New South Wales, Victoria, Southern Australia, Western Australia, Tasmania and new Zealand) the arrival of the cable in 1872 was a mixed blessing. On the one hand it reduced their isolation and facilitated trade and commerce; on the other, it failed to serve the wider public interest on account of the extremely high transmission rates that were charged. The rate established shortly after the route opened was 9s 4d a word, or £9 6s 6d for 20 words, where it remained for the next twenty years. This was equivalent to a month's wages for an ordinary worker, which virtually ruled out its use as a means of maintaining personal or family ties, and limited it to business or official purposes. Colonists were annoyed on account of the fact that the rate per kilometer was considerably higher than on international routes where competition existed, and to add to their frustration the Imperial government seemed utterly indifferent to their predicament. In 1880 the Canadian railway engineer, Sandford Fleming, succeeded in interesting the Canadian government in a project to span the Pacific with a cable, once their trans-continental railway reached the Pacific coast of the country. Canadian supporters of the cable project saw it as a means of repositioning their country from the outer edge of the British global communications system to its centre.[54] Australian and New Zealand supporters saw it as an alternative to the Eastern Company's service or as a means of forcing it to reduce its rates. However, Sir John Pender and officers of the Eastern Company confidently declared the seabed of the Pacific to be unsuitable for cables. The Admiralty professed to see little strategic value in the cable and refused to undertake a survey.[55] And the Post Office opposed the project for almost precisely the same reason that Canada promoted it: because a Pacific cable would damage the City of London by eliminating its advantage over American markets, of faster access to the markets of the East.[56] As a result, Fleming's campaign dragged on for twenty years until in 1901 the Imperial government finally agreed to support the project, and the following year the Pacific cable was

---

[53] Rodolph Lemieux to Earl Grey, 13 January 1910, NAC, RG3, vol. 627, f. 65162-4; statements by Arthur Meighen and Vincent Massey, 5 July 1921, PRO, CAB 32/2 Part 1, E.16th meeting.

[54] Abstract of documents, n.d., NAC, Fleming papers, MG29 B1, vol. 103, f. 36.

[55] Euan McGregor to Under Secretary of State, Colonial Office, 4 June 1894, PRO, CO 42/841, f. 11931; Sandford Fleming to Israel Tarte, 1 July 1899, NAC, RG3, vol. 683, f. misc. docs.

[56] Arnold Morley to Lord Ripon, 12 June 1894, PRO, CO 418/2, f. 10,242.

laid. By then the prospect of competition had led the Eastern Company to halve its London-Australia rate and improve services to Australia.[57] But the long accumulating frustrations had left their mark. The Pacific cable was the only commercial venture ever undertaken jointly by Britain and its colonies. Subsequently, Canada and the Australasian countries kept clear of any joint Imperial ventures, and whenever possible insisted upon national control of communications.

V

From the foregoing analysis it should be clear that the benefits for Britain of being preeminent in the field of submarine cables were perhaps more substantial than is usually assumed, but were also accompanied by substantial costs. Control over a vast network of cables probably contributed importantly to Imperial defence before the war and the country's survival once the war began. Possibly it contributed even more decisively to the pre-eminence of the City of London as the mercantile-financial capital of the world. The City was comprised of a number of markets, which the cables made more efficient and larger in their volume of business. Thus the cable network strengthened the British Empire through its contribution to defence and commercial enterprise. But it did less to draw the Empire together politically or socially than was widely anticipated at the time; and indeed, in several respects it may actually have hastened a loosening of bonds. Since at the same time cables made Britain more dependent upon the activity of the City, which was always more international than Imperial, it seems probable that on balance the cables enriched Britain while being mildly subversive of its role as the head of a world empire.

---

[57] Sandford Fleming to Joseph Chamberlain, 28 October 1898, NAC, Fleming papers, MG29 B1, vol. 109, f. 4.

DIE ROLLE DES TELEFONS IN DER KOMMUNIKATIONS-REVOLUTION DES 19. JAHRHUNDERTS

von

Horst A. Wessel

Die Bezeichnung "Kommunikationsrevolution" setzt voraus,
a) daß die Kommunikation – Bedarf und Systeme – im Betrachtungszeitraum starken Veränderungen unterworfen war, die zudem auch noch innerhalb verhältnismäßig kurzer Zeit erfolgten, und
b) daß das Telefon dabei eine Rolle gespielt bzw. eine derartig stürmische Veränderung sogar bewirkt oder getragen haben könnte. Ersteres darf mit Verweis auf die Ergebnisse der anderen Beiträge zum 19. Jahrhundert vorausgesetzt werden; die Analyse der Rolle des Telefons in diesem Prozeß ist Aufgabe dieser Betrachtung. Dabei werden wir
1. die Entwicklung des Fernsprechwesens in der Innovations- und in der Diffusionsphase darstellen,
2. die Unterschiede im Vergleich der Staaten in vier Kontinenten herausarbeiten und dabei
3. nach den Gründen für die Entwicklungsunterschiede forschen.

Ohne Zweifel ist die Entwicklung des Fernsprechwesens in den Jahren bis zum Ausbruch des Ersten Weltkrieges überaus dynamisch verlaufen. Kaum eine bedeutende Erfindung hat eine derart kurze Spanne zwischen Invention und Innovation aufzuweisen; und keine hat eine derart rasche Verbreitung über fast den gesamten Erdkreis gefunden wie das Telefon. Wenn wir die Arbeiten von Philipp Reis und Charles Bourseul[1] einmal außer acht lassen, weil sie ohne direkte praktische Wirkung geblieben sind, so sind von der Aufnahme der systematischen Suche nach dem "Harmonischen Telegra-

---

[1] E. Horstmann, 75 Jahre Fernsprecher in Deutschland, 1877-1952. Ein Rückblick auf die Entwicklung des Fernsprechers in Deutschland und auf seine Erfindungsgeschichte, Berlin 1952, S. 19-51; W. Klein, Pioniere des Fernsprechwesens, Archiv für deutsche Postgeschichte 1977, H. 1, S. 4-8; Der Musiktelegraph, Die Gartenlaube 1863, S. 808 ff; H. Heiden, Rund um den Fernsprecher. Ein Buch über das Wesen, Werden und Wirken unseres volkstümlichsten Nachrichtenmittels, hg. von Siemens & Halske, Berlin 1938; A. Kloss, Von der Electricität zur Elektrizität. Ein Streifzug durch die Geschichte der Elektrotechnik, Elektroenergetik und Elektronik, Basel-Boston-Stuttgart 1987, S. 135-143.

fen" im Jahre 1875 durch Graham Bell bis zur Patentanmeldung am 14. Februar 1876, der Vorführung des Telefons auf der Weltausstellung in Philadelphia und schließlich dem ersten Ferngespräch am 9. Oktober desselben Jahres nur Monate vergangen.[2] Bis zur wirtschaftlichen Nutzung des Telefons hat es nicht die für die meisten Erfindungen errechneten 15 Jahre gedauert: Bereits im Jahre nach der Erfindung wurde das erste brauchbare und betriebsfertige Gerät vorgestellt und eingesetzt. Die weiteren Erfindungen, auch die des Mikrofons, brachten nur noch Verbesserungen einer in ihrer grundsätzlichen Bedeutung vergeblich angefochtenen Basisinnovation.[3]

1. Das Telefon in der Innovationsphase

In Nordamerika ist die entscheidende Erfindung gemacht worden, und in Nordamerika ist sie auch zuerst eingeführt worden. Am 18. Januar 1878, rd. ein Vierteljahr nach dem ersten – privaten – Ferngespräch, wurde in New Haven/Connecticut die erste öffentliche Fernsprech-Vermittlungsstelle der Welt in Betrieb genommen. Bis zum November desselben Jahres folgten elf weitere Fernsprechvermittlungen.[4] 1879 waren in New York bereits 4.000 Sprechstellen angeschlossen, in San Francisco 2.000, in Chicago 1.200 und in Cincinnati 800.[5]

In Kanada wurde die erste Fernsprechvermittlung am 18. Juli in Hamilton/Provinz Ontario eröffnet. Dabei ist zu berücksichtigen, daß Graham Bell zu dieser Zeit noch nicht U.S.-Bürger, sondern Anglo-Kanadier war und seine Eltern im kanadischen Brantford lebten. Dort hatte der Erfinder auch seine Patentschrift formuliert und am 10. August 1876 seine ersten Versuche gemacht.[6]

Bemerkenswert früh wurde das Telefon in Brasilien eingeführt. Nach ersten Experimenten entstanden im Jahre 1878 insgesamt vier private, unabhängig voneinander arbeitende Anlagen in Rio de Janeiro. Im darauffolgenden Jahr gingen die ersten öffentlichen Fernsprechvermittlungsstellen in Betrieb.[7]

---

[2] Horstmann, 75 Jahre Fernsprecher, S. 83-98; Klein, Pioniere, S. 8-10; Kloss, Von der Electricität, S. 143f.

[3] Horstmann, 75 Jahre Fernsprecher, S. 133-136; Klein, Pioniere, S. 13; G. Basse, Die Verbreitung des Fernsprechers in Europa und Nordamerika, Archiv für deutsche Postgeschichte 1977, H.1, S. 93; Kloss, Von der Electricität, S. 146f.

[4] Basse, Die Verbreitung, S. 96f.

[5] E. Müller-Fischer, O. Brauns-Packenius, Zeittafel zur Geschichte des Fernsprechers 1851 bis 1945, Archiv für deutsche Postgeschichte 1977, H.1, S. 22.

[6] Basse, Die Verbreitung, S. 101.

[7] R. Cabral, Multinationale Fernmeldekonzerne und die Anfänge des brasilianischen Telefonwesens. Theoretische Überlegungen über das Verhältnis von Technologie zu internationalen Beziehungen, J. Becker (Hg.), Fern-Sprechen. Internationale Fernmeldegeschichte, -soziologie und -politik, Berlin 1994, S. 226-242; vgl.

In Europa gehörten Großbritannien[8] und Frankreich[9] zu den Staaten, die zuerst das Telefon als eigenständiges Kommunikationsmittel einsetzten – allerdings mit einer zeitlichen Verzögerung im Vergleich zu Nordamerika und auch zu Brasilien. Zwar waren in Großbritannien bereits 1877 Versuche mit dem Bell-Telefon gemacht worden, denn Anfang Oktober des genannten Jahres überreichte der Leiter des Londoner Telegrafenamtes ein Paar Geräte dem deutschen Generalpostmeister, aber die erste Vermittlungsstelle wurde erst im August 1879, und zwar mit zehn Teilnehmern in London, in Betrieb genommen. Die Franzosen erlebten gemeinsam mit den Besuchern der Weltausstellung von 1878 das "Wunder des Fernsprechens". Im darauffolgenden Jahr wurden Konzessionen für die Einrichtung von Fernsprechanlagen in Paris, Lyon, Marseille, Bordeaux, Nantes und Lille erteilt. 1879 bestanden weltweit in 20 Städten öffentliche Fernsprecheinrichtungen.[10] Zur nächsten Gruppe gehörten Belgien[11] und Norwegen.[12] In Belgien war, nach Versuchen im Jahre 1877, zwei Jahre später die erste private und 1880 in Brüssel die erste öffentliche Anlage fertiggestellt worden. In Norwegen konnte in dem zuletzt genannten Jahr der fernmündliche Gedankenaustausch in den Netzen von Oslo und Drammen aufgenommen werden.

---

auch G. Basse, Die Verbreitung des Fernsprechers in Lateinamerika, Afrika und Ostasien, Archiv für deutsche Postgeschichte 1978, H.1, S. 24-93.

[8] Basse, Die Verbreitung, S. 62-66; F. G.C. Baldwin, The History of the Telephone in the United Kingdom, London-New York 1925; H. R. Meyer, Public Ownership and the Telephone in Great Britain, London 1907; M. J. Josten, Strukturreform der Telekommunikation in Großbritannien, Becker (Hg.), Fern-Sprechen, S. 343-358.

[9] Basse, Die Verbreitung, S. 69-71; H. Bakis, Aux débuts de la commutation téléphonique (1876-1928), Cahiers du Centre de Recherches et d'Etudes sur Paris et l'Ile-de-France 1985, H.10; Ders., Le développement du réseaux de télécommunications et réseau électrique (1840-1940), Actes du colloque du 5 décembre 1985 Collège de France, Travaux de l'Association pour la Recherche Historique des Télécommunications 1 (1986), S. 67-79; C. Bertho-Lavenir, The Telephone in France 1879 to 1979. National Characteristics and International Influences, R. Mayntz, T. P. Hughes (Hgg.), The Development of Large Technical Systems, Frankfurt 1988, S. 155-177; J.-L. Libois, Genèse et croissance des télécommunications françaises, Paris 1983; A.R. Bennett, The Telephone Systems of the Continent of Europe, London-New York 1985; H. L. Webb, The Development of the Telephone in Europe, London 1910.

[10] Müller-Fischer, Brauns-Packenius, Zeittafel, S. 22,

[11] Basse, Die Verbreitung, S. 76-78; P. Charbon, Le téléphone à la Belle Epoque, Bruxelles 1976; P. Verhoest et al., Telecommunicatie en beleid in Belgie 1830-1991, Amsterdam 1991; Ders., Die Anfänge des Telefonwesens in Belgien, Becker (Hg.), Fern-Sprechen, S. 109-129.

[12] Basse, Die Verbreitung, S. 83; H. Götsch, Geschichte des norwegischen Telegraphen- und Fernsprechwesens, Archiv für Post und Telegraphie 1931, H.11, S. 320-335.

Das Jahr 1881 steht für den Beginn des öffentlichen Telefonbetriebs u. a. im Deutschen Reich[13] (mit Ausnahme Bayerns,[14] das 1882 folgte), in der Schweiz[15], Italien[16], Österreich[17], Schweden[18] und in den Niederlanden.[19] 1882 reihten sich Rußland[20], Malta[21] und Indien[22] ein, 1883 Hawaii[23] Irland[24], Portugal[25], Rumänien[26] und Dänemark[27]. Bis zum Ende der 1880er

---

[13] Vgl. dazu ausführlich H. A. Wessel, Die Entwicklung des elektrischen Nachrichtenwesens in Deutschland und die rheinische Industrie, Wiesbaden 1983, S. 414ff., 460ff., 487ff.

[14] Ebd., S. 414f.

[15] C. Kobelt, Ein Jahrhundert Telefon in der Schweiz, Archiv für deutsche Postgeschichte 1977, H.1, S. 104-137; Hundert Jahre elektrisches Nachrichtenwesen in der Schweiz, 1852-1952, hg. v. d. Generaldirektion PTT, II (Telefon), Bern 1962; J.-P. Haldi, C. Clénin, Die Telefonapparate in der Schweiz/Les appareils téléphoniques en Suisse, Bern 1983.

[16] Basse, Die Verbreitung, S. 67-69; Q. Majorana, Posta e telefono, Roma 1911.

[17] F. Bachmann, Der Österreichische Post-, Telegraphen- und Telephondienst, Wien-Leipzig 1910; 100 Jahre Telephonie in Österreich, hg. v. d. Post- und Telegraphenverwaltung, Wien 1981; E. Popp, Die Entwicklung des Fernsprechers in Österreich, Archiv für deutsche Postgeschichte 1978, H. 1, S. 94-109; Ders., 100 Jahre Telefonie in Österreich, Wien 1981; für die heute selbständigen Staaten im ehemaligen Habsburger Reich vgl. z. B. Basse, Die Verbreitung, S. 78-80, 83-86; L. Gabor (Hg.), Telefon-Hírmóndo, Budapest 1993; A. Kukan, Telefon-Hírmóndo. Der Telefon-Bote in Budapest, Kultur und Technik 1983, H.1, S. 50-53 (Nachdruck: Der Vorläufer des Rundfunks: der "Telephon-Bote", Blätter für Technikgeschichte 46-47 (1984/85), S. 179-186); M. Szabó, Aus der Geschichte des Telefon-Boten (Telefon-Hírmondó) in Budapest, Becker (Hg.), Fern-Sprechen, S. 98-108; A. Nemrava, Die Anfänge des Telefonwesens in Böhmen, ebd., S. 90-97.

[18] A. Kaijser, From Local Networks to National Systems. A Comparison of the Emergence of Electricity and Telephony in Sweden, F. Cardot (Hg.), 1880-1980: Un siècle d'électricité dans le monde. Actes du premier colloque international d'histoire de l'électricité, organisé par l'Association pour l'histoire de l'électricité en France, Paris, 15-17 avril 1986, Paris 1987, S. 7-13, 21f.; Basse, Die Verbreitung, S. 73f.

[19] Basse, Die Verbreitung, S. 75f.; J. Bruggemann et al. (Hgg.), Hondert jaar telefoon. Geschiedenis van de openbare telefonie in Nederland 1881-1981, 's-Gravenhage 1981; P.H. van Elst, De Haagse telefoon, 's-Gravenhage 1953; G. Hogesteeger, Concentratie en centralisatie bij de openbare telefonie in Nederland 1881-1940, Den Haag 1984.

[20] Basse, Die Verbreitung, S. 66f.

[21] Ebd., S. 89f.

[22] B. Agrawal, Das Telefon in Indien: Vergangenheit, Gegenwart und Zukunft, Becker (Hg.), Fern-Sprechen, S. 243-250.

[23] Basse, Die Verbreitung, S. 102f.

[24] Ebd., S. 88f.; Baldwin, The History; Meyer, Public Ownership.

[25] Basse, Die Verbreitung, S. 86f.; Algunas datas para a história do telefone em Portugal, hg. v. Museo dos Correios e Telecomunicagoes, Lissabon 1976.

Jahre kamen – in zeitlicher Reihenfolge – Finnland[28], Luxemburg[29] und Liechtenstein[30] hinzu. Monaco[31] und Island folgten 1890[32], Griechenland 1894[33], Äthiopien 1899[34] und die Türkei 1908[35].

Die Zahl der Beispiele könnte beliebig erweitert werden, wobei vor allem bei der Berücksichtigung der Staaten in Afrika, Asien und Südamerika der zeitliche Abstand zwischen Erfindung und Einführung des Telefons als öffentlichem Kommunikationsmittel stärker hervortreten würde.[36] Das würde uns jedoch bei der Untersuchung der Gründe für die rasche oder verzögerte Nutzung nicht wesentlich weiter bringen, denn bereits das in die Betrachtung einbezogene Sample zeigt deutlich, daß die Größe eines Staates, dessen Bevölkerungs- oder Besiedlungsdichte, dessen Wirtschaftsstruktur und der Ausbildungsstand seiner Einwohner nicht allein als Erklärungsgründe ausreichen. Wenn auch ein Netz mit vielen Teilnehmern erst einen wirtschaftlichen Betrieb – mit angemessenen Kosten für die Teilnehmer – gewährleistete, so genügten doch oft wenige Teilnehmer, um eine Fernsprechanlage zu errichten und in Betrieb zu setzen – und die fanden sich, unabhängig von allen anderen genannten Voraussetzungen an vielen Orten unserer bewohnten Erde.

Nordamerika verfügte, weil die Erfindung dort gemacht wurde, über einen zeitlichen Vorsprung, der genutzt wurde. Allerdings berichtete *Scientific American* Anfang Oktober 1877 ausführlich über das Bellsche Telefon und

---

[26] Basse, Die Verbreitung, S. 84f.

[27] Ebd., S. 80f.; A. Morell Nielsen, Aus der Post- und Fernmeldegeschichte Dänemarks, Archiv für deutsche Postgeschichte 1981, H.2, S. 74-76; P. Borberg (Hg.), The Development of Telephonic Communication in Copenhagen 1881-1931, Kopenhagen 1932.

[28] Basse, Die Verbreitung, S. 82f.; Poimintoja puhelinja lennätintoiminnau historiasta, hg. v. d. Generaldirektion des Post- und Fernmeldewesens, 2 Teile, Helsinki 1987/1989; E. Risberg, Suomen lennätinlaitoksen historia 1855-1955 (Die Geschichte des finnischen Telegrafenwesens 1855-1955), hg. v. der Generaldirektion des Post- und Fernmeldewesens, Helsinki 1959.

[29] Basse, Die Verbreitung, S. 89; L. Bodé, Les origins et l'extension du téléphone au Grand-Duché de Luxembourg (1884-1920), hg. v. d. Administration des Postes et Télécommunications, Luxemburg 1985.

[30] Basse, Die Verbreitung, S. 90f.

[31] Ebd., S. 90.

[32] Ebd., S. 89.

[33] Ebd., S. 81f.

[34] S. Bertolani, Linee Telegrafiche e Telefoniche in Etopia, Rom 1912; P. P. Garretson, Das Fernsprech- und Telegrafensystem Äthiopiens (1897-1935), Becker (Hg.), Fern-Sprechen, S. 212-225.

[35] Basse, Die Verbreitung, S. 87; S. Eskin, Türk Posta Tarihi, Ankara 1942.

[36] Basse, Die Verbreitung, S. 24-93; L. Bennett Tribolet, The Internal Aspect of Electronical Communications in the Pacific Area, Baltimore 1929.

seine Möglichkeiten, und dieser Bericht[37] wurde auch außerhalb Nordamerikas nicht nur gelesen, sondern ihm wurde, z. B. in Berlin, eine derartige Bedeutung beigemessen, daß der Generalpostmeister umgehend ein paar Geräte bestellte. Bereits am 24. Oktober 1877 erhielt er vom Leiter des Haupttelegrafenamtes in London Telefone, mit denen noch am selben Tage die ersten erfolgreichen Versuche angestellt wurden.[38] Am 5. November des genannten Jahres ließ der Generalpostmeister eine erste regelmäßige Fernsprechverbindung zwischen seinem Büro und den Amtsräumen des Generaltelegrafendirektors herstellen. Gleichzeitig wurden die Versuche auf weitere Entfernungen ausgedehnt. Obwohl auch diese auf Entfernungen bis 100 km erfolgreich verliefen und die Firma Siemens & Halske preiswerte Nachbauten der Bell-Telefone in hohen Stückzahlen bereithielt, sollten noch Jahre vergehen, bis der Fernsprecher als selbständiges öffentliches Nachrichtenmittel in Deutschland Eingang fand.[39]

Entscheidendes Kriterium ist in diesem Zusammenhang das Adjektiv "selbständig", denn im öffentlichen Nachrichtenverkehr fand das Telefon in Deutschland umgehend Verwendung: Bereits am 12. November 1877, nicht einmal einen Monat nach Eintreffen der ersten Apparate in Berlin, wurde in Friedrichsberg das erste Fernsprechamt für den öffentlichen Verkehr eingerichtet, dem sieben Tage später zwölf weitere folgten; zeitweise konnten die bestellten Fernsprecher gar nicht so schnell geliefert werden, wie neue Fernsprechämter errichtet werden sollten. Diese sogenannten Fernsprechämter waren jedoch nicht das, was die Bezeichnung nahe legt. Es handelte sich bei ihnen um Telegrafenbetriebsstellen mit Fernsprechbetrieb. Diese Einrichtungen standen nicht dem privaten direkten mündlichen Nachrichtenaustausch zur Verfügung, sondern stellten preiswerte, einfach zu bedienende Verlängerungen der amtlichen Telegrafenverbindungen, vor allem auf dem flachen Land, dar. Zuständig für Bau und Betrieb waren die Reichspost- und Telegrafenverwaltung bzw. die damals noch selbständigen Telegrafenverwaltungen in Württemberg und Bayern. Unabhängig davon gab es auch schon private Anlagen in Wohnhäusern, Industrie- und Handelsbetrieben oder zur Verbindung dieser Gebäude. Im letzteren Falle mußten diese besitzrechtlich in einer Hand sein; Verbindungen von Gebäuden unterschiedlicher Eigentümer, u.a. netzartig ausgebildete Anlagen, durften weder gebaut noch betrieben werden.[40]

Das deutsche Vorbild wurde in den Niederlanden[41], in Rumänien[42] und in der Schweiz[43] praktiziert. Dagegen setzte man in Nordamerika[44], in Brasi-

---

[37] Abgedruckt bei Klein, Pioniere, S. 12.
[38] Horstmann, 75 Jahre, S. 139f.
[39] Wessel, Die Entwicklung, S. 30f.
[40] Ebd., S. 414, 419-422, 456-470, 482-535.
[41] Vgl. Anm. 19.

lien⁴⁵, in Belgien⁴⁶, in Finnland⁴⁷, in Frankreich⁴⁸, in Großbritannien⁴⁹, in Italien⁵⁰ und Norwegen⁵¹ von vornherein oder doch sehr früh auf den Fernsprecher als selb- und eigenständiges Nachrichtenmittel – unabhängig vom Telegrafen.

Bevor wir der Frage nachgehen, ob die Befürchtung, die Konkurrenz des unabhängigen Fernsprechers hätte dem unter Aufwendung beträchtlicher Mittel errichteten und immer noch mit Verlusten betriebenen Telegrafen schaden können, für die verzögerte Einführung eine Rolle gespielt hat, wollen wir die verfassungsrechtlichen Grundlagen untersuchen. In Deutschland wurde das Telefon in das staatliche Telegrafenmonopol einbezogen; es war, wie im Betrieb praktiziert, ein "Telegrafenapparat". Private Gesellschaften erhielten hier wie dort keine Konzession.⁵² In Rumänien wurde das staatliche Telegrafenregal gleichfalls auf den Fernsprecher ausgedehnt und zunächst wie in Deutschland strikt gehandhabt.⁵³

In den Niederlanden stand bis Ende der 1870er Jahre das Telefon als Telegrafenersatz im Vordergrund, dann wurden private Telefongesellschaften staatlich konzessioniert.⁵⁴ Die Schweiz behauptete gleichfalls ein umfassendes Telegrafenmonopol, eröffnete jedoch von Anfang an privaten Gesellschaften die Möglichkeit zur Konzessionierung für den Bau und den Betrieb öffentlicher Telefoneinrichtungen. Bereits Ende 1877 ist die erste derartige Konzession erteilt worden; gut drei Monate später besaßen schon 27 Privat-

---

⁴² Vgl. Anm. 26.
⁴³ Vgl. Anm. 15.
⁴⁴ Basse, Die Verbreitung, S. 92-99; J. Brooks, Telephone. The First Hundred Years, New York 1976; J. D. de Butts (Hg.), The Telephone's First Century – and Beyond. Essays on the Occasion of the 100th Anniversary of Telephone Communication, New York 1977; H. N. Casson, The History of the Telephone, Chicago 1910; M. D. Fagen (Hg.), A History of Engineering and Science in the Bell System, 5 Bde., New York 1975 ff; R. W. Garnet, The Telephone Enterprise. The Evolution of the Bell System's Horizontal Structure, 1876-1909, Baltimore 1985; F. L. Rhodes, Beginnings of Telephony, New York 1929; V. Sears, Telephone Development: Scope and Effect of Competition, Boston 1905; R.J. Tosiello, The Birth and Early Years of the Bell Telephone System 1876-1880, New York 1979.
⁴⁵ Vgl. Anm. 7.
⁴⁶ Vgl. Anm. 11.
⁴⁷ Vgl. Anm. 28.
⁴⁸ Vgl. Anm. 9.
⁴⁹ Vgl. Anm. 8.
⁵⁰ Vgl. Anm. 16.
⁵¹ Vgl. Anm. 12.
⁵² Wessel, Die Entwicklung, S. 410, 455f., 478f.
⁵³ Vgl. Anm. 26.
⁵⁴ Vgl. Anm. 19.

gesellschaften die Erlaubnis.[55] In Großbritannien wurde die Geschäftstätigkeit dieser Gesellschaften auf bestimmte Zonen beschränkt.[56] In Belgien folgte man Überlegungen, den Fernsprecher in das Telegrafenregal des Staates einzubeziehen, nicht, sondern erteilte ab 1879 Konzessionen an private Gesellschaften.[57] Ähnlich verhielt es sich in den meisten der übrigen europäischen Staaten. Allerdings wurden in einigen Staaten Konzessionen zeitlich befristet erteilt, z. B. in Rußland für zwanzig[58] und in Frankreich für fünf Jahre.[59]

In Kanada[60] und in den USA[61] bestand kein Telegrafenmonopol. In den USA unterlag das elektrische Nachrichtenwesen keinerlei Beschränkungen; in Kanada behielten sich einige Provinzen die Konzessionierung vor. Wenn sich auch die staatlichen Gesellschaften etwas schwerer getan zu haben scheinen mit der Einführung des Telefons als selbständigem Nachrichtenmittel, so ist doch zu berücksichtigen, daß lediglich in Großbritannien[62] das Telefon als eine Bedrohung des defizitären Telegrafendienstes betrachtet wurde. Dennoch entstanden auch hier – nach der Ausdehnung des Telegrafenregals auf den Fernsprecher – entsprechende Anlagen für den öffentlichen Verkehr. Andererseits hatten die verschiedenen privaten Gesellschaften aufgrund ihrer zunächst lokal beschränkten Aktivitäten und der Konzentration auf städtische Wohnräume ein nur begrenztes Risiko; außerdem verfügten sie über Finanzierungsmöglichkeiten, die den städtischen Verwaltungen in der Regel nicht zur Verfügung standen.

In Deutschland hatte man Mitte der 1870er Jahre begonnen, ein unterirdisches Telegrafenkabelnetz zu bauen, für das außerordentlich hohe Etatmittel aufgewendet werden mußten.[63] Dennoch dachte man in der kaiserlichen Telegrafenverwaltung keineswegs daran, die Einführung des Telefons als eigenständiges Nachrichtenmittel zu verhindern. Bereits im Herbst 1877 hatte der Generalpostmeister über sein Vorhaben gesprochen, "jedem Berliner Bürger wo möglich ein Telefon zu jedem anderen zur Disposition zu stellen."[64] Am 1. Januar 1878 hatte er dem Polizeipräsidenten und dem

---

[55] Vgl. Anm. 15.
[56] Vgl. Anm. 8.
[57] Vgl. Anm. 11.
[58] Vgl. Anm. 20.
[59] Vgl. Anm. 9.
[60] Vgl. Anm. 6.
[61] Vgl. Anm. 44.
[62] Vgl. Anm. 8.
[63] Wessel, Die Entwicklung, S. 304ff.
[64] Werner von Siemens an seinen Bruder Carl in London am 30.10.1877, C. Matschoß, Werner Siemens. Ein kurzgefaßtes Lebensbild nebst einer Auswahl seiner Briefe, II, Berlin 1916, S. 535, Nr. 609.

Magistrat der Stadt mitgeteilt, daß er beabsichtige, überall "an den Häusern Drahtleitungen zu befestigen, ... die mit Fernsprecher betrieben, Kontor, Geschäftsräume usw. an ein Verkehrsamt der Postverwaltung anschließen sollten."[65] Und sofort, nachdem um die erste private Konzession zur Errichtung von Stadtfernsprechanlagen nachgesucht worden war, gab das Reichspostamt am 14. Juni 1880 bekannt, daß es allgemeine Fernsprecheinrichtungen auch für den Verkehr innerhalb der großen Städte errichten werde.[66]

Allerdings hatte der Generalpostmeister bereits viel von seinem ursprünglichen Optimismus, was die Notwendigkeit privater Kommunikation mittels Fernsprecher betraf, verloren. Am 19. August 1880 schrieb er: "Ich verhehle mir nicht, daß die Einwohner unserer Stadt, Berlin, neuen Einrichtungen gegenüber stets ungewöhnliche Kälte bewahrt haben und auch das neue Unternehmen in den nächsten Jahren Schwierigkeiten nach dieser Richtung zu begegnen haben wird."[67] Wie berechtigt seine Befürchtungen waren, zeigte das ausbleibende Echo. Es bedurfte sogar der nachdrücklichen Werbung: Das Reichspostamt beauftragte den Unternehmer Emil Rathenau, für eine Stadtsprechanlage zu werben; außerdem nutzte der Staatssekretär "selbst seine guten und weitreichenden Beziehungen zur Berliner Geschäftswelt, um die Inhaber großer Bankhäuser und industrieller Werke zur Teilnahme ... zu bewegen". Dennoch "hatten sich sechs Monate nach dem Aufruf erst 94 Teilnehmer gemeldet." Mancher der Interessenten hatte sich nur dem Staatssekretär zuliebe bereiterklärt.[68] Als Gründe für diese Zurückhaltung werden hier wie z. B. auch in Großbritannien genannt:
- ein Bedarf für einen direkten und unmittelbaren mündlichen Gedankenaustausch – innerhalb einer Stadt –, bei dem man sich nicht in die Augen zu sehen vermag, bestand praktisch nicht, es blieb genügend Zeit, sich gegenseitig aufzusuchen;
- man fürchtete die mit der Anlage und ihrem Betrieb verbundene Blitzgefahr für die Häuser;
- großes Mißtrauen herrschte gegenüber dieser neuen Einrichtung; man sprach von "amerikanischem Humbug", von "neuem Schwindel", von "wissenschaftlicher Spielerei";
- die Geschäftsleute in Handel und Industrie, die als erste Anwender in Betracht kamen, vermißten den schriftlichen Beleg als rechtsverbindliche Grundlage für eine geschäftliche Vereinbarung – den lieferte der Telegraf (das war übrigens für die späte Einführung des Telefons im Eisenbahnbetrieb – im staatlichen wie im privaten – ausschlaggebend);

---

[65] Müller-Fischer, Brauns-Packenius, Zeittafel, S. 19.
[66] Wessel, Die Entwicklung, S. 489f.
[67] Müller-Fischer, Brauns-Packenius, Zeittafel, S. 22 (1880).
[68] Vgl. Anm. 66.

- Anlage und Betrieb waren mit Kosten verbunden, denen kein angemessener Vorteil gegenüberstand.

Diese Gründe dürfen nicht nur in Staaten mit Telegrafenmonopol Geltung beanspruchen. Allerdings ist zu berücksichtigen, daß private Investoren zum einen das Risiko anders kalkulierten und entsprechend akquirierten als staatliche Einrichtungen und zum zweiten nicht nur national bedingte Mentalitätsunterschiede bestanden, die entweder größere Aufgeschlossenheit oder aber Zurückhaltung gegenüber Neuem bedingten. Teilweise ist eine abgestufte Akzeptanz festzustellen – je nachdem ob das Angebot von einer staatlichen oder privaten Einrichtung empfohlen und angeboten wurde.[69]

Die Patentlage, die in vielen Innovationsphasen eine wesentliche Rolle spielt, kann in unserem Falle weitgehend vernachlässigt werden. Entscheidend war das dann auch höchstrichterlich anerkannte Bell-Patent, das – mit Ausnahme von Deutschland, wo eine Anmeldung (vermutlich irrtümlich) unterblieb – weltweite Geltung erlangte. Die Nachteile der Bell-Apparatur, die strenggenommen nur ein Fernhörer war, nutzten andere Erfinder wie Hughes und Edison, ohne jedoch dadurch strategische Vorteile erringen zu können. Lediglich in Großbritannien scheint die zeitweise verwirrende Patentsituation zur Verzögerung bei der Einführung beigetragen zu haben: Edison war hier Bell zuvorgekommen, deshalb konnte letzterer nur seinen Fernhörer schützen lassen. Edison erfand umgehend einen eigenen Fernhörer, um eine komplette Apparatur anbieten und Bell aus dem Geschäft drängen zu können. Dieser Fernhörer war jedoch ein Kuriosum, dessen Betrieb sehr umständlich war. Unabhängig davon wurde 1879 eine Fernsprechanlage nach dem System Bell in Betrieb genommen, bevor dann im folgenden Jahr die Gesellschaften beider Systeme fusionierten und fortan den Fernhörer von Bell und das Mikrofon von Edison nutzten.[70]

Werfen wir am Ende des ersten Zeitabschnitts, der die Einführung des Fernsprechers untersucht, einen Blick auf die Gruppe der Staaten, die nicht zu den frühen Anwendern gehörten. Das sind zum einen die Inselstaaten Malta (1882), Irland (1883) und Island (1890), zum anderen kleine Staaten wie Luxemburg (1885), Liechtenstein (1886) und Monaco (1890) sowie eine Gruppe auch europäischer Staaten, die eine starke Ausrichtung auf den primären Wirtschaftssektor aufwiesen (z. T. auch zu den dünn besiedelten Staaten gehörten, was allerdings, weil auch dort städtische Ballungsräume vorhanden waren, nicht als Grund für die spätere Einführung in Betracht kommt): Rußland (1882), Dänemark (1883), Portugal (1883), Rumänien (1883), Griechenland (1894) und die Türkei (1908). Obwohl in fast allen der genannten Staaten kein staatliches Monopol das Engagement privater Gesell-

---

[69] Ebd., S. 488.
[70] Basse, Die Verbreitung, S. 62.

schaften behinderte, unterblieben entsprechende Aktivitäten. Die Hauptgründe dafür dürften neben der fehlenden Nachfrage nach diesem neuen Kommunikationsmittel u. a. das mangelnde Interesse des Staates und das Fehlen von risikobereitem Kapital gewesen sein. Wo letzteres fehlte, konnte die Einführung trotz eventuell vorhandenem Kommunikationsbedarf nicht (jedenfalls nicht privat) realisiert werden. In fast allen Fällen ist es im Unterschied zur Einführung der Eisenbahn und der Straßenbahn nicht ausländisches, sondern Kapital aus der jeweiligen Region gewesen, das zur Gründung der privaten Telefongesellschaft führte.

Dagegen gehörten Staaten wie Brasilien (1879) und selbst Indien (1879) und Äthiopien (1889) zu den wirklich oder zumindest vergleichsweise frühen Anwendern. Diese Beispiele zeigen einmal mehr, daß das Interesse einer Person oder einer Einrichtung, unabhängig von wirtschaftlichen Erwägungen und unabhängig von einem öffentlichen Bedarf, für den Bau und den Betrieb von Fernsprechanlagen ausschlaggebend sein konnte. Dom Pedro II hatte das Telefon auf der Weltausstellung in Philadelphia kennengelernt und 1878 die ersten Anlagen in Rio de Janeiro errichten lassen. Im Jahr darauf erhielt eine US-amerikanische Gesellschaft die Konzession für Bau und Betrieb von Anlagen in Rio und einem Nachbarort.[71] In Äthiopien hatte der Kaiser bereits Anfang der 1890er Jahre in seinem Palast Experimente anstellen lassen und den Bau einer Fernsprechanlage in Erwägung gezogen. Es dauerte jedoch noch Jahre, bis die erste Anlage in Betrieb gehen konnte, weil die einflußreiche Priesterschaft sich dem Bau widersetzte. Die erste Anlage wurde von der Kolonialmacht Frankreich angeregt und von Fachpersonal aus der Schweiz betrieben. Dem äthiopischen Kaiser diente sie als Machtinstrument und als Einnahmequelle: er überwachte mit ihrer Hilfe die Gouverneure; die italienischen, französischen und übrigen privaten Benutzer mußten hohe Gebühren zahlen.[72] In Indien waren es die Interessen der britischen Kolonialverwaltung und des Handels, die zur bemerkenswert frühen Nutzung des Fernsprechers Veranlassung gaben.[73]

Wenn wir die Ergebnisse des Überblicks über die Einführung des Telefons in den verschiedenen Staaten zusammenfassen, stellen wir fest, daß zwar je nach Fallbeispiel viele unterschiedliche Gründe eine Rolle gespielt haben, daß aber Größe und wirtschaftliche Struktur eines Landes sowie Telegrafenregal und andere staatliche und technische Monopole, ferner auch vorhandene oder fehlende Finanzierungsmöglichkeiten nicht, wie dies bisher geschehen ist, als ausschließliche Kriterien namhaft gemacht werden können. Unterschieden werden muß zwischen der Einführung des Fernsprechers im Nachrichtenverkehr überhaupt und dem öffentlichen Nachrichtenaustausch

---

[71] Vgl. Cabral, Multinationale Fernmeldekonzerne, S. 226ff.
[72] Vgl. Garretson, Das Fernsprech- und Telegrafensystem, S. 213f.
[73] Vgl. Agrawal, Das Telefon, S. 243ff.

mehrerer Personen oder Gruppen untereinander. Interesse am Telefon als "Haustelegrafen" oder als wissenschaftlichem Spielzeug ist generell in den dafür in Frage kommenden Gesellschaftsgruppen vorhanden gewesen – unabhängig von den ordnungspolitischen Vorgaben. Ausschlaggebend für die frühe Einführung des Fernsprechers als öffentlichem Kommunikationsmittel war neben dem persönlichen Interesse politisch oder wirtschaftlich einflußreicher Personen oder Personengruppen die Erkenntnis, daß der Einsatz des Telefons militärische, ordnungspolitische oder kommerzielle Vorteile brachte. Dabei pflegte man vor allem in Geschäftskreisen Aufwand und Ertrag sorgfältig gegeneinander abzuwägen. Die Vorteile des direkten und unmittelbaren Gedankenaustauschs wogen nicht immer die Nachteile des selbst innerhalb einer Stadt auf zunächst nur kleine Gruppen beschränkten mündlichen Nachrichtenverkehrs – ohne Rechtsverbindlichkeit – auf. Auch Gewöhnung und nicht zuletzt eine, z. T. mentalitätsbedingte Abstufung in der Akzeptanz neuer Techniken, wie sie z. B. im Vergleich Nordamerikas mit Großbritannien und Deutschland sichtbar wird, haben eine Rolle gespielt, ohne daß wir deren Wirkungsgrad quantifizieren könnten.

Für den Fernsprecher gab es zunächst keinen Bedarf, er trat angebotsorientiert auf und schuf sich rasch eine breite Nachfrage.

2. Das Telefon in der Diffusionsphase

Bewertungskriterien für die Entwicklung während der Diffusionsphase können neben der Telefondichte die jeweils erste interurbane Leitung, die erste grenzüberschreitende Telefonverbindung für den öffentlichen Nachrichtenaustausch sowie die Einführung des Selbstwählbetriebs sein. Telefondichte und Selbstwählbetrieb erlauben Aussagen über die lokale Versorgung mit Telefoneinrichtungen und über die Intensität des telefonischen Nachrichtenverkehrs. Interurbane und grenzüberschreitende Telefonverbindungen sind Belege für Kommunikationsverflechtungen über weitere Entfernungen. Während das Telefon im Falle der lokalen Kommunikation als elektrisches Nachrichtenschnellverkehrsmittel praktisch ohne Konkurrenz war, stand es im regionalen und im Weitverkehr im Wettbewerb mit dem Telegrafen und dem Typendrucker – in beiden Fällen teilweise mit der Briefpost.

Die Entwicklung der Fernsprechanlagen im Reichstelegrafengebiet sowie in Bayern und Württemberg zeigen die folgenden Tabellen.

1. Im Reichstelegrafengebiet

Ende des Jahres	Orte mit Stadtfernsprech-Einrichtungen	Länge der Linien (km)	Länge der Leitungen (km)	Anzahl der Sprechstellen
1881	7	300	3.179	1.504
1883	37	1.684	10.431	5.859
1885	103	3.310	26.834	14.167
1887	155	4.606	40.122	25.211
1888	174	5.609	50.646	32.920
1893	366	13.162	142.269	80.782
1898	11.475	42.461 [1]	411.628 [1]	182.846
1903	17.878	102.400	1.568.100	386.700
1908	27.314	92.500	3.252.700	738.600
1913	32.682	115.700	5.464.200	1.221.900

[1] 1898 – 1907 einschließlich der Fernsprechverbindungsanlagen
Quelle: nach Angaben in der Statistik des Deutschen Reiches und der Statistik der Reichspost- und Telegrafenverwaltung

2. In Bayern

Ende des Jahres	Orte mit Stadt-fernsprech-Einrichtungen	Länge der Linien (km)	Länge der Leitungen (km)	Anzahl der Sprechstellen
1882	1	–	–	9
1885	3	–	–	1.088
1988	7	841	4.437	3.353
1893	38	1.835	11.048	7.031
1898	215	6.436 [1]	49.868 [1]	20.367
1903	1.727	10.700	174.900	43.100
1908	4.162	12.100	270.500	78.400
1913	5.906	10.600	375.900	115.000

[1] 1898 – 1907 einschließlich der Fernsprechverbindungsanlagen
Quelle: nach Angaben in der Statistik des Deutschen Reiches und der Statistik der Reichspost- und Telegrafenverwaltung

3. In Württemberg

Ende des Jahres	Orte mit Stadtfernsprech-Einrichtungen	Länge der Linien (km)	Länge der Leitungen (km)	Anzahl der Sprechstellen
1883	1	–	166	107
1885	2	–	261	276
1887	3	–	542	526
1888	7	261	1.406	1.040
1893	38	853	4.282	3.645
1898	88	2.506 [1]	21.841 [1]	8.908
1903	1.216	2.800	65.000	19.700
1908	1.965	2.100	76.100	32.800
1913	2.255	2.900	127.700	50.400

[1] 1898 – 1907 einschließlich der Fernsprechverbindungsanlagen
Quelle: nach Angaben in der Statistik des Deutschen Reiches und der Statistik der Reichspost- und Telegrafenverwaltung

Die Entwicklung des Fernsprechwesens ist in allen drei deutschen Verwaltungsbereichen atemberaubend schnell verlaufen. Im Reichstelegrafengebiet wuchs die Zahl der Orte mit Fernsprecheinrichtungen von 1887 bis 1913 um weit mehr als 2.000 Prozent. In den letzten Jahren des Jahrzehnts vor der Jahrhundertwende hielt das Telefon verstärkt Einzug auf dem bis dahin vernachlässigten flachen Lande. Um der dort ansässigen Bevölkerung den Zugang zu erleichtern und den Sprechverkehr mit den Nachbarorten zu eröffnen, wurden die Errichtungsvoraussetzungen, insbesondere die Zahl der Mindestteilnehmer und die Summe der Einnahmengarantie, herabgesetzt. Schon im Jahre 1897 wurden Fernsprechanlagen in Orten mit nur 1.300 Einwohnern errichtet, im darauf folgenden Jahr waren es bereits 4.335 Orte (39,7 v.H.). Im genannten Jahr, 17 Jahre nach Eröffnung der ersten Stadtfernsprechanlage in Deutschland, erhielt die 10.000ste Ortschaft im Reichstelegrafengebiet eine Fernsprecheinrichtung, sieben bzw. sechs Jahre später folgten die 20.000ste und die 30.000ste Ortschaft. 1894 gab es mehr als 100.000 Sprechstellen, 1900 bereits 200.000, 1902 300.000 und 1904 400.000. Ab 1907 wurde Jahr für Jahr eine weitere 100.000er Grenze überschritten. Die Linienlänge verzeichnete gleichfalls hohe Zuwachsraten; allerdings ging sie im Verhältnis zur Zahl der Sprechstellen zurück. Dies ist jedoch weniger ein Zeichen für das immer dichter werdende Netz von Sprechstellen, als vielmehr für die vermehrte Verlegung von Erdkabeln anstatt von Luftleitungen. 1887 entfielen auf eine Sprechstelle 182 m Linie, 1913 waren es 95 m. Im zuletzt genannten Jahr waren bereits 72,7 Prozent der Anschlußleitungen unterirdisch verlegt. Entsprechend kamen auf 1 km Linie 1887 8,7 km und 1913 47,2 km Leitung (dabei ist zu berücksichtigen, daß bis 1898 die Fernsprechanlage im Einleitungsbetrieb gebaut wurden).[74]

In Bayern bestanden bereits drei Jahre nach der Einführung des Fernsprechers als selbständiges Nachrichtenverkehrsmittel mehr Telefonsprechstellen als Telegrafenanstalten. Zwar gab es 1913 noch mehr Telegrafenstationen als Orte mit Fernsprechanlagen, aber die Verbreitung des Telegrafen auf dem flachen Lande war ja erst durch das Telefon – als Nebentelegraf – möglich geworden. An Leitungslänge übertraf der Fernsprecher seinen Konkurrenten nach Beginn der großen Ausbauphase des Fernsprechwesens auf dem Lande ab Ende der 1890er Jahre. Ab 1898/99 kamen "nur mehr mittlere und kleinere Orte in Betracht". "Aus allen Gebieten liegen Gesuche vor", meldete die Elektrotechnische Zeitschrift 1897. Von 1900 auf 1901 verdoppelte sich fast die Zahl der Orte mit Fernsprecheinrichtungen. 1904 verfügten 2.096 Orte über eine Sprechgelegenheit, 331 besaßen Ortsfernsprechanlagen, und in 1.765 Orten auf dem flachen Lande waren 1.773

---

[74] Vgl. Wessel, Die Entwicklung, S. 488-505; zu der hier wegen ihrer geringen Bedeutung für die Allgemeinheit nicht berücksichtigten Funktelefonie siehe ebd., S. 509f.

öffentliche Fernsprechstellen eingerichtet – das waren 75 % der überhaupt vorhandenen öffentlichen Sprechstellen.[75] Auch im elektrischen Nachrichtenwesen des Königreiches Württemberg fand das Telefon als "Telegrafenapparat" Verwendung. 1885 wurden 5,3 % aller Telegrafenstationen ausschließlich mit Fernsprecher betrieben, 1887 waren es 11,8 % und 1901 weit über die Hälfte aller Telegrafenstationen. Als selbständiges Nachrichtenmittel hatte das Telefon erst relativ spät – Mitte des Jahres 1882 war in Stuttgart mit 75 Teilnehmern das erste öffentliche Fernsprechamt eröffnet worden – Eingang gefunden. Auf das an ungefähr 1.300 Personen gerichtete Rundschreiben der Generaldirektion waren lediglich 25 Anmeldungen eingegangen, so daß es noch längerer Verhandlungen bedurfte, bis die erforderliche Teilnehmerzahl vorhanden war. In der Folgezeit nahmen die Teilnehmerzahlen nur langsam zu. Nach fast fünf Jahren verfügten erst drei Städte über Fernsprechanlagen. Erst in den 1890er Jahren nahm die Zahl der Orte mit Fernsprechanlagen, der Sprechstellen, sowie die Länge der Linien und Leitungen rasch zu. 1899 waren es mehr als 100 Orte, bereits ein Jahr später mehr als 600, 1902 mehr als 1.000, 1910 mehr als 2.000 Orte. In nur 30 Jahren erreichte das Telefon in Württemberg die Verbreitung der inzwischen mehr als doppelt so alten Telegrafie.[76]

In den drei genannten deutschen Staaten bestanden neben den öffentlichen Fernsprecheinrichtungen auch Anlagen für den staatlichen und privaten Eisenbahnbetrieb, für das Militär sowie für Zwecke der kommunalen Verwaltung. Diese waren für den allgemeinen Privatverkehr ebensowenig zugänglich wie die eigentlich privaten Fernsprechanlagen. Sie stehen jedoch gleichfalls für Veränderungen im Kommunikationssystem und in den Kommunikationsgewohnheiten.[77]

Die Errichtung und Schaltung interurbaner Leitungen bereitete keinerlei Schwierigkeiten, weil alle drei Verwaltungen auf gleicher Rechts- und auch technischer Grundlage arbeiten. Im Reichstelegrafengebiet entstand die erste Verbindung zwischen den Fernsprechanlagen zweier Städte 1882[78], in Bayern wurde die erste Telefonanlage, die Ende 1882 in Ludwigshafen in Betrieb ging, bereits mit einer Verbindungsleitung ins benachbarte badische Mannheim eröffnet.[79] In Württemberg, wo die Entwicklung etwas später einsetzte, wurden die Fernsprechanlagen von Anfang an miteinander verbunden. Die ersten grenzüberschreitenden Verbindungen ins Ausland entstanden 1886.[80] Bereits in der ersten Hälfte der 1890er Jahre konnten direkte

---

[75] Ebd., S. 414-419.
[76] Ebd., S. 460-465.
[77] Ebd., S. 419-422, 465-469, 510-534.
[78] Ebd., S. 491.
[79] Ebd., S. 414.
[80] Ebd., S. 462.

Sprechverbindungen von Berlin über 931 km bis Mülhausen in den Südwesten und über 1.012 km bis Memel in den Osten des Deutschen Reiches geschaltet werden.[81] Grenzüberschreitende Verbindungsanlagen bestanden zwischen Berlin und den europäischen Hauptstädten Wien, Kopenhagen sowie später Paris und Budapest. Im Jahre 1906 fehlte nur noch Kurland im Kreis der fernmeldetechnisch verbundenen Nachbarstaaten.[82]

1889 wurden auch die Telegrafenleitungen mit Fernsprechbetrieb der Öffentlichkeit zur Führung von Privatgesprächen zugänglich gemacht. Durch die Einbeziehung von rd. 5.000 Postanstalten in das öffentliche Fernsprechnetz hat das Telefon mit einem Schlag das flache Land erschlossen und dieses in Beziehung zur Stadt gebracht.[83] Das erste Selbstwählamt ging 1908 in Betrieb – in Hildesheim mit 900 Teilnehmern.[84]

Die drei genannten Verwaltungen haben trotz des Monopols die öffentlichen Telefonanlagen nicht unter fiskalischen Gesichtspunkten errichtet und betrieben. In Württemberg wurden die Ausgaben für Anlage und Betrieb durch die Gebühreneinnahmen nicht gedeckt. Im Jahre 1896 standen pro Teilnehmer 125 Mark Einnahmen 581 Mark Ausgaben gegenüber.[85] Auch in Bayern mußten für den Bau der Anlagen außerordentliche Kredite in Anspruch genommen werden. Allerdings warfen die Fernsprecheinrichtungen bereits in den ersten Jahren eine gute Rendite ab, die, abgesehen vom ersten Betriebsjahr, ständig über 17 % lag.[86] Eine wenn auch geringere Rendite erbrachten die Fernsprechanlagen im Reichstelegrafengebiet.[87]

Im allgemeinen richteten die Telegrafenverwaltungen erst dann eine Fernsprechanlage ein, wenn für diese ein allgemeines Verkehrsbedürfnis nachgewiesen und außerdem zu erwarten war, daß durch eine entsprechende Nutzung die Kosten für Unterhaltung, Betrieb und Verzinsung des Anlagekapitals gedeckt wurden. Für Verbindungsanlagen mußten die betreffenden Gemeinden für eine Reihe von Jahren Mindesteinnahmen garantieren. In anderen Fällen wurden verlorene Zuschüsse gezahlt oder Sachleistungen, z. B. die Lieferung von Telegrafenstangen, akzeptiert.[88]

In der Regel ein Drittel der Anlagekosten mußten die Teilnehmer der sogenannten Bezirksnetze tragen. Dabei handelte es sich um Fernsprechanlagen, die nicht zwei Orte miteinander verbanden, sondern ganze Industriegebiete. Die erste Bezirksanlage wurde bereits 1883 in Oberschle-

---

[81] Ebd., S. 495.
[82] Archiv für Post und Telegraphie 1907, S. 610.
[83] Müller-Fischer, Brauns-Packenius, Zeittafel, S. 25.
[84] Vgl. Wessel, Die Entwicklung, S. 494.
[85] Ebd., S. 413.
[86] Ebd., S. 418f.
[87] Ebd., S. 502-505.
[88] Vgl. Anm. 85-87.

sien in Betrieb genommen; sie setzte fünf Kreise mit einer Fläche von 660 qkm fernsprechtechnisch in Verbindung. Es folgten weitere Bezirke, u. a. in den Textilbezirken rechts und links des Rheins sowie im Ruhrrevier, – mit insgesamt 2.992 (1890) und 4.585 (1891) Fernsprechanschlüssen. Den Anstoß zur Errichtung derartiger Anlagen gaben Privatunternehmen.[89] Trotz aller Fortschritte im Ausbau eines das gesamte Staatsgebiet umfassenden, immer dichter geknüpften Fernsprechnetzes mit Anschlüssen an die Netze aller Nachbarstaaten wollten die Wünsche, insbesondere der Wirtschaft, nach weiteren und neuen Verbindungen nicht abreißen. Die Berichte der Handelskammern sind voll davon. 1908 hatten von 45 Handelskammern, die sich auf eine entsprechende Anfrage des Deutschen Industrie- und Handelstages geäußert hatten, nur sieben keine besonderen Wünsche. In vielen Fällen erkannte das Reichspostamt die beklagten Mängel und die Berechtigung der Wünsche an. Es gab jedoch zu bedenken, daß "immer nur schrittweise, nach Maßgabe der verfügbaren Mittel vorgegangen werden (könne) und daß hierbei nicht nur die geographische Lage der betreffenden Orte, sondern im ganz besonderen Maße auch auf den Umfang und die allgemeine Bedeutung ihrer gegenseitigen Verkehrsbeziehungen Rücksicht genommen werden" müsse.[90]

Teilnehmer am öffentlichen Telefonverkehr waren fast ausschließlich Personen aus Wirtschaft und öffentlicher Verwaltung. Mehr als 90 % der Anschlüsse – öffentliche wie die zwei oder mehr Gebäude verbindenden Privatanlagen – dienten dem geschäftlichen Verkehr. Das zeugt u. a. von einer wesentlich intensiveren Arbeitsteilung und zugleich von einer Umstellung der Teilnehmer in ihrem Kommunikationsverhalten.[91]

Beim Vergleich der deutschen mit der Entwicklung in anderen Staaten ergeben sich Gemeinsamkeiten und Unterschiede. Die Errichtung interurbaner Verbindungen ist abgesehen von den technischen Möglichkeiten von der Topografie und der Besiedlung abhängig. In den USA, in Kanada und in Italien bestanden derartige Anlagen früher als in Deutschland; es folgten Brasilien und Schweden. In Frankreich wurde 1885, in Norwegen 1887 und in den Niederlanden erst 1888 die erste interurbane Verbindung geschaltet. Frankreich und die Niederlande lassen aufmerken. Offensichtlich hat die Vergabe von – teilweise zeitlich befristeten – lokalen Konzessionen an private Gesellschaften dazu beigetragen. Verbindungsleitungen waren teuer – zu teuer, wenn der Nachrichtenaustausch zwischen den benachbarten Städten nicht entsprechend war. In Frankreich übernahm der Staat 1889 das

---

[89] Ebd., S. 500f.
[90] Ebd., S. 500.
[91] Ebd., S. 486.

Die Entwicklung des Fernsprechwesens in ausgewählten Ländern
Ortsnetze / Teilnehmer

Jahr	Belgien	Bulgarien	Deutschland	Frankreich	Großbtitannien
1883	6/ 1.941	–	40/ 6.120	18/ 4.437	/ 10.000[4]
1886	7/ 3.365	–	121/ 21.064	20/ 7.175	/ 26.000[5]
1888	14/ 4.675[1]	–	188/ 37.313	28/ 9.487	–
1895	–	9/ 235	534/ 131.577	/ 30.920	–
1900	–	–	15.533/ 289.600	–	–
1905	–	20/ 3.580	25.548/ 592.000	/ 137.720	/ 665.000[6]
1913	282/ 54.691	233[2]/ 7.633	40.843/ 1.387.300	/ 309.520	/ 775.000

Jahr	Italien	Kanada	Niederlande	Norwegen	Luxemburg
1883	13/ 5.507	–	4/	–	1/ 103[4]
1886	16/ 8.346	–	8/	–	–
1888	28/ 9.183	/ 12.000[3]	9/	21/ 3.930	–
1895	54/ 11.770	–	–	–	57/ 1.280
1900	–	–	57/	220/	–
1905	100/ 30.460	–	63/	227/	74/ 2.500
1913	141/ 43.000[7]	/ 239.000[6]	94[8]/	433[8]/	95/ 3.725

Jahr	Österreich	Rumänien	Rußland	Spanien	Schweden
1883	/ 800[13]	1/	6/ 1.351	–	5/ 1.554
1886	–	–	20/ 5.280	–	15/ 5.705
1888	–	–	37/ 7.585	8/ 2.218	148/ 12.864
1895	/ 20.200[12]	3/ 326	53/ 19.200[12]	48/	293/
1900	/ 31.900	–	99/ 200.421	67/	–
1905	–	198[2]/ 4.410	107/	72/	180/
1913	/ 162.000	1.008[2]/ 17.980	124/ 246.501[6]	98[8]/	168/ 234.000

Jahr	Ungarn	USA
1883	–	/ 8.000[3]
1886	–	800[2]/ 140.000
1888	–	–
1895	/ 9.100[12]	–
1900	/ 14.800	–
1905	/ 41.000[14]	–
1913	/ 84.000	/ 7.084.000[6]

1) 1887
2) Vermittlungsstellen
3) 1879
4) 1885
5) 1887
6) 1910
7) 1907
8) 1915
9) 1895
10) 1898
11) 1903
12) 1896
13) 1881
14) 1908

gesamte Fernsprechwesen, um die Entwicklung voranzutreiben. 1885 hatten neben elf staatlichen neun private Telefonnetze bestanden; 1888 waren es insgesamt erst 28 Ortsnetze mit insgesamt 9.487 Teilnehmern.[92]

Generell ist ein verstärkter Trend hin zum Staatsmonopol, zumindest zur staatlichen Regulierung, des Fernsprechwesens festzustellen. Es waren meist Staaten, in denen von Anfang an Konzessionen an private Gesellschaften vergeben worden waren, oder in denen private und staatliche Fernsprecheinrichtungen nebeneinander bestanden hatten. Solange die Anlagen auf die Bedienung des lokalen Verkehrs beschränkt gewesen waren, hatten die technischen und besitzrechtlichen Unterschiede sowie die Kapitalausstattung keine dominierende Rolle gespielt. Als jedoch das Kommunikationsbedürfnis die lokalen Grenzen überschritt und größere, sich nicht in den gewohnten Fristen rentierende Investitionen erforderlich wurden, war die staatliche Verwaltung gefordert.

Belgien hatte von Anfang an das Telefonregal besessen, jedoch Konzessionen an private Gesellschaften erteilt. Die Verbindungsleitungen waren staatlich. Ab 1883 begann man mit dem Rückkauf der privaten Anlagen. Im Jahre 1886 befand sich das gesamte Fernsprechwesen in Belgien in staatlicher Hand. In der Schweiz verlief die Entwicklung ähnlich und zeitlich fast übereinstimmend. In Rumänien wurde ab 1886 das Regal praktiziert und 1900 diese Praxis durch ein entsprechendes Gesetz sanktioniert. Der Fall Frankreich wurde bereits erwähnt. In Schweden waren die Verbindungsleitungen wie in Belgien und der Schweiz staatlich. Ab 1889 kaufte die staatliche Verwaltung kleinere private Anlagen an. Im lokalen Bereich bestand jedoch auch weiterhin ein großes Durcheinander von staatlichen und privaten Einrichtungen für den Telefonverkehr. In Großbritannien wurden ab 1892 die Verbindungsleitungen verstaatlicht.[93] Die Niederlande übernahmen 1897 die Bell-Konzession, praktizierten jedoch erst 1904 das ausschließliche Telefonregal. Inzwischen hatten sich die privaten Telefongesellschaften zu einer ernsthaften Konkurrenz für die staatliche Telegrafie entwickelt, so daß man eine Konzessionspflicht mit entsprechenden Auflagen als für unbedingt notwendig erachtete. Island folgte 1905 und Italien 1907. In Norwegen arbeiteten noch 1915 private Telefonanlagen neben staatlichen. Finnland hat erst 1918 eine staatliche Verwaltung eingerichtet. In Rußland bestand trotz der 1903 eingeleiteten Übernahme der privaten Anlagen in staatliche Verwaltung noch am Ende des Betrachtungsabschnitts ein gemischtes System.

Spanien besaß zwar das Regal, vergab aber Konzessionen auf 20 Jahre; außerdem gab es regionale Sonderrechte, z. B. für die Baskenprovinz Guipuz-

---

[92] Basse, Die Verbreitung, S. 70; Y. Cohen, K. Manfrass (Hgg.), Frankreich und Deutschland. Forschung, Technologie und industrielle Entwicklung im 19. und 20. Jahrhundert, München 1990.
[93] H. R. Meyer, Public Ownership and the Telephone in Great Britain, London 1907.

coa. Die Entwicklung des Fernsprechwesens in Spanien ist dadurch wiederholt behindert worden. In Kanada blieb der Wettbewerb weitgehend frei; allerdings beanspruchten die Privatgesellschaften mit Erfolg Gebietsmonopole. In USA wurde 1913 die Nationalisierung ernsthaft in Erwägung gezogen. Die AT & T, gegen die sich das Vorhaben richtete, kam dem jedoch durch Verkauf von Gesellschaften sowie durch den erklärten Verzicht auf die Übernahme anderer zuvor.[94] Der Vergleich untereinander ist mit großen Schwierigkeiten verbunden, da u. a. die Statistiken in vielen Fällen kaum vergleichbare Werte bieten. Die Erfassungsgrundlagen weichen z. T. stark voneinander ab. Es ist ein großer Unterschied, ob die Werte für den Beginn oder das Ende des Jahres gewählt wurden, ob die Zahlen der Orte mit Fernsprechanlagen oder die Zahl der Vermittlungsstellen, ob die Zahl der Teilnehmer oder die der angeschlossenen Apparate erfaßt wurden. Dennoch tritt die Tendenz der Entwicklung des Fernsprechwesens insgesamt deutlich hervor und sind Unterschiede bei den einzelnen Staaten erkennbar.

Insgesamt hat das Fernsprechwesen Zuwachsraten zu verzeichnen, die höchst ungewöhnlich und von keinem anderen Nachrichtenmittel bisher auch nur annähernd – weder in dem Ausmaß noch innerhalb einer derart kurzen Zeitspanne – erreicht worden sind. Dabei hat sich das Tempo der Entwicklung in der Diffusionsphase noch einmal wesentlich beschleunigt – allerdings in von Fall zu Fall unterschiedlichem Maße. Es gibt Staaten, die zwar früh das Telefon eingeführt haben, aber dann in der Entwicklung im Vergleich zu anderen Staaten zurückgeblieben sind, und zwar unabhängig von der Größe, der Topographie und der Bevölkerungsdichte.

In absoluten Zahlen liegen die Vereinigten Staaten mit großem Abstand an der Spitze vor Deutschland, erneut deutlich abgesetzt von Großbritannien/Irland. Rußland, Kanada, Schweden und Frankreich bilden in der genannten Reihenfolge das dicht besetzte Mittelfeld. Es folgen Österreich und dann Belgien und Italien. Rumänien führt die letzte Gruppe an, in der sich außerdem Bulgarien und Luxemburg befinden.

Allerdings erlauben die absoluten Werte keine Aussage über die Zugänglichkeit und Verfügungsmöglichkeit. Die Relation der Zahl der Anschlüsse zum einen zur Bevölkerung und zum zweiten zur Fläche des jeweiligen Staates vermittelt eine teilweise völlig andere Rangfolge. Der dritte Vergleich, der die Zahl der Vermittlungsstellen zu der der Anschlüsse in Verbindung setzt, bietet Hinweise auf eine Konzentration großer Netze in Ballungsgebieten bzw. auf eine starke Berücksichtigung des flachen Landes mit vielen Vermittlungsstellen, jedoch geringerer Anschlußdichte.

---

[94] H. Coon, American Tel. & Tel. The Story of a Great Monopoly, New York 1939; N. R. Danielian, American Telephone and Telegraph Co. Science in Business, A. Mattelart, S. Siegelaub (Hgg.), Communication and Class Struggle, I: Capitalism, Imperialism, New York 1979, S. 241-252.

Die relative Verbreitung des Telefons (1914)

a) auf einen Hauptanschluß kamen in:

Rußland [1]	527 Einwohner
Bulgarien	459 "
Belgien	146 "
Frankreich [2]	128
Luxemburg	67 "
Deutschland	50 "
Großbritannien [2]	47 "
Kanada	30 "
Schweden [3]	22
USA	14 "

b) auf einen Hauptanschluß kamen in:

Kanada	41,7 qkm Fläche
Bulgarien	14,5 " "
Italien	7,0 " "
Schweden	1,9 " "
Frankreich	1,8 " "
USA	1,1 " "
Luxemburg	0,7 " "
Belgien	0,6 " "
Großbritannien	0,4 " "
Deutschland	0,3 " "

c) auf eine Vermittlungsstelle / Ortsnetz kamen in:

Rußland	1.988 Anschlüsse
Schweden	1.393 "
Italien	305 "
Belgien	124 "
Luxemburg	39 "
Deutschland	34 "
Bulgarien	33 "
Rumänien	18 "

Die Ergebnisse sprechen für sich, dennoch soll beispielhaft auf einige Einzelheiten aufmerksam gemacht werden, die Aufschluß über die unterschiedliche Entwicklung geben können. In Italien bestanden Privatgesellschaften, die auf einer unsicheren rechtlichen Grundlage arbeiteten, daher entsprechend vorsichtig taktierten und sich auf die für den Telefonverkehr günstigen Orte konzentrierten. 1907 begann die staatliche Verwaltung mit der Übernahme von Privatgesellschaften, vergab jedoch zugleich auch neue Konzessionen. Ähnlich verhielt es sich in Spanien; staatliche und private Anlagen bestanden nebeneinander. Allerdings waren die Konzessionen auf 20 Jahre befristet; danach fielen die privaten Anlagen entschädigungslos an den Staat – es liegt nahe, daß die Privatgesellschaften darauf ihr Geschäftsgebaren ausrichteten. In Schweden kamen zu den staatlichen und privaten noch die genossenschaftlichen Träger von Fernsprechanlagen hinzu; noch weitaus größer war die technische Vielfalt der Anlagen, die ein Zusammenarbeiten auf Landesebene erschwerten. In Rumänien diente der Fernsprecher zunächst nur Staatszwecken; erst 1892 wurde das Telefon durch Gesetz eine Einrichtung für den allgemeinen Gebrauch. Das französische Ergebnis spiegelt die allgemeine Bevölkerungs- und Wirtschaftsentwicklung diese Landes, insbesondere den Individualismus der Franzosen, die industrie- und finanzfeindliche Einstellung der Bevölkerung auf dem Lande und insbesondere der Vertreter der Landwirtschaft.

Die Entwicklung in Kanada ist insbesondere im Vergleich mit den USA bemerkenswert. In beiden Staaten ist die Entwicklung des Fernsprechwesens zunächst ohne größere Staatseinwirkung abgelaufen. Allerdings ist in den USA eine private Gesellschaft so groß geworden, daß sie praktisch über ein Monopol verfügte. In Kanada hat die staatliche Einwirkung wesentlich früher eingesetzt. 1888, nach der Fusion der beiden größten Gesellschaften, sorgte die Regierung für neuen Wettbewerb durch entsprechende Auflagen für den Marktführer. 1912 gab es in Kanada 683 unabhängige Fernsprechgesellschaften. Jede hatte in ihrem Gebiet ein Monopol auf ein öffentliches Fernsprechnetz. Damit blieb jedoch der Wettbewerb begrenzt.[95]

Das alleine kann nicht ausschlaggebend gewesen sein – insbesondere im Hinblick auf die Entwicklung in den Staaten mit Staatsmonopol. Wenn wir davon ausgehen dürfen, daß eine private Gesellschaft andere Unternehmensstrategien verfolgt als eine staatliche und daß letztere ein – nicht fiskalisch eingesetztes Fernsprechwesen – zum Nutzen der Gesamtbevölkerung besser entwickelt als das auf Gewinnzielung ausgerichtete Privatunternehmen, dann ist nicht einzusehen, daß in den USA das Telefon auch auf dem flachen Lande eine bemerkenswert gute Verbreitung gefunden hat. Es sei denn, und dafür gibt es Anhaltspunkte, daß in den USA auf dem Lande

---

[95] Vgl. dazu R. Pike, V. Mosco, Die kanadischen Verbraucher und die Gefahren für die Telefonversorgung aller: Becker (Hg.), Fern-Sprechen, S. 333-342.

andere, bessere Möglichkeiten für den Einsatz des Fernsprechers bestanden haben:
- die für die Nordamerikaner allgemein festgestellte Aufgeschlossenheit gegenüber technischen Neuerungen gilt in uneingeschränktem Maße – anders als z. B. in Frankreich – auch für die Bewohner des flachen Landes;
- das Telefon bot große Vorteile, insbesondere für die alleinliegenden Einzelgehöfte, bei der Beschaffung von Arbeitskräften und bei der Herbeiholung von Hilfe in Notfällen;
- anders als in Europa wurde das Telefon in den USA nicht nur zur geschäftlichen, sondern auch schon zur privaten Kommunikation benutzt;
- das Einkommen der Landbevölkerung, insbesondere der landwirtschaftlichen Unternehmer, war relativ gut und höher als in den übrigen Staaten;
- man war gewillt, für eine Telefonanlage größere Kosten zu tragen; wenn große Gesellschaften nicht bereit waren, das gewünschte Landnetz zu bauen und zu betreiben, so realisierten die Interessenten das in Eigenverantwortung.[96]

Beispiele für die Einführung des Wählbetriebs

1892	USA
1908	Deutschland
1910	Schweiz
1911	Niederlande
1912	Großbritannien
1913	Frankreich
1914	Indien
1915	Schweden

---

[96] Vgl. dazu W. König, Nutzungswandel, Technikgenese und Technikdiffusion. Ein Essay zur Frühgeschichte des Telefons in den Vereinigten Staaten und Deutschland, ebd., S. 147-163 – hier werden allerdings für Deutschland irrtümlich nur die staatlichen Einrichtungen, nicht jedoch alle dem privaten Telefonverkehr zugänglichen Einrichtungen berücksichtigt.

Beispiele für die Einführung interurbaner Verbindungen

1877/78	USA
1879	Kanada
1881	Italien
1882	Deutschland
	Brasilien
1883	Schweden
	Schweiz
1884	Belgien
1885	Frankreich
1887	Norwegen
1888	Niederlande

Beispiele für die Aufnahme des grenzüberschreitenden Verkehrs

1881	USA
	Kanada
1886	Deutschland
	Schweiz
1891	Großbritannien
1892	Frankreich
1893	Schweden
	Dänemark
1895	Niederlande
	Belgien
1896	Liechtenstein
1900	Monaco
1902	Luxemburg
1903	Norwegen
1913	Irland
1914	Rußland
	Bulgarien

Zusammenfassend dürfen wir für die Diffusionsphase festhalten:
- das Telefon hat sich insbesondere in den von Gewerbe und Handel geprägten Ländern zu einem immer bedeutender werdenden Kommunikationsinstrument entwickelt;
- das Telefon blieb für den lokalen Nachrichtenaustausch von Bedeutung, wurde jedoch zugleich für den regionalen und dann auch für den grenzüberschreitenden Nachrichtenverkehr immer wichtiger;
- die Überschreitung der lokalen Grenzen erforderte eine übergeordnete Organisation von Bau und Betrieb, die durch eine oder wenige große Privatgesellschaften oder durch eine, das gesamte Staatsgebiet umfassende staatliche Verwaltung gewährleistet wurde;
- die Verteilung des Fernsprechers auf Stadt-/Landbezirke zeigt eine Präferenz der staatlichen Gesellschaften zugunsten einer Verteilung unter besonderer Berücksichtigung des flachen Landes;
- Sonderentwicklungen, z. B. in Frankreich und in den USA, hatten ihren Grund in speziellen, für das jeweilige Land typischen Voraussetzungen;
- das Telefon diente – außer in den USA – noch fast ausschließlich dem geschäftlichen Nachrichtenaustausch;
- das Telefon entwickelte sich in der Diffusionsphase von einem angebots- zu einem nachfrageorientierten Kommunikationsmittel.

BRIEFVERKEHR ALS MEDIUM INTERNATIONALER KOMMUNIKATION IM AUSGEHENDEN 19. UND BEGINNENDEN 20. JAHRHUNDERT

von

Cornelius Neutsch

"Was bedeutet (...) in diesem Lande ein Brief! Nichts! Und das darf uns nicht wundernehmen; denn in Deutschland gibt es Briefe, so viele wie Gras auf den Viehweiden von Mpororo. Ein einziger Bote trägt hundert Briefe auf einmal, ja jeder einzelne Mann darf Briefe bekommen, und mancher bekommt viele auf einmal. Ich sehe selten, daß jemand durch das Lesen all der Briefe zufriedener werde oder schlechte gestimmt. Und wenn er über den einen Brief traurig wird, so greift er schnell zum nächsten, über den er froh wird, und wenn er alle Briefe fertig gelesen hat, dann weiß er nicht, ob er froh oder traurig sein soll. Nur müder ist er geworden."
So urteilte 1912 der "Ostafrikaner" Lukanga Mukara über das Briefeschreiben der Deutschen ebenfalls in einem Brief an seinen Häuptling Mukama niedergeschrieben während seiner *Forschungsreise ins innerste Deutschland*.[1] Die Briefe des Lukanga sind eine brillant und amüsant geschriebene satirische Gesellschaftskritik an den Zuständen im wilhelminischen Deutschland, die in der Tradition der *Persischen Briefe* Montesquieus verfaßt sind. Ihr Autor war der in Jugendbewegung und Lebensreform engagierte ehemalige Marine- und Kolonialoffizier Hans Paasche.

Schon etwa zwanzig Jahre zuvor hatte der Kulturhistoriker Georg Steinhausen eine ähnlich kritische Haltung eingenommen, der am Ende seiner *Geschichte des deutschen Briefes* schrieb:

"Meine Darstellung von der Geschichte des Briefes ist zu Ende: in unseren Tagen durfte am ehesten eine solche versucht werden: denn seine eigentliche Geschichte liegt hinter uns, und es scheint, als ob es mit einer weiteren Entwicklung überhaupt vorbei sei."[2]

---

[1] H. Paasche, Die Forschungsreise des Afrikaners Lukanga Mukara ins innerste Deutschland, C. Neutsch, K.H. Solbach (Hgg.), Reise in die Kaiserzeit: Ein deutsches Kaleidoskop, Leipzig 1994, S. 28.

[2] G. Steinhausen, Geschichte des deutschen Briefes. Zur Kulturgeschichte des deutschen Volkes, Berlin 1899, S. 410.

Die Kultur des Briefeschreibens vergangener Jahrhunderte war nach Ansicht Steinhausens verlorengegangen, denn "die Nüchternheit der Zeit" und den "materiellen Zeitgeist" fand er viel eher durch die Postkarte charakterisiert vor allem wegen "ihrer Kürze und Bequemlichkeit".[3]

Sowohl Paasche als auch Steinhausen beklagten die in ihrer Zeit nicht mehr vorhandene Exklusivität brieflicher Kommunikation; denn der Briefverkehr hatte sich in der zweiten Hälfte des 19. Jahrhunderts zum wichtigsten nationalen und internationalen Massenkommunikationsmittel entwickelt. Verantwortlich hierfür waren vor allem die allgemeinen verkehrsinfrastrukturellen Verbesserungen, die sich die Post zunutze machte. Durch die Herstellung von Postverbindungen zwischen den Kontinenten wurde die Post zu einem weltweiten Verkehrsmittel.[4]

Von den Zeitgenossen wurden die radikalen Veränderungen der Kommunikationsbedingungen in der Regel mit Bewunderung wahrgenommen, waren sie doch ein augenscheinlicher Beweis des Fortschritts. So dominierten in den Veröffentlichungen jener Zeit euphorische Darstellungen, in denen man beispielsweise die Gründung und den Ausbau des Weltpostvereins als "die erste Etappe der Menschheit zum Weltfrieden" feierte oder den Weltverkehr mit "Weltveredlung" gleichsetzte, da er half, "die Schranken zu beseitigen, welche die Menschheit trennten, und einer höheren und humaneren Kultur die Wege bahnte".[5] Distanziertere Stellungnahmen wie die Paasches oder Steinhausens hingegen waren eher die Ausnahme.

Der ständig steigende Briefverkehr wurde in einer Reihe von Publikationen angeführt, um den "gewaltigen Kulturaufstieg", den Deutschland insbesondere nach der Reichsgründung genommen hatte, statistisch zu untermauern und damit zu verifizieren.[6]

Zwischen 1870 und 1913 war der Briefverkehr im Kaiserreich von 334 Mill. Sendungen auf 6 Mrd. 822 Mill. Sendungen angestiegen, wobei vor dem Ersten Weltkrieg unter Briefverkehr neben den eigentlichen Briefen auch Postkarten, Drucksachen und Warenproben sowie Geschäftspapiere zu verstehen sind. Der Anteil des Auslandsbriefpostverkehrs erhöhte sich in diesem Zeitraum von 9% auf 11,4%.

---

[3] Ebd. S. 409.

[4] O. Jentsch, Unter dem Zeichen des Verkehrs. Stuttgart und Leipzig 1904, S. 5.

[5] Ein sehr treffendes Beispiel ist in diesem Zusammenhang: Das Goldene Buch des Deutschen Volkes an der Jahrhundertwende. Eine Ueberschau vaterländischer Kultur und nationalen Lebens (...), Leipzig 1899.

[6] Deutschland unter Kaiser Wilhelm II., III, Berlin 1914, S. 921.

Tabelle 1: Briefsendungen insgesamt (ohne Feldpostsendungen) (in Mill. Stück)[7]

Jahr	Zahl	Jahr	Zahl	Jahr	Zahl
1871	412	1886	1191	1901	3397
1872	465	1887	1266	1902	3602
1873	527	1888	1327	1903	3834
1874	583	1889	1451	1904	4036
1875	623	1890	1583	1905	4247
1876	657	1891	1685	1906	4665
1877	686	1892	1778	1907	5158
1878	728	1893	1860	1908	5347
1879	762	1894	1961	1909	5660
1880	808	1895	2038	1910	5508
1881	870	1896	2140	1911	5800
1882	917	1897	2279	1912	6259
1883	985	1898	2415	1913	6822
1884	1051	1899	2634		
1885	1119	1900	3175		

Tabelle 2: Briefsendungen innerhalb des Gebiets der Deutschen Reichspost (in Mill. Stück)[8]

Jahr	Zahl	Jahr	Zahl	Jahr	Zahl
1871	333	1886	975	1901	2841
1872	378	1887	1040	1902	3005
1873	432	1888	1086	1903	3186
1874	481	1889	1190	1904	3358
1875	512	1890	1307	1905	3522
1876	535	1891	1390	1906	3862
1877	559	1892	1463	1907	4292
1878	594	1893	1531	1908	4416
1879	623	1894	1615	1909	4681
1880	662	1895	1680	1910	4532
1881	711	1896	1765	1911	4790
1882	746	1897	1879	1912	5177
1883	802	1898	1985	1913	5624
1884	859	1899	2166		
1885	916	1900	2657		

[7] Quelle: Statistik der Reichs-, Post- und Telegraphen-Verwaltung, zit. nach: Zahlenspiegel der Deutschen Reichspost (1871-1945), hg. vom Bundesministerium für das Post- und Fernmeldewesen, o.O. 1957, S. 34.
[8] Ebd. S. 36.

Tabelle 3: Briefsendungen im zwischenstaatlichen Dienst (in Mill. Stück)[9]

a) eingeliefert nach dem Ausland

Jahr	Zahl	Jahr	Zahl	Jahr	Zahl
1871	40	1886	116	1901	301
1872	44	1887	119	1902	324
1873	48	1888	128	1903	354
1874	52	1889	139	1904	366
1875	57	1890	146	1905	392
1876	61	1891	157	1906	432
1877	66	1892	169	1907	466
1878	69	1893	177	1908	512
1879	72	1894	189	1909	536
1880	76	1895	195	1910	517
1881	82	1896	205	1911	526
1882	88	1897	217	1912	555
1883	95	1898	233	1913	597
1884	100	1899	257		
1885	107	1900	281		

b) eingegangen aus dem Ausland

Jahr	Zahl	Jahr	Zahl	Jahr	Zahl
1871	39	1886	100	1901	255
1872	43	1887	107	1902	273
1873	47	1888	113	1903	294
1874	50	1889	122	1904	312
1875	54	1890	130	1905	333
1876	61	1891	138	1906	371
1877	61	1892	146	1907	400
1878	65	1893	152	1908	419
1879	67	1894	157	1909	443
1880	70	1895	163	1910	459
1881	77	1896	170	1911	484
1882	83	1897	183	1912	527
1883	88	1898	197	1913	601
1884	92	1899	211		
1885	96	1900	237		

Überproportional angestiegen war unter anderem die Versendung von Postkarten. Während beispielsweise der eigentliche Briefverkehr zwischen

---

[9] Ebd. S. 38.

1887 und 1911 um etwas mehr als das Dreieinhalbfache angestiegen war, stieg die Versendung von Postkarten im gleichen Zeitraum um das Sechsdreiviertelfache.

Tabelle 4: Zur Struktur des Briefpostverkehrs im Deutschen Reich (in Mill. Stück)[10]

Jahr	1887 im ganzen	davon innerh. Dt.	1911 im ganzen	davon innerh. Dt.
Briefe	897,8	735,2	3215,4	2712,8
Postkarten	276,6	251,4	1871,4	1617,2
Drucksachen	275,3	218,5	1477,6	1243,0
Geschäftspapiere			25,5	20,0
Warenproben	20,3	11,6	103,4	67,4

Im Weltpostverkehr wurden im Jahre 1873 insgesamt 3 Mrd. 330 Mill. Sendungen verschickt, 1890 waren es im Bereich des Weltpostvereins bereits 17 Mrd., davon etwa 8 Mrd. Briefe und 1 Mrd. 630 Mill. Postkarten. Der Anteil des Deutschen Reichs am internationalen Postverkehr betrug etwas mehr als ein Sechstel.[11]

Das im Verlauf des 19. Jahrhunderts ständig steigende Postaufkommen erforderte eine grundsätzliche Neuregelung der internationalen Postbeziehungen. Das Tarifsystem war in diesem Bereich sehr unübersichtlich, da sich das Porto aus unterschiedlichen Teilgebühren des Einlieferer- und Bestimmungslandes sowie einem oder mehrerer Durchgangsländer zusammensetzte, die nach jeweils unterschiedlichen Systemen berechnet wurden.[12] Die Verschiedenheit der Gebührengrundsätze, d.h. die Unterschiedlichkeit von Gewichtssätzen oder Gewichtsstufen mußten vom Absender und von der Aufgabepostanstalt genauestens beachtet werden, um eine reibungslose Beförderung zu gewährleisten. Auch die Uneinheitlichkeit der Bestimmungen bei den bestehenden zwischenstaatlichen Verträgen stellten eine erhebliche Behinderung des internationalen Postverkehrs dar, da die jeweiligen Postverwaltungen bei der Festsetzung der Gebühren nicht nur darauf achteten, ihre anfallenden Kosten decken zu können, sondern nach Möglichkeit Gewinne erwirtschaften wollten. Beim Abschluß von Postverträgen bereitete daher die Festsetzung der Gebühren für Durchgangssendun-

---

[10] Deutschland unter Kaiser Wilhelm II., S. 906.

[11] M. Geistbeck, Weltverkehr. Die Entwicklung von Schiffahrt, Eisenbahn, Post und Telegraphie bis zum Ende des 19. Jahrhunderts, Freiburg/Brsg. 1895, Ndr. Hildesheim 1986, S. 442.

[12] H. Pohl, Aufbruch der Weltwirtschaft: Geschichte der Weltwirtschaft von der Mitte des 19. Jahrhunderts bis zum Ersten Weltkrieg, Stuttgart 1989, S. 236f.

gen besondere Probleme. Oft verlangten die Postverwaltungen derart hohe Sätze, daß man von einem regelrechten Durchgangszoll sprechen kann. So entstanden für eine Briefsendung von A nach B je nach Leitweg unterschiedliche, oft extrem hohe Beförderungskosten.[13] Alle Bemühungen um Vereinheitlichung und Vereinfachung im grenzüberschreitenden Postverkehr blieben lange Zeit nur Stückwerk. Erst die Gründung des Weltpostvereins im Jahre 1878 brachte eine internationale Einheit im Bereich der Rechts- und Gebührenfragen.[14]

Grundlage des Vereins wurde der Weltpostvereinsvertrag – auch Hauptvertrag genannt –, der neben der Vereinsverfassung und dem Geltungsbereich des Weltpostvereins die grundlegenden Bestimmungen über den Briefpostdienst enthält. Dieser Vertrag wurde erstmals 1874 auf dem Berner Postkongreß als "Allgemeiner Postvertrag" und vier Jahre später auf dem Pariser Postkongreß als "Weltpostvereinsvertrag" vereinbart. Das Vertragswerk wurde vor dem Ersten Weltkrieg auf den Postkongressen in Paris (1880), Lissabon (1885), Wien (1891), Washington (1897) und Rom (1906) verbessert und um zusätzliche Dienstzweige erweitert.[15]

Die Weltpostverträge sowie ergänzende zwischenstaatliche Vereinbarungen determinierten weitgehend die rechtlichen und organisatorischen Rahmenbedingungen des internationalen Postverkehrs seit dem späten 19. Jahrhundert.

Zu den wichtigsten Bestimmungen gehörten ermäßigte, gleichmäßige Tarife im Briefverkehr ohne Rücksicht auf die Länge der Beförderungsstrecke, was die Vielfalt des bisherigen Tarifsystems beseitigte. So kostete zur Zeit der Reichsgründung ein frankierter Brief von Hamburg oder Bremen nach den USA noch 6 1/2 Silbergroschen, während man später für einen 15 Gramm schweren Brief nur noch 20 Pfennig zu zahlen hatte; für eine Postkarte sogar nur 10 Pfennig.[16] Ein weiterer Fortschritt des Weltpostvereinsvertrags lag in

---

[13] Handwörterbuch des Postwesens, Berlin 1927, S. 684. Im Bereich des inneren Postdienstes der verschiedenen europäischen Staaten waren bereits in der ersten Hälfte des 19. Jahrhunderts eine Reihe von Neuerungen eingetreten, um den steigenden Anforderungen gerecht zu werden. Für die weitere Entwicklung wegweisend wurde die Einführung des Penny-Portosystems in England im Jahre 1840. Seit diesem Zeitpunkt betrug die Gebühr für einen gewöhnlichen Brief mit einem Gewicht bis zu einer halben Unze für das gesamte Gebiet der Britischen Krone einheitlich einen Penny. Als Konsquenz dieser Veränderung stieg der Postverkehr im folgenden Jahr von 75 Mill. auf 175 Mill. Sendungen an. O. Klaus, Die Post auf dem Weltmeer, Berlin 1908, S. 11.

[14] W. Münzberg, Der grenzüberschreitende Briefverkehr vor Gründung des Weltpostvereins, Archiv für deutsche Postgeschichte, Sonderheft 1984, S. 112-131.

[15] Handwörterbuch, S. 684ff.

[16] Auf dem Postkongreß von Rom (1906) wurde eine weitere Gebührenermäßigung vereinbart. Danach kostete ein Brief von Deutschland nach den USA bis zu 20 Gramm 20 Pfennig; Briefe zwischen 20 und 40 Gramm 30 Pfennig. Ab 1909 betrug

der Gewährleistung des Transits, d.h. jede Postverwaltung hatte die Verpflichtung, gemäß ihren Möglichkeiten für schnelle Weiterbeförderung in Drittländer zu sorgen. Die Gebühren für diese Transitleistungen waren einheitlich festgesetzt, wodurch das Abrechnungsverfahren ungemein erleichtert wurde. Die Abrechnungen erfolgten nicht mehr aufgrund fortlaufender Aufzeichnungen, sondern anhand statistischer Ermittlungen, die nur während weniger Wochen durchgeführt wurden. Im unmittelbaren zwischenstaatlichen Austausch von Postsendungen fand eine Abrechnung überhaupt nicht mehr statt, da man von einem gegenseitigen Ausgleich der Leistungen ausging.[17]

Mehr noch als die Vereinbarungen der Weltpostverträge sind die Verkehrsinfrastrukturveränderungen des späten 19. Jahrhunderts für die immense Steigerung des Weltpostverkehrs verantwortlich. Die Postverwaltungen hatten es nicht nur verstanden, die Verkehrsinfrastrukturverbesserungen optimal für die postalischen Zwecke zu nutzen, sondern darüber hinaus aktiv die Vernetzung der einzelnen Verkehrsträger zu globalen Kommunikationssystemen mitbetrieben.

Im folgenden sollen die wichtigsten Träger des Weltpostverkehrs kurz skizziert und die Entwicklung ihrer Vernetzungsstrukturen anhand einiger Fallbeispiele umrissen werden. Zum zentralen Postbeförderungsmittel für den internationalen Überlandpostverkehr entwickelten sich sehr schnell die Bahnposten. Die Eisenbahnlinien bestimmten den Verlauf der sich anschließenden Postkurse und die Eisenbahnfahrpläne setzten entsprechend die Zeiten für die Postzustellung und den Postabgang.[18] Den ersten Bahnpostdienst in Deutschland mit besonders eingerichteten Eisenbahnwagen, in denen die Sendungen während der Fahrt bearbeitet wurden, hatte im Jahre 1848 die badische Postverwaltung eingerichtet, Preußen folgte ein Jahr später. Spezielle "Post-Speditions-Ämter" – später Bahnpostämter – organisierten den Eisenbahnpostbetrieb. Bereits 1897 waren im Bahnpostdienst der Reichspostverwaltung insgesamt 2.214 Beamte und 3.617 Unterbeamte beschäftigt, die Gesamtlänge der Bahnpostkurse im Gebiet der Reichspostverwaltung stieg zwischen 1880 und 1913 von 26.170 km auf 43.087 km.[19] Zwischen Reichgründung und Ausbruch des Ersten Weltkrieges verzehnfachte sich die Zahl der täglich zur Postbeförderung benutzten Züge von 1.716 auf

---

die Gebühr nur noch 10 Pfennig pro 20 Gramm. K. Sautter, Geschichte der Deutschen Post, III: Geschichte der Deutschen Reichspost (1871-1945), Frankfurt/M. 1951, S. 538.

[17] Klaus, Die Post, S. 13ff.

[18] Horst A. Wessel, Die Entwicklung des Nachrichtenverkehrs und seine Bedeutung für Wirtschaft und Gesellschaft – Briefpost und das öffentliche Fernmeldewesen im Kaiserreich 1871-1918, H. Pohl (Hg.), Die Bedeutung der Kommunikation für Wirtschaft und Gesellschaft, Stuttgart 1989, S. 296.

[19] Postmuseum Berlin, Urania (Sammelmappe).

17.303 und die Menge der Bahnpostwagen vervierfachte sich von 561 auf 2.371 Fahrzeuge. Die Höchstgeschwindigkeiten der Schnellzüge waren von 60 km/h (1870) auf 88 km/h (1913) gestiegen.[20] Der Verkehr auf diesen Kursen erreichte zum Teil derart umfangreiche Ausmaße, daß vor dem Ersten Weltkrieg bestimmte Strecken entlastet werden mußten, um den Dienstbetrieb, der im Laufe der Zeit durch eine Reihe von Betriebsvorschriften vereinfacht wurde, reibungslos abwickeln zu können.

Zu den ältesten grenzüberschreitenden deutschen Bahnposten gehört der Bahnpostkurs 10 Köln-Verviers. Für Deutschland wurde Verviers ein Knotenpunkt der wichtigsten überseeischen Postverbindungen, da fast sämtliche Postsendungen, die über Marseille, Lissabon, Calais und Ostende für Deutschland und die östlich davon liegenden Länder Verviers passierten.[21] Schon um die Jahrhundertwende mußten bei mehreren Bahnpostämtern während einer Fahrt über 80.000 Briefe und Drucksachen sowie über 1.000 Einschreibbriefe einzeln umgearbeitet werden. Die nachfolgende Übersicht über die Stückzahl der in der Bahnpost Köln-Verviers in den Jahren 1890 und 1897 beförderten Einschreibbriefe vermittelt einen Eindruck über die zunehmende Geschäftstätigkeit dieser Bahnpost. Die USA erscheinen in dieser Übersicht nicht, da die Auswechslung auch über deutsche Seeposten und über englische Dampfer, d.h. nur zum Teil über die Bahnpost vermittelt wurde.[22]

Tabelle 5: Einschreibbriefe wurden über die Bahnpost Köln-Verviers vermittelt:

Land:	Nach		Aus	
	1890	1897	1890	1897
Argentinien	15.732	12.886	6.486	9.750
Brasilien	18.138	51.354	13.272	34.248
Chile	5.058	11.338	3.126	5.754
Columbien	1.476	3.204	246	1.134
Guatemala	588	2.424	132	2.622
Mexiko	294	2.898	1.302	1.734
Peru	1.440	3.852	858	2.034
Uruguay	2.526	1.770	1.932	2.658

---

[20] H. Miosga, 130 Jahre Bahnpost in Deutschland. Entwicklungsgeschichte der deutschen Bahnpostwagen von 1849-1979, Archiv für deutsche Postgeschichte 1980, H. 1, S. 15, 102.
[21] H. Körting, Entstehung und Weiterentwicklung der grenzüberschreitenden deutschen Bahnposten, Archiv für deutsche Postgeschichte, Sonderheft 1984, S. 135-137.
[22] Deutsche Verkehrszeitung 22 (1898), S. 386.

Land:	Nach		Aus	
	1890	1897	1890	1897
Venezuela	1.194	2.850	324	1.050
Cuba und Porto Rico	570	2.070	1.068	1.278
Apia (Samoa)	114	222	114	384
China	228	1.800	-	168
Japan	408	4.836	1.836	8.952
Kapkolonie	4.082	3.462	510	2.280
Südafrikanische Republik	1.612	5.334	174	4.330
Kamerun	6	288	168	360
Deutsch-Südwestafrika	-	1.320	-	6.306

Eine besonders deutliche Zunahme war im Postverkehr mit den deutschen Kolonien Kamerun und Südwestafrika, sowie mit China, Japan und der Südafrikanischen Republik zu verzeichnen. Dabei wurde ein Teil des Postaufkommens Richtung China und Japan über Italien geleitet, ebenso nahm ein Teil des Postaufkommens nach Argentinien und Uruguay den Weg über den italienischen Hafen Genua, d.h. diese Sendungen wurden nicht über die Bahnpost Köln-Verviers, sondern über die Bahnpost Kufstein-München geleitet.

Den eigentlichen Überseepostverkehr vermittelten Ende des 19. Jahrhunderts in erster Linie die größeren Postdampfschifflinien, die nach geregeltem Fahrplan, d.h. für die Postverwaltungen kalkulierbar verkehrten.

Um möglichst kurze Beförderungszeiten und zuverlässige Verbindungen zu erreichen, waren die Postverwaltungen genötigt, die verschiedenen Verkehrsmittel (im überseeischen Postverkehr vor allem Eisenbahn- und Dampfschifflinien) optimal für ihre Zwecke zu vernetzen. Um Beförderungszeiten abzukürzen, wurden beispielsweise die für Argentinien bestimmten Postsendungen aus Deutschland den entsprechenden Dampfern nicht nur im Abgangshafen Hamburg zugeführt, sondern der größte Teil wurde per Eisenbahn zunächst bis Lissabon transportiert, was ca. eine Woche Zeit ersparte, da die Dampfer mit Zwischenstops für die Strecke Hamburg Lissabon 10 Tage benötigten, während die Eisenbahn Lissabon in gut zwei Tagen erreichte.[23] Durch die Summe solcher und vergleichbarer Maßnahmen entstand ein komplexes weltumspannendes Postverkehrsnetz, jedoch mit dem Nachteil relativ großer Störanfälligkeit zumindest bei weiten Beförderungswegen und entsprechend vielfältigen Vernetzungsstrukturen der verschiedenen Verkehrsmittel. Geringfügige Verschiebungen von Fahrplänen konnten unter Umständen eine völlige Änderung der Postbeförderungswege nach sich ziehen; verspätete Abfahrten von Dampfern oder Zügen machten es

---

[23] Klaus, Die Post, S. 20.

mitunter notwendig, bereits abgegangene Postsendungen noch kurzfristig umzuleiten, um überlange Beförderungsfristen zu vermeiden. Bei der Reichspostverwaltung setzte das "Kursbureau" die Postleitwege fest, das auch seit dem Jahre 1873 jährlich eine Übersichtskarte der bedeutenderen, zu Postzwecken benutzten Dampfschifflinien herausgab. Im Jahre 1899 befuhren insgesamt 190 verschiedene Dampferlinien die Weltmeere, 1907 waren es bereits 243.[24] Mit steigendem Postverkehrsaufkommen wurden - analog den Bahnposten - Seeposten auf den wichtigsten Dampferrouten eingerichtet.

Besondere Erwähnung verdienen in diesem Zusammenhang die deutschamerikanischen Seepostbureaus, die – von beiden Postverwaltungen gemeinsam betrieben – seit 1891 den transatlantischen Brief- und Paketpostverkehr vermittelten. Notwendig war ihre Einrichtung geworden, nachdem im Jahre 1890 das deutsch-amerikanische Postaufkommen bereits einen Umfang von über 38 Mill. Sendungen erreicht hatte.[25] Die Tätigkeit der Seepostbureaus verkürzte erheblich die Unterbrechung der Weiterbeförderung, die nach dem Eintreffen der unsortierten Post in den Landungshäfen unweigerlich entstand. Durch die Umarbeitung auf See konnten die für den Landungshafen bestimmten Sendungen sofort nach dem Eintreffen ausgetragen werden, während die übrige Post mit der nächsten Landbeförderungsgelegenheit ihrem Bestimmungsort zugeführt wurde. Insbesondere die sich in den Hafenstädten anschließenden Bahnposten wurden durch die bereits auf See geleistete Arbeit deutlich entlastet. Neben einer Zeitersparnis von bis zu zwei Tagen bot diese Organisationsform auch für die Schiffsreisenden Vorteile, da sie unterwegs die Möglichkeit hatten, Briefsendungen und Telegramme aufzugeben und zu empfangen.[26] Auf deutscher Seite vermittelten die Dampfer der Hamburg-Amerikanischen Packetfahrt-Actien-Gesellschaft (HAPAG) und des Norddeutschen Lloyd (Bremen) den deutschamerikanischen Seepostdienst. Während des zweiten Halbjahres 1895 und des ersten Halbjahres 1896 legten die Schiffe beider Gesellschaften insgesamt 98 Reisen von New-York nach Deutschland und 102 Reisen in umgekehrter Richtung zurück. Während der 98 Reisen von New-York wurden während 6.454 Arbeitsstunden 5.033.500 gewöhnliche Briefe, 68.353 Einschreibsendungen und 7.266 Säcke mit Drucksachen umgearbeitet. Während der 102 Reisen nach New-York waren es während 8.708 Arbeitsstunden 9.965.300 gewöhnliche Briefe, 184.985 Einschreibsendungen und 12.838 Säcke mit Drucksachen. Lediglich bei 0,13% der Sendungen traten Reklama-

---

[24] Karte der großen Postdampfschifflinien im Weltpostverkehr, bearbeitet im Kursbureau des Reichspostamtes, Berlin 1899, Postgeschichtliche Blätter Hamburg 29 (1986).
[25] Die deutsch-amerikanischen Seeposten, Archiv für Post und Telegraphie 19 (1891), S. 229-233.
[26] Geistbeck, Weltverkehr, S. 196.

tionen auf.[27] Ein ständiges Problem waren die zu kleinen Postkammern und die zu enge Unterbringung der Postbeamten, wenngleich auch in diesem Bereich bis 1914 erhebliche Verbesserungen eintraten.[28] Insbesondere aufgrund eines erneuerten Akommens vom 2.8.1907 zwischen beiden Postverwaltungen und den beteiligten Dampfschiffahrtsgesellschaften wurden die Raum- und Betriebsverhältnisse neu geregelt.[29]

Finanziell bedeutete die Postbeförderung für die Dampfergesellschaften – zumindest auf den befahreneren Strecken – durchaus ein lukratives Geschäft. So zahlte die amerikanische Postverwaltung im Etatjahr 1898 (1.7.1897-30.6.1898) für die Beförderung der transatlantischen Briefpost an die verschiedenen Schiffahrtsunternehmen insgesamt 955.000 Dollar.[30]

Die Postbeförderungsverträge zwischen Postverwaltungen und Dampfschiffreedereien, die ergänzend zu den Bestimmungen der Weltpostverträge abgeschlossen wurden, regelten im einzelnen die Vergütungssätze für die Reedereien und deren Verpflichtungen hinsichtlich Behandlung und Beförderung der Postsendungen. In der Regel wurden entweder feste Jahresvergütungen vorgesehen oder die Zahlungen an die Gesellschaften richteten sich nach dem Gewicht der beförderten Post.[31]

---

[27] Deutsche Verkehrszeitung 21 (1897), S. 126.
[28] Postmuseum Berlin, Mauerstr. (PM)- Aktenmaterialsammlung (AM) 1214: Akten gen. (des Reichspostamtes) betr. die Diensträume in deutsch-amerikanischen Seeposten, I (1891-98); PM-AM 1217: II (1899-1903); AM 1136: III (1904-1915).
[29] A. Koch, Deutsche Schiffs- und Seeposten sowie mögliche Beförderungsgelegenheiten nach Übersee. Ein Beitrag zur Gesamtdarstellung des Postbeförderungsdienstes zur See von den Anfängen bis zum 8. Mai 1945, Archiv für deutsche Postgeschichte 1964, H. 1, S. 1-46; 1964, H. 2, S. 21-52; 1965, H. 1, S. 40-57 (hier 1965, H. 1, S. 40). Der neue Vertrag sah u.a. vor, daß die Beamten und Unterbeamten separate Kabinen erhielten, d.h. nicht mehr in der Postkammer schlafen mußten. Vgl. hierzu: Deutsche Seepostdienst-Einrichtungen, Lloyd-Nachrichten 87, Bremen, November 1907, S. 1235f.
[30] Deutsche Verkehrszeitung 23 (1899), S. 278.
[31] Zu den Bestimmungen der von der Reichspostverwaltung mit deutschen Dampfschiffahrtsgesellschaften geschlossenen Verträge vgl. Bundesarchiv Potsdam (BArchP), Bestand Reichspostministerium (RPM) 965, Akten gen. betr.: Subventionen Inland (Zusammenstellung).

Tabelle 6: Übersicht der in Deutschland an deutsche Dampfergesellschaften im Jahre 1911 gezahlten Reichsvergütungen und Postentschädigungen[32]

Gesellschaft	Betrag in Mark
Linie	
1. Zahlungen auf Grund der Reichs-Postdampfergesetze	
Norddeutscher Lloyd in Bremen	6.090.000
Bremen-Ostasien, Bremen-Australien, Hongkong-Sydney,	
Singapore-Neu = Guinea	
Deutsche Ostafrika-Linie in Hamburg	1.350.000
Hamburg-Ost = und Südafrika	
	Summe: 7.440.000
2. Zahlungen der Postverwaltung	
a) Feste Jahresvergütungen für Postdienstleistungen	
Hamburg-Amerika Linie in Hamburg	300.000
Schanghai-Tsingtau-Tientsin	
Jaluit-Gesellschaft in Hamburg	120.000
Sydney-Jaluit-Hongkong	
Sartori & Berger in Kiel	178.000
Kiel-Korsör	
Großherzogl. Mecklenburg-Schwerinsche Regierung in Schwerin	*80.000
Warnemünde-Gjedser	
Königl. Preußische Eisenbahnverwaltung in Berlin	315.000
Sassnitz-Trälleborg	
Woermann-Linie in Hamburg	10.500
Capstadt-Swakopmund	
	Summe: 1.003.500
b) Zahlungen nach dem Gewicht der beförderten Post	
Norddeutscher Lloyd in Bremen	480.281
Bremen-New York, Bremen-Südamerika, Mittelmeer, Levante, u.s.w.	
Hamburg-Amerika Linie in Hamburg	443.104
Hamburg-New York, Hamburg-Westindien	
Hamburg-Südamerikanische D.G. in Hamburg	320.462
Hamburg-La Plata, Hamburg-Brasilien	
Woermann-Linie in Hamburg	171.345

[32] BArchP, RPM 955, Acta spec. betr.: Mitteilungen über deutsche Dampferlinien II, fol. 219f.

Hamburg-West- und Südafrika	
Kosmos-Linie in Hamburg	67.324
Hamburg-Südamerika	
Deutsche Ostafrika-Linie in Hamburg	4.954
Bombay-Ostafrika	
Hansa-Linie in Bremen	5.524
Bremen-La Plata und Ostindien	
Deutsche Levante-Linie in Hamburg	3.577
Hamburg-Levante	
A. Kirsten in Hamburg	15.361
Hamburg-England	
Oldenburg-Portugiesische Dampfschiffs-Reederei in Oldenbg.	9810
Hamburg-Marokko	
Argo-Linie in Bremen	24.070
Bremen-England	
Roland-Linie in Bremen	28.971
Bremen-Chile-Peru	
Atlas-Linie in Bremen	259
Bremen-Türkei	
J.F. Bräunlich in Stettin	92
Sassnitz-Bornholm	
Deutsch-Australische D.G. in Hamburg	6.421
Hamburg-Australien	
SUMME:	1.581.555

Auf den befahreneren Routen, insbesondere im Transatlantikverkehr, war es für die Postverwaltungen aufgrund der Dichte der Schiffsverbindungen relativ einfach, geeignete Beförderungsgelegenheiten zu finden.

Wesentlich schwieriger gestaltete sich die Abwicklung des überseeischen Postverkehrs nach wirtschaftlich weniger entwickelten Ländern. Dorthin waren regelmäßige, d.h. nach festem Fahrplan verkehrende Postdampfschifflinien oft nur durch staatliche Subventionierung zu unterhalten. Die Problematik der Schiffahrtssubventionen der europäischen Staaten des 19. Jahrhunderts ist viel zu komplex, als das sie sich auf die Frage der Postbeförderung reduzieren ließe.[33] An dieser Stelle bleibt daher nur festzuhalten, daß die staatlichen Beihilfen zu einer Verdichtung der weltweiten Schiffahrtslinien geführt haben mit der Konsequenz einer schnelleren und effizienteren Postbeförderung, da über die Subventionsverträge die staatlichen Postver-

---

[33] So wurden bei der Diskussion um die Einrichtung subventionierter Reichspostdampferlinien nach Ostasien/Australien und nach Afrika im Reichstag die postalischen Argumente oft nur vorgeschoben. Vgl. hierzu H.-U. Wehler, Bismarck und der Imperialismus, Frankfurt/M. 1984, S. 239-257.

waltungen auf Fahrpläne, Geschwindigkeiten und überhaupt die ganze Organisation des Postdienstes direkt Einfluß ausüben konnten.

Tabelle 7: Übersicht über die von den wichtigsten Nationen an ihre Dampfschiffahrtsgesellschaften gezahlten Beträge (nach der Deutschen Verkehrszeitung vom 8. Januar 1909) (umgerechnet im Mark)

Land:	Betrag:
Frankreich	
feste Vergütungen	21.990.564 Mark
Bauprämien	8.320.000 Mark
Fahrt- und Ausrüstungsprämien	25.200.000 Mark
SUMME	55.510.564 Markt
England	
I. Zahlungen des Mutterlandes:	
feste Vergütungen	10.613.610 Mark
für Postbeförderung	2.082.103 Mark
für die Bananenlinie	816.000 Mark
für Hilfskreuzer	734.000 Mark
SUMME I	14.246.113 Mark
II. Zahlungen der Kolonien	15.441.474 Mark
GESAMTSUMME	*29.687.587 Mark
Japan	
Schiffahrts- und Bau-Ermunterungsprämien	4.906.658 Mark
feste Vergütungen	16.087.615 Mark
SUMME	20.994.273 Mark
Österreich	10.603.250 Mark
Italien	
(rund)	9.760.000 Mark
Deutschland	
feste Jahresvergütungen	6.940.000 Mark
für Postbeförderung	2.442.654 Mark
SUMME	9.382.654 Mark
Vereinigte Staaten von Amerika	
(Meilengelder)	7.243.908 Mark

* Außerdem wird künftig, nach Erfüllung der vertraglichen Bedingungen für die beiden 24 1/2 Knoten-Dampfer Lusitania und Mauretania an die Cunard Line eine jährliche Vergütung von 3.000.000 Mark gezahlt. Bis dahin erhält die Cunard Line noch die bisherige Hilfskreuzer-Vergütung von 420.000 Mark.

Das Deutsche Reich unterhielt subventionierte Postdampferlinien nach Ostasien und Australien (seit 1886) sowie nach Afrika (seit 1890). Die Seepostdienste auf diesen Reichspostdampferlinien wurden nicht, wie die deutsch-amerikanischen Seepostdienste von Postfachbeamten wahrgenommen, sondern von einem der Schiffsoffiziere, in der Regel dem Zahlmeister.[34] Einrichtung und Betrieb dieser Linien stehen in engem Zusammenhang mit den kolonialpolitischen und -wirtschaftlichen Interessen des Deutschen Reiches, wie überhaupt die Bedeutung des Nachrichtenverkehrs für den Imperialismus und Kolonialismus des 19. Jahrhunderts nicht unterschätzt werden darf. Bis zur Jahrhundertwende hatten sich die europäischen Staaten in der Welt Gebiete angeeignet, deren Fläche fast neunmal so groß war wie die Europas. Sowohl für die von den europäischen Staaten gewünschte wirtschaftliche Ausbeutung dieser Gebiete als auch für den Aufbau effizienter Kolonialverwaltungen war die Einrichtung moderner Nachrichtensysteme eine notwendige Voraussetzung.

In der wissenschaftlichen Auseinandersetzung mit dem Imperialismus des 19. Jahrhunderts wird diesem Tatbestand auf der theoretischen Ebene durchaus Rechnung getragen; so postuliert beispielsweise die Theorie des strukturellen Imperialismus neben einem ökonomischen, politischen, militärischen und kulturellen Imperialismus einen eigenen Kommunikationsimperialismus als konstitutiven Bestandteil des Gesamtphänomens.[35] Im Bereich der empirischen Geschichtswissenschaft hingegen ist dieser Bereich bislang ein Desiderat.

Das Deutsche Reich trat erst 1884 durch den Erwerb Südwestafrikas in den Kreis der Kolonialmächte ein. Es folgte die Inbesitznahme von Kamerun, Togo, Ostafrika, Gebieten in der Südsee und von Kiautschou, einem Pachtgebiet an der chinesischen Küste. Mit dem kolonialpolitischen Engagement Deutschlands verbanden sich zunächst hohe wirtschaftliche und politische Erwartungen, die jedoch nach kurzer Zeit der Ernüchterung wichen, denn wirtschaftlich blieb das deutsche Kolonialreich bedeutungslos: 1912 kamen nur 0,4% der deutschen Einfuhren aus den eigenen Kolonien, nur 0,5% der deutschen Ausfuhr ging in diese Gebiete.[36] Nach der Inbesitznahme wurde in den Kolonien sukzessive mit dem Aufbau von Post- und Telegrafenverbindungen nach europäischem Muster begonnen.

---

[34] J. Wanka, Seeposten in Deutschland und dem weiteren Auslande, Prag 1904, S. 14.
[35] W.J. Mommsen, Imperialismustheorien. Ein Überblick über die neueren Imperialismusinterpretationen, Göttingen 1977, S. 108ff.
[36] F. Schinzinger, Die Kolonien und das Deutsche Reich: Die wirtschaftliche Bedeutung der deutschen Besitzungen in Übersee, Stuttgart 1984.

Tabelle 8: Erstgründungen deutscher Postanstalten in den Kolonien und deren Beitritt zum Weltpostverein

Deutsche Kolonie (seit)	Erste deutsche Postanstalt	Beitritt zum Weltpostverein
Deutsch-Ostafrika (27.2.1885)	23.11.1888	01.04.1891
Deutsch-Südwestafrika (24.4.1884)	16.07.1888	01.07.1888
Kamerun (14.7.1884)	01.02.1887	01.06.1887
Togo (5.7.1884)	01.03.1888	01.06.1888
Deutsch-Neuguinea (17.5.1885)	1888	01.01.1888
Karolinen/Palau-Inseln/Marianen (13.2.1899)	Dez. 1899	*
Marshall-Inseln	29.03.1899	01.10.1888
Samoa (1.3.1900)	Sept. 1886	**
Kiautschou (26.3.1898)	26.01.1898	01.01.1899

* Gebiete gehörten bereits unter spanischer Herrschaft zum Weltpostverein
** Die deutsche Postanstalt in Apia gehörte seit 1888 zum Weltpostverein

Eine Besonderheit lag in der Organisation des deutschen Kolonialpostdienstes, der nicht wie die entsprechenden Einrichtungen anderer Kolonialmächte der jeweiligen Kolonialverwaltung sondern dem Reichspostamt unterstellt war.[37] In den Hauptorten existierten leitende Postanstalten, deren Verwaltungsbefugnisse denen der heimischen Oberpostdirektionen vergleichbar waren, d.h. ihnen unterstand das gesamte Personal und sie führten die Abrechnungen und die Aufsicht über den Dienstbetrieb der anderen Postanstalten. Die leitende Postanstalt war ferner dafür verantwortlich, dem Reichspostamt Vorschläge für die Weiterentwicklung des Post- und Telegrafenwesens in der jeweiligen Kolonie zu unterbreiten. Wenngleich hierbei natürlich eine Abstimmung mit den Kolonialbehörden erfolgte, so konnte die Reichspost- und Telegrafenverwaltung doch begrenzt eine relativ eigenständige Infrastrukturpolitik betreiben, die sich nicht immer mit den Wünschen und Vorstellungen der Kolonialverwaltungen deckte. Enge Grenzen wurden einer schnellen Entwicklung der Nachrichtenverbindungen vor allem durch die hierbei entstehenden hohen Kosten gesetzt, denn finanziell blieb das Engagement der Reichspost in den deutschen Kolonien ein Verlustgeschäft. Die jährlichen Defizite betrugen bis zu 2 Mill. Mark, wobei insbesondere für

---

[37] Hinsichtlich des laufenden Dienstbetriebes unterstanden die Post- und Telegrafenanstalten in den afrikanischen Kolonien zunächst der Oberpostdirektion Hamburg, später dann unmittelbar dem Reichspostamt. Die deutschen Postanstalten in der Südsee hingegen unterstanden der OPD Bremen, das Post- und Telegrafenwesen in Kiautschou wurde von der deutschen Postdirektion in Schanghai geleitet.

Neuinvestitionen im Bereich der Telegrafen- und Telefonanlagen erhebliche Mittel aufgewendet werden mußten. Der Ausbau des Post- und Telegrafenwesens in den deutschen Kolonien und der Auslandspostanstalten verlief nicht linear sondern in Phasen unterschiedlicher Intensität. Neben allgemeinen wirtschaftlichen und politischen Rahmenbedingungen sind hierfür regionale und lokale Besonderheiten der in ihrer geographischen, wirtschaftlichen und gesellschaftlichen Struktur sehr verschiedenen deutschen Kolonialgebiete verantwortlich. Für nahezu alle deutschen Kolonialgebiete läßt sich konstatieren, daß insbesondere während der letzten zehn Jahre vor Ausbruch des Ersten Weltkrieges die postalische Infrastruktur erheblich ausgebaut wurde. Die Zahl der Auslandspostanstalten hingegen blieb aufgrund der politischen Entwicklungen in diesen Gebieten nahezu konstant.

Tabelle 9: Den Postdienst vermittelnde Verkehrsanstalten der Reichs-Post- und Telegrafenverwaltung in den deutschen Kolonien und im Ausland

a) Deutsche Kolonien:	31.12.1903	1.7.1914[38]
Deutsch-Ostafrika	26	51
Deutsch-Südwestafrika	32	76
Kamerun	5	45
Togo	2	17
Deutsch-Neuguinea	5	15
Karolinen/Palau-Inseln/Marianen	3	6
Marshall-Inseln	1	2
Samoa	1	8
Kiautschou	3	10
SUMME:	78	230
b) Ausland:		
China	14	13
Türkei	5	5
Marokko	11	14

Der seit der Jahrhundertwende rapide steigende Briefverkehr der deutschen Kolonien spiegelt den Ausbau der postalischen Infrastruktur wider.

---

[38] Quelle: H. Herzog, Deutsche Post- und Telegrapheneinrichtungen in den Kolonien und im Auslande, Archiv für Post und Telegraphie 1903, S. 33-49, 64-88; W. Puche, Post und Telegraphie in den deutschen Schutzgebieten und bei den deutschen Verkehrsanstalten im Ausland in den Jahren 1903-1914, ebd. 1921, S. 377-414, 451-472.

Tabelle 10: Briefverkehr der deutschen Kolonien in Afrika (1899-1913)[39]

JAHR/GESAMTZAHL STÜCK	Deutsch-Südwestafrika	Deutsch-Ostafrika	Kamerun	Togo
1899/1900	728.458	572.902	149.794	83.484
1900/1901	834.572	673.841	212.934	112.680
1901/1902	876.297	818.747	268.464	136.908
1902	878.039	940.737	272.192	154.735
1903	987.115	1.018.592	315.808	194.691
1904*	1.948.332	1.501.325	355.900	193.587
1905	10.093.185	2.013.562	392.233	208.039
1906	17.063.803	2.249.451	539.880	219.790
1907	5.771.954	2.799.391	861.462	298.520
1908	5.866.335	3.080.670	1.072.423	344.702
1909	6.183.761	3.480.182	929.487	383.507
1910	7.265.592	3.931.965	1.007.348	427.047
1911	6.495.270	3.403.107	1.097.821	456.956
1912	5.472.623	3.676.455	1.526.301	488.606
1913	6.129.909	4.276.870	1.829.387	597.082

Die Angaben für Deutsch-Südwestafrika und für Togo beruhen auf 30-tägiger, die Angaben für Deutsch-Ostafrika und Kamerun auf 28-tägiger Zählung
* Angaben laut Aktenvermerk nicht ganz vollständig

Die Intensivierung des Briefverkehrs seit der Jahrhundertwende ist unter anderem auf die Einführung des Inlandsportos seit dem 1. Mai 1899 zurückzuführen. Bis zu diesem Zeitpunkt galt der Briefverkehr zwischen Deutschland und seinen Kolonien sowie der Kolonien untereinander als Auslandspostverkehr, d.h. es waren die im Weltpostverkehr festgesetzten in 15 Gramm-Schritten abgestuften Portosätze von 20 Pfennig pro 15 Gramm zu entrichten. So kostete beispielsweise die Beförderung eines Briefes von Deutschland nach Deutsch-Ostafrika mit einem Gewicht von 250 Gramm 17 mal 20 Pfennig = 3 Mark 40 Pfennig.

Die inneren deutschen Portosätze hingegen betrugen bei Briefen bis zu 15 Gramm 10 Pfennig; bei Briefen über 15 Gramm bis zu 250 Gramm 20 Pfennig, d.h. der gleiche Brief von Deutschland nach Deutsch-Ostafrika wurde nach Einführung des Inlandsportos für 20 Pfennig befördert. Mit dieser ver-

---

[39] Statistik der Reichs-Post- und Telegraphen-Verwaltung zit. nach: BArchP RPM GA 4910 - GA 4913: Akten gen. betr.: Veröffentlichungen und Rapporte über die deutschen Schutzgebiete und die deutschen Postanstalten im Auslande (Bde. 4-7).

kehrspolitischen Maßnahme war das Deutsche Reich dem Beispiel Großbritanniens und Frankreichs gefolgt.⁴⁰

Beim Aufbau einer postalischen Infrastruktur im Inneren der Kolonien hatten die europäischen Staaten erhebliche Schwierigkeiten zu überwinden. Eine Verkehrsinfrastruktur nach europäischem Vorbild, die sich die Post hätte zunutze machen können, mußte in den afrikanischen und asiatischen Kolonialgebieten erst geschaffen werden; so ist die Entwicklung der postalischen Infrastruktur eng gekoppelt mit dem Ausbau der Verkehrsinfrastruktur. Generell läßt sich für das Post- und Verkehrswesen in den deutschen Kolonien bis 1914 ein Nebeneinander traditioneller und moderner Verkehrsmittel konstatieren, die durch die Postverwaltung mehr und mehr zu einer zusammenhängenden postalischen Infrastruktur vernetzt wurden. Auf den Wasserwegen Kameruns verkehrten Flußdampfer ebenso wie Einbäume (Kanus), den Postverkehr auf den großen Binnenseen Ostafrikas vermittelten bereits Dampfer aber auch noch Segel- und Ruderboote.⁴¹ In Südwestafrika wurden neben Ochsen- und Pferdekarren, Pferde-, Reit- und Kamelposten vor 1914 bereits Kraftwagen und Flugzeuge zur Postbeförderung eingesetzt. Während einerseits in den durch Eisenbahnstrecken erschlossenen Regionen Bahnposten eine schnelle Beförderung gewährleisteten, war man anderseits in weiten Gebieten ausschließlich auf die Postbeförderung durch Fußboten angewiesen. Dies erforderte zum Teil erhebliche Beförderungszeiten, obwohl die Botenposten nach dem Stafettensystem organisiert waren, d.h. die einzelnen Boten gingen nur Teilstrecken ab. Beispielsweise wurden für die Strecke Daressalam (Ostafrika) – Udjidii (am Tanganjika-See) 48 Tage, für die Strecke Duala (Kamerun) – Kusseri über 60 Tage benötigt.⁴²

Im folgenden soll anhand einiger typischer Beispiele aus der Kolonie Deutsch-Südwestafrika versucht werden, die Probleme des Aufbau einer postalischen Infrastruktur exemplarisch zu skizzieren. Einen Überblick über den Entwicklungsstand der postalischen Infrastruktur in Südwestafrika vermitteln die beiden Kartenskizzen von 1903 und 1914.⁴³

Für den Verkehr innerhalb Deutsch-Südwestafrikas von entscheidender Bedeutung war die Verbindung zwischen Windhuk (Sitz des Gouvernements) und Swakopmund, dem Haupthafen der Kolonie. Die Postverwaltung

---

⁴⁰ Kolonial- und Marinebriefe, Deutsche Verkehrszeitung 23 (1899), S. 255f.

⁴¹ P. Peglow, Die deutsche Reichspost in den deutschen Schutzgebieten und bei den deutschen Verkehrsanstalten im Ausland, Deutsche Postgeschichte 1937, H. 1, S. 39.

⁴² Ebd. S. 42.

⁴³ E. Thomas, Deutsch-Südwestafika, W. Schmidt, H. Werner (Hgg.), Geschichte der Deutschen Post in den Kolonien und im Ausland, Leipzig 1939, S. 24, und Kartenbeilage.

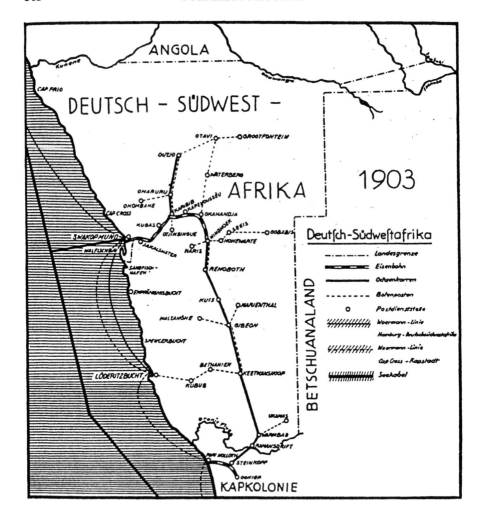

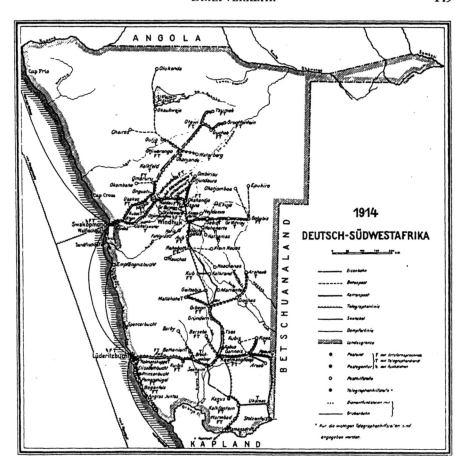

mußte daher bemüht sein, die etwa 350 km lange Verbindung zwischen beiden Städten effizient zu gestalten, um eine zuverlässige, möglichst schnelle und kostengüstige Beförderung von Briefen, Zeitungen und Paketen zu gewährleisten. Bis zur Mitte der neunziger Jahre hatte man bereits Versuche mit allen in Frage kommenden Transportmitteln angestellt und war hierbei zu folgenden Ergebnissen gelangt:[44]

Die Briefbeförderung durch Boten hatte sich als relativ sicher und pünktlich erwiesen, wenngleich es vereinzelt vorgekommen war, daß einheimische Boten ihre Dienstpflicht vernachlässigt hatten. Die Verbindung zwischen Windhuk und Swakopmund ging entlang des alten "Baiweges", wo sich niemand ansiedeln durfte. Die Postboten mußten daher Lebensmittel für 4-5 Tage mit sich führen, was – abgesehen von den hohen Verpflegungskosten – noch den Nachteil hatte, daß ein einzelner Läufer maximal 17-18 kg Briefpost tragen konnte. Ein einziger Postbote, der für die etwas über 150 km lange Strecke Windhuk-Otjimbingue in der Regel fünf Tage benötigte, belastete die Postkasse mit über sechzig Mark. Allein um die Briefpost von und nach Windhuk fortzuschaffen, benötigte man bereits im Jahre 1895 drei Boten, zur Bewältigung des Postaufkommens Otjimbingues und anderer Orte hatten weitere Träger eingestellt werden müssen. Da es sich als schwierig erwies, eine ausreichende Zahl von Trägern anzuwerben, mußten Angehörige der Ortspolizei zur Postbeförderung in Anspruch genommen werden.

Beim Transport der Briefbeutel durch Reiter waren die Probleme ähnlich. Proviant, Decken und ein aufgrund der klimatischen Verhältnisse unbedingt notwendiger Wassersack, beschränkten auch hier die Mitnahmemöglichkeit von Briefpost erheblich. Ein zusätzliches Handpferd mitzuführen, erwies sich ebenfalls als nicht ideal, da dies zum einen die Reisegeschwindigkeit verringerte und zum anderen die Mehrzahl der Pferde in Südwestafrika offenbar sehr temperamentvoll waren und sich daher nicht als Handpferde eigneten. Hinzu kam, daß während der Regenperiode von Dezember bis Mai eine Infektionskrankheit, die sogenannte "Pferdesterbe" den Pferdebestand stark dezimierte. Diese Krankheit trat bei den Tieren ganz plötzlich auf, was dazu führte, daß sie mitunter mitten auf der Landstraße krepierten. Für die Regelmäßigkeit der Postverbindung bedeutete dies ein erhebliches Risiko, da man Gefahr lief, daß eine Briefsendung den gewünschten Dampferanschluß nicht mehr erreichte, was bei den Mitte der neunziger Jahre noch relativ wenigen Dampferverbindungen die Gesamtbeförderungsdauer der Briefpost nach Europa bedeutend verlängert hätte.

Reitochsen konnten ebenfalls überall dort nicht eingesetzt werden, wo Anschlußverbindungen erreicht werden mußten, da diese Tiere, wenngleich

---

[44] Postmuseum Berlin Mauerstr. (PM), Aktenmaterialsammlung (AM) 1225: Akten (des Reichspostamtes) gen. betr.: die Postverbindungen in Deutsch-Südwestafrika, I (1894-1896), Schreiben der Postagentur Windhuk vom 12.9.1895.

sie den Vorzug hatten größere Lasten tragen zu können, sich als recht störrisch erwiesen. Aus Teneriffa eingeführte Kamele waren nicht widerstandsfähig genug, die großen Sand- und Durststrecken des Baiweges zu überwinden. Ferner fehlte es in Südwestafrika an erfahrenen Leuten, die es verstanden, mit den Tieren richtig umzugehen.

Ferner waren vereinzelt Versuche unternommen worden, die Briefpost mit Wagen zu transportieren. In einem Fall war Post von Walfischbai nach Otjimbingue mit einer Eselskarre befördert worden, die Tiere waren nach der Fahrt jedoch derart überanstrengt, daß der Unternehmer von einem weiteren Versuch Abstand genommen hatte. Auch Pferdekarren konnten stets nur einen Teil der anfallenden Post befördern, da der Transport der gesamten Ladung die vier vorgespannten Pferde bei den langen Sandstrecken zu sehr ermüdet hätte. Mauleselkarren waren erfolgreich lediglich auf einer anderen Strecke, nämlich zwischen Gibeon und Rehoboth eingesetzt worden, wo die Wegeverhältnisse wesentlich besser waren als auf dem Baiweg. Eine einzige Fahrt mit zwei Tieren von Windhuk nach Swakopmund hätte bei Mitnahme von ca. 250 kg Briefpost über 500 Mark gekostet. Ferner war es fraglich, ob eine Bespannung von 2 Tieren überhaupt ausreichend gewesen wäre. Auf den kostspieligen Versuch wurde daher ganz verzichtet. Der Fracht- und Passagierverkehr zwischen beiden Städten erfolgte durch Ochsenwagen, die mit 18-20 Zugochsen bespannt waren und die Strecke Swakopmund-Windhuk beladen in 18-20 Tagen zurücklegten, was eine durchschnittliche Tagesleistung von 20-22 km bedeutete.[45]

Zum Zwecke der Postbeförderung entschied man sich schließlich für den Ochsenkarren, der mit ein oder zwei Umspannstationen die Strecke in 10 Tagen zurücklegte, d.h. eine Tagesleistung von ca. 35 km erreichte und bei einer Fahrt bis zu 350 kg Brief-, Zeitungs- und Paketsäcke beförderte. Betrieben wurde die Karrenpostverbindung von einem privaten Unternehmer, der sich vertraglich verpflichtet hatte, die Fahrten in fünfwöchigen Abständen durchzuführen. Die Karrenpost hatte Anschluß an den Dampfer "Nautilus" der Union Castle Line, der den Verkehr zwischen Swakopmund und Kapstadt vermittelte. In Kapstadt bestand Anschluß an die Dampferlinien nach Europa. Später verkehrte auf dieser Linie der deutsche Dampfer "Leutwein" zunächst in dreiwöchigem, später in vierwöchigem Abstand sowie ein Frachtdampfer der Woermann-Linie.[46] Die Postkarre aus Windhuk zu jeder Schiffsgelegenheit nach Swakopmund zu schicken, erwies sich als unmöglich, da die Beförderungszeit von 10 Tagen bei der Rückfahrt von Swakopmund nach Windhuk häufig überschritten wurde. Da es ebenfalls nicht

---

[45] K. Schwabe, Die Verkehrsverhältnisse des Deutsch-Südwestafrikanischen Schutzgebietes. Berlin 1897, S. 8f.

[46] PM, AM 1833, Akten (des Reichspostamtes) gen. betr.: Dampfschiffsverbindung Capstadt-Swakopmund, I (1896-98).

gelang eine zweite Karre anzumieten, verkehrte die Karrenpost Windhuk-Swakopmund nur noch alle sechs Wochen. Um zumindest die ankommende Briefpost aus Europa möglichst schnell weiter zu befördern, mußten erneut Botenposten eingesetzt werden, während Zeitungen und Pakete bis zum Abgang der nächsten Ochsenkarre liegen blieben bzw. Frachtwagen mitgegeben wurden. Da auch die Dampferverbindung Kapstadt-Swakopmund größere Unregelmäßigkeiten aufwies – um hinreichende Ladung zu bekommen, mußten die Reeder aus Rentabilitätsgründen die Abfahrten häufig verschieben – wurden daraufhin die Fahrten der Ochsenkarre von Fall zu Fall angesetzt. Dies wiederum hatte zur Folge, daß die Gespanne oft mehrere Tage in Swakopmund warten mußten. Da die aus dem Landesinneren stammenden Ochsen an das brackige Wasser, womit sie in Swakopmund getränkt werden mußten, nicht gewöhnt waren, bekamen die Tiere regelmäßig Durchfall und wurden dadurch im Gespann "matt" mit der Konsequenz oben erwähnter Verspätungen. Ferner war das Postaufkommen auf dieser Strecke wesentlich höher, da mehr Sendungen von Deutschland in die Kolonien geschickt wurden als umgekehrt. Das vereinbarte Höchstgewicht von 350 kg pro Karrenladung mußte daher mehrfach überschritten werden, während es in umgekehrter Richtung nie ganz erreicht wurde. Das zwischen Swakopmund und Windhuk steil ansteigende Gelände trug ebenfalls zur Verlängerung der Fahrtdauer bei. Weiterhin mangelte es dem Unternehmer an erfahrenem Personal, so daß verschiedentlich die Ortspolizei die Begleitung der Karre übernehmen mußte. Auch hatten die geringen Niederschläge in der Regenzeit 1895/96 dafür gesorgt, daß die Futter- und Weideverhältnisse am Baiweg sich extrem verschlechtert hatten und daher der Verlust an Zugtieren enorm hoch war. Daher gab der Unternehmer die Ochsenkarrenverbindung Ende August 1896 aufgrund mangelnder Rentabilität auf.

Danach richtete ein anderer Unternehmer im Auftrag der Postverwaltung eine zweimal im Monat verkehrende Pferdekarrenverbindung ein. Aufgrund der Unregelmäßigkeit der Schiffsverbindung Swakopmund-Windhuk verkehrte die Pferdekarre nicht mehr zu bestimmten Dampfertagen, sondern fuhr wenige Stunden nach Ihrer Ankunft wieder ab. Für den Fall, daß ein Dampfer kurz nach Abfahrt der Pferdekarre in Swakopmund ankam, übernahmen Boten, die ebenfalls zweimal monatlich verkehrten, die Weiterbeförderung der angekommenen Briefpost.[47] Die leichteren, mit 6-8 Tieren bespannten Pferdekarren bewältigten die gesamte Strecke in 7-8 Tagen.[48] Während der Zeit der "Pferdesterbe" dienten Ochsen als Zugtiere. Die Kosten der Pferdekarrenverbindung kalkulierte man wie folgt:

---

[47] PM, AM 1225: Akten (des Reichspostamtes) gen. betr.: die Postverbindungen in Deutsch-Südwestafrika, I (1894-1896), Schreiben der Hauptpostagentur Windhuk an das Reichspostamt vom 28.7.1896.
[48] Schwabe, Verkehrsverhältnisse, S. 10.

a) Anschaffungskosten:
2 Karren, je 1.175 M	2.350 Mark
24 Pferde zu 370 Mark	8.880 Mark
14 Geschirre	1.200 Mark
2 Umspann- bzw. Futterstellen Anlage und Einrichtung	2.000 Mark
SUMME:	14.430 Mark

b) Betriebskosten pro Jahr:
1 Postillon mit Verpflegung	3.600 Mark
Hufbeschlag, 1 Pferd 8 mal im Jahr zu je 8 M für 24 Pferde	1.536 Mark
Wagenreparatur, 2 Karren	1.000 Mark
Geschirrreparatur, 14 mal 30 Mark	420 Mark
1 Pferdejunge zur Begleitung	600 Mark
4 Anzüge, 3 für jeden der abwechselnd fahrenden Kutscher zu 50 Mark	200 Mark
20% Pferdeabnutzung	1.776 Mark
10% Verzinsung des Anlagekapitals	1.443 Mark
1 Postenhalter und Umspannaufseher	1.200 Mark
Pferdefutter	888 Mark
SUMME:	12.663 Mark

9.500 Mark der Anschaffungskosten mußte die Postverwaltung dem Unternehmer als zinsloses Darlehen gewähren, damit sich dieser überhaupt bereit fand, die Postfuhrverbindung zu übernehmen.

Die tatsächlichen Anschaffungs- und Betriebskosten während des ersten Jahres betrugen jedoch 19.728 Mark ohne Kapitalverzinsung, da unter anderem zusätzliche Reservepferde und Zugochsen angeschafft werden mußten und die Einstellung weiteren Personals sich als notwendig erwies. Unter Hinzurechnung einer 10%igen Kapitalverzinsung ergaben sich Gesamtkosten von 21.498 Mark. An Einnahmen konnte der Unternehmer eine von der Postverwaltung vertraglich zugesicherte Vergütung von 13.200 Mark, sowie 1.581 Mark aus der Passagierbeförderung verzeichnen. Das Defizit betrug somit 5.511 Mark bzw. 6.281 Mark. Während des zweiten Betriebsjahres gestalteten sich die Verhältnisse ähnlich ungünstig. Da das Reichspostamt sich lediglich zum Ersatz des reinen Fehlbetrages ohne die veranschlagte Kapitalverzinsung bereit fand, gab auch dieser Unternehmer den Postfuhrbetrieb nach insgesamt einundhalb Jahren auf, und die Linie wurde wiederum an einen neuen Unternehmer vergeben.[49]

---

[49] PM (ohne Signatur) Akten (des Reichspostamtes) gen. betr.: die Postverbindungen in Südwestafrika II (1898-1900).

Eine schnelle und kostengünstige Postverbindung zwischen Swakopmund und Windhuk wurde erst durch den Bau der Eisenbahn erreicht. Die im Juli 1897 ausgebrochene Rinderpest hatte den Frachtverkehr mit Ochsenwagen nahezu völlig lahmgelegt, so daß noch im September mit dem Bau einer Schmalspurbahn begonnen wurde. Jedoch erst im Juni 1902 kam die 382 km lange Gesamtstrecke in Betrieb.[50] Für die Briefbeförderung zahlte die Postverwaltung in Anlehnung an das heimische Kleinbahngesetz vergleichsweise geringe Gebühren.[51]

Während der Bauzeit wurde eine "fliegende Postagentur" an der jeweiligen Bahnbauspitze eingerichtet, die für die Verladung der Post von der Bahn auf die am jeweiligen Bahnende wartende Postkarre bzw. von der eintreffenden Postkarre auf die Bahn zuständig war.[52] Nach Fertigstellung der Gesamtstrecke im Jahre 1902 dauerte die Fahrt von Swakopmund nach Windhuk nur noch drei Tage.[53] Die 1909 eingesetzen Eilzüge verkürzten die Fahrtzeit um weitere acht Stunden für die Bergfahrt und um sechseinhalb Stunden für die Talfahrt.[54] Bei Kriegsausbruch verfügte Südwestafrika über ein Schienennetz von über 2.000 km, so daß viele der kostenintensiven Boten- und Karrenpostverbindungen hatten aufgehoben werden können. Auch die Postdampfschiffverbindungen mit Europa waren zahlreicher und zuverlässiger geworden. Der Schiffsverkehr wurde 1914 vermittelt durch a) die Reichspostdampfer der Deutschen Ostafrika-Linie (westliche Rundfahrt) zweimal monatlich an festen Abgangstagen in etwa 14tägigen Zwischenräumen; b) die Dampfer der Woermann-Linie, der Hamburg-Bremer Afrika-Linie und der Hamburg-Amerika-Linie je zweimal monatlich von Hamburg abgehend; c) der Union-Castle Mail Steamship Company, Linie Southampton-Kapstadt, von Kapstadt weiter mit Küstendampfern der Woermann- und der Deutschen Ostafrika-Linie.[55] Ein Brief von Berlin nach Windhuk benötigte nur noch 25-26 Tage, im Jahre 1896 waren es noch über 40 Tage gewesen.

Die angeführten Beispiele aus Deutsch-Südwestafrika belegen sehr anschaulich die Schwierigkeiten, die beim Aufbau einer postalischen Infrastruktur überwunden werden mußten. Die Intensität, mit der die Nachrichtenverbindungen in und nach den Kolonien in den knapp 30 Jahren deutscher Kolonialherrschaft verbessert wurden, zeigt weiterhin, daß sich die Verantwortlichen der immensen Bedeutung des Nachrichtensektors sowohl

---

[50] H. Schroeter, Die Eisenbahnen der ehemaligen Schutzgebiete Afrikas und ihre Fahrzeuge, Frankfurt/M. 1961, S. 23-27.

[51] Durch Vertrag vom 27.11.1897 wurde die Benutzung der Eisenbahn zu Postzwecken geregelt. Vgl. BArchP, RPM 1301, Akten gen. betr.: Eisenbahnen in Deutsch-Südwestafrika I (1894-1901).

[52] Thomas, Deutsch-Südwestafrika, S. 28f.

[53] Schroeter, Eisenbahnen, S. 29.

[54] Deutsche Kolonialzeitung 26 (1909), S. 521.

[55] H. Schnee, Deutsches Kolonial-Lexikon, III, Leipzig 1920, S. 92f.

für die Etablierung der deutschen Kolonialherrschaft als auch für die wirtschaftlich-gesellschaftliche Entwicklung dieser Gebiete sehr bewußt waren. Dem Briefverkehr fiel hierbei die Funktion eines kostengünstigen Massenkommunikationsmittels zu. Der Aufbau und die Weiterentwicklung der postalischen Infrastruktur verdeutlicht aber auch die Verflechtung der verschiedenen Kommunikationsmedien. Briefpost, Kabeltelegrafie, Telefonie und Funk waren weniger konkurrierende als vielmehr sich ergänzende Teile eines Gesamtkommunikationssystems, das sich vor 1914 nahezu über den gesamten Globus erstreckte. Künftige Forschungen, die sich mit Kommunikationsstrukturen und ihren Auswirkungen auf Wirtschaft und Gesellschaft beschäftigen, sollten daher diesen Aspekt nicht außer Acht lassen.

LONDON AS A CENTRE OF COMMUNICATIONS: FROM THE PRINTING PRESS TO THE TRAVELLING POST OFFICE

by

Philip L. Cottrell[1]

This contribution seeks to explore some aspects of the changing role of London during its development to be the world's major city. This rise to global importance took place when the printed word became increasingly the most important form of communication. However, it has to be pointed out from the outset that the word: 'communication' has a wide range of meanings. On the one hand, it can simply signify the provision of news and information, while on the other it is concerned more broadly with transport, as by road, rail or water. Here it will be used in both these senses because, indeed, they are in many respects related. Before the invention of the telegraph, the rate at which news and information, contained in either hand written letters or printed forms, could be disseminated depended upon the effectiveness of various land and water transport networks. Only the telegraph from the mid-nineteenth century gave almost immediacy in personal and public communication so that, prior to the development of wire and cable systems, news only travelled at the speed of a pigeon, or a horse, or a waterborne vessel, or a railway train.

The invention of the printing press had a revolutionary impact, being one of the seed germs of the modern world. However historians are becoming increasingly more circumspect when applying the term 'revolution' to the material progress of humankind. The British 'Industrial Revolution' is now being cast as an evolutionary development.[2] The origins of the industrial re-

---

[1] My attendances at the Salzau colloquia seem to be ill-fated and once more subsequent, difficult personal circumstances have meant that I have tried yet again the patience of the editor, for which I apologise. I am grateful to other members of the 1994 colloquium for their comments on this paper when it was first presented and for the subsequent assistance of colleagues, especially Professor A. Sutcliffe and N. Raven.

[2] See P. Deane, W. A. Cole, British Economic Growth, 1688-1959: Trends and Structure, Cambridge 1969; C. K. Hartley, British Industrialisation before 1841: Evidence of Slower Growth during the Industrial Revolution, Journal of Economic History 42 (1982); N. F. R. Crafts, British Economic Growth during the Industrial Revo-

volution – a process as opposed to an event – are seen to lie in developments during the sixteenth and seventeenth centuries (the period when the printing press became increasingly more widespread), and were not to reach their culmination until the second quarter of the nineteenth century – the early railway age. Equally, the concept of a 'transport revolution' is being revised as it is becoming more appreciated that the improvement of the communications network within and outwith the British Isles was progressive from the late seventeenth century.[3]

London, a major centre of printing and publishing, played a major part in both these processes – the modernisation of the British economy and the transformation of communications. Indeed it has long been recognised that London has had a disproportionate, and positive, role within the development of the society and economy of Britain,[4] while the rise of Britain's international influence moved in parallel with the emergence of London as a *Weltstadt*.[5] With London's transformation into a dominating world 'Metropolis', its pivotal role within Britain became increasingly overshadowed by its greater function as the most important node in a worldwide urban and communications network arising from commerce, finance and empire.

This paper, in the form of an outline review of a literature that has rapidly developed over the past two decades, will try to weave together two themes:

---

lution, Oxford 1985; N. F. R. Crafts, et al., Trends and Cycles in British Industrial Production 1700-1913, Journal of the Royal Statistical Society, ser. A, 152 (1989); J. Hoppit, Counting the Industrial Revolution, Economic History Review, 2nd ser., 43 (1990); R. V. Jackson, Rates of Industrial Growth during the Industrial Revolution, Economic History Review 45 (1992); M. Berg, P. Hudson, Rehabilitating the Industrial Revolution, Economic History Review 45 (1992).

[3] See D. H. Aldcroft, M. Freeman (eds.), Transport in the Industrial Revolution, Manchester 1983; M. J. Freeman, D. H. Aldcroft (eds.), Transport in Victorian Britain, Manchester 1988.

[4] F. J. Fisher, The Development of London as a Centre of Conspicuous Consumption in the Sixteenth and Seventeenth Centuries, Transactions of the Royal Historical Society, 4th ser., 30 (1948); E. A. Wrigley, A Simple Model of London's Importance in Changing English Society and Economy, 1650-1750, Past and Present 37 (1967); F. J. Fisher, London as an "Engine of Economic Growth", J. S. Bromley, E. H. Kossman (eds.), Britain and the Netherlands, IV, Metropolis, Dominion and Province, London 1971; P. J. Corfield, N. B. Harte (eds.), London and the English Economy 1500-1700, London 1990; T. Barker, London: a Unique Megalopolis?, T. Barker, A. Sutcliffe (eds.), Megalopolis: the Giant City in History, Basingstoke-London 1993. More generally, see M. D. George, London Life in the Eighteenth Century, London, reprinted 1965; G. Rudé, Hanoverian London 1714-1808, London 1971; F. H. W. Sheppard, London 1808-1870. The Infernal Wen, London 1971.

[5] See, generally, A. L. Beier, R. Finlay (eds.), The Making of the Metropolis: London 1500-1700, London 1986; C. Fox (ed.), London – World City 1800-1840, New Haven, Conn.-London, 1992.

the economic development of London, and the consequences of the emergence of the Metropolis for the growth of British communications. The changing nature of the economy and society of London from the mid-sixteenth century until the mid-nineteenth century is considered in section I, as is printing and publishing in the Metropolis. The growth of waterborne transport is discussed in section II in terms of the development of the port of London in relationship to both foreign and coastal shipping, while this section concludes by considering the implications for the construction of river navigations and canals in south east England. The transformation of British postal services comes to the fore in sections III and IV, which are devoted to the improvement of land transport, first roads and then railways. The Post Office rapidly developed a mail coaching service during the late eighteenth century and, with prescience, took immediate advantage of the coming of the railway from 1830 – within a year of the Rainhill trials. Lastly, section V indicates some of the changes of the mid-nineteenth century caused by the railway – the rapid adoption of telegraph and the migration of book production out of London.

I

When trying to indicate by a single measure the importance of a town or city, historians are generally forced to deploy population statistics. However such data are not necessarily pointers to either general well-being or economic success, as the experiences of Naples and Constantinople during the eighteenth century and, more recently, that of Rio de Janeiro demonstrate. Furthermore, British official population statistics before 1841, based upon the decenial census, have considerable deficiencies, whereas for the eighteenth century, or earlier, there are only contemporary estimates and the subsequent painstaking work of modern demographers.[6] Consequently, these data can only provide at best a general guide, but that is all that is required for the purposes of this review. They are displayed in Table 1.

All the indications point to a renaissance of large cities in Europe during the sixteenth century, of which London's expansion was the most notable. This process, which in the case of London built upon the city's existing pre-eminence in the English woollen trade, was largely an expression of a new mercantile economy based upon colonial development in the New World and the Orient. As Sutcliffe as commented, this made London not only an international commercial centre but also an imperial capital and so very much

---

[6] Our understanding of historical demography has been transformed by E. A. Wrigley, R. S. Schofield, The Population History of England, 1541-1871. A Reconstruction, Cambridge 1981.

in the mould of the giant cities of the Ancient World.[7] Yet London's growth had many roots which nurtured this city to such an extent that by 1650 its population of some 0.4m was possibly greater than that of Paris. Furthermore, it was a sustained process and by 1800 the British metropolis was larger than Peking, or Canton, or Edo (Tokyo). Metropolis is certainly an appropriate term to apply to London at the beginning of the nineteenth century because in 1801 the twin cities of London and Westminster had fused physically into one urban centre. During the 1820s Cobbet dubbed London 'the Great Wen' in terms of 'London as a whole, in contradistinction to the City'.

Early modern cities were places of death and the population of London only expanded by continuing immigration. These migrants were drawn from near and far, which was in part a reflection of London's evolution as a national communications centre. Estimates point to an annual flow of 3,000 migrants into London during the second half of the sixteenth century, and of 12,000 during the second half of the seventeenth century.[8]

London had many attractions for migrants, of which the most important was the greater wages paid by its trades, although the gains made, as in the mid-eighteenth century, were offset to a considerable degree by the high level of metropolitan rents. None the less inward migration proved to be a remorseless flow with data, of much greater reliability, indicating that it was responsible for a quarter of London's population growth over the 70 years before the First World War. The nature of the process of London's population expansion had wider demographic effects, for which there is only space here to indicate a few.

By the nineteenth century the substantial volume of female migration[9] into the metropolis from the Home Counties had had the effect of producing a high male:female ratio in the population of the South East of England – London's immediate hinterland. By the mid-nineteenth century, if not earlier, most migrants into London were unmarried, which was one factor that caused the Metropolis to have a relatively low birth rate. Equally, by the

---

[7] A. Sutcliffe, Introduction, A. Sutcliffe (ed.), Metropolis 1890-1940, London 1984, p. 4.

[8] R. A. P. Finlay, Population and Metropolis. The Demography of London, 1580-1650, Cambridge 1981; M. J. Dobson, The Last Hiccup of the Old Demographic Regime: Population Stagnation and Decline in Late Seventeenth- and Early Eighteenth-Century South East England, Continuity and Change 4 (1989); V. Harding, The Population of London, 1550-1700: A Review of the Published Evidence, London Journal 15 (1990).

[9] For the background see P. Earle, The Female Labour Market in London during the Late Seventeenth and Early Eighteenth Centuries, Economic History Review, 2nd ser., 42 (1989).

Table 1: London's Population, c.1500-1871

Year	London's Population		London's population as a percentage of the population of England and Wales	Next largest English City
	County	Greater London		
1500	c. 50,000		c. 2%	
1600	c.200,000		c.5%	
1650	c.375,000		c.7%	
1700	c.490,00		c.9.6%	
1801	959,000	1.117m	10.8/12.5%	
1831	1.656m	1.907m	11.9/13.7%	Liverpool (0.21m)
1851	2.363m	2.685m	13.2/14.9%	Liverpool (0.395m)
1871	3.621m	3.89m	14.35/17.1%	Liverpool (0.54m)

1850s, the spatial growth of the commercial and financial centre of the City – the City of office blocks – together with the high mortality and low natural growth rates of inner slum districts like St. Giles, were causing an outward migration from the old kernel of the Metropolis.

During the nineteenth century London's dominating position in the society and economy of Britain was to some extent tempered by the rise of large provincial cities as a result of the emergence of the first industrial nation. However some historians go too far when they claim that London experienced a resulting eclipse during the mid-nineteenth century.[10] It remained the largest centre of population; indeed, the proportion of the British population that could be termed 'Londoners' continued to grow and in 1871 London's population was more than seven times that of Liverpool, the next largest British city. London also remained the centre of wealth and income within the economy, accounting for 39 per cent of tax receipts at the beginning of the nineteenth century, 27 per cent during the 1850s and 42 per cent during the 1910s. It was only in the case of London's material development that the 'Industrial Revolution' had the effect of producing something of a relative check over the course of the mid-nineteenth century.

London's economic substance came from many sources. Much was due to it being the national administrative and political centre and the venue for the 'social season', clearly established in the calender of leisure from the beginning of the seventeenth century. Yet the development of Westminster and the 'West End' were counterbalanced by the ever evolving commerce and financial activity of the 'City' and its port, where the increasing assembly of docks from the 1800s reshaped the 'East End'. However, what is frequently overlooked is that London was a centre of manufacturing – the greatest centre of manufacturing of the nation – and remained so despite the very evident transformation of production within the industrial provinces from the mid-eighteenth century.

London's production of goods was little affected by the 'Industrial Revolution' to the extent that the experience of the Metropolis from the sixteenth century until the nineteenth century provides abundant evidence for evolution and continuity in economic growth and development.[11] With regard to London there are only two major exceptions – one positive and one negative – to this generalisation. Because of the size of its local and regional market, London during the eighteenth century was the birthplace of modern capitalist brewers. In 1822 London had 98 wholesale brewers, six per cent of the total number in England and Wales but responsible for 43 per cent of

---

[10] P. L. Garside, West End, East End: London, 1890-1940, Sutcliffe (ed.), Metropolis, pp. 226-8.

[11] For a general review see L. D. Schwarz, London in the age of industrialisation. Entrepreneurs, Labour Force and Living Conditions, 1700-1850, Cambridge 1992.

English and Welsh production. With brewing London led in the developing trend of centralised production and, in many respects, its breweries from the 1750s can be regarded as the first industrial factories.[12] However, on the other side of the account, over the course the nineteenth century, the Thames lost its pre-eminence as the national centre of shipbuilding.[13] As also occurred in Liverpool, dock expansion from the 1800s drove shipbuilding out from along the banks of the Thames. London's direct connection with shipbuilding waned, but the city's port continued to provide ship repair services and developed as one centre of modern marine engineering.

Although London did not become place of large workshops and factories over the course of the nineteenth century, the enduring importance of its 'trades'[14] ensured its vitality as a centre of manufacturing. In 1831 London had over 400 trades, which consisted predominantly of small businesses. Amongst them only printing was transformed to a significant degree by steampower and mechanisation, but in 1851 London had as many seamstresses, or milliners – 10,365 – as it did printers. A much greater trade, measured by employment, was shoemaking, with the capital having been the national centre of footwear production since the mid-seventeenth century. London boot and shoemakers numbered 30,855 in 1851. The other major artisnal activities of the Metropolis during the first half of the nineteenth century were cabinet-making, clockmaking and jewellery. Crafts of importance, measured by employment, also related to London's own physical growth and the burgeoning size of its population. These were building, with some 23,453 carpenters and joiners, and 15,369 painters, plumber and glaziers within the Metropolis in 1851, and bakers – 13,762. Some London trades, like silk in Spitalfields,[15] declined over the first half of the century, whereas other changed in nature due to provincial developments, as was the case with metropolitan clockmaking which increasingly assembled parts made in south west Lancashire.[16]

---

[12] P. Mathias, The Brewing Industry in England, 1700-1830, Cambridge 1959.

[13] S. Pollard, The Decline of Shipbuilding on the Thames, Economic History Review, 2nd. ser., 3 (1950).

[14] A. L. Beier, Engine of Manufacture: the Trades of London, Beier, Finlay (eds.), Making of the Metropolis.

[15] S. R. H. Jones, Technology, Transaction Costs and the Transition to Factory Production in the British Silk Industry, 1700-1870, Journal of Economic History 47 (1987).

[16] F. A. Bailey, T. C. Barker, The Seventeenth-Century Origins of Watchmaking in South-West Lancashire, J. R. Harris (ed.), Liverpool and Merseyside, London 1969; C. Ellmers, The Impact of the 1797 Tax on Clocks and Watches on the London Trade, J. Bird et al. (eds.), Collectanea Londiniensia. Studies in London Archaeology and History Presented to Ralph Merrifield, London 1978.

Printing was a long established source of middling wealth in London society. At the end of the seventeenth century London printers were able to leave to their legatees sums ranging between £2,000 and £5,000 – at least four times more than the money bequests of members of the other artisan trades, but only, at best, half of the fortunes accumulated by merchants, bankers and major London wholesalers. Fire insurance evidence points to the same economic and social position for printers within London about a century later and so places them on par with the very comparable occupation of a stationer. In the socio-economic structure of late eighteenth-century London depicted by fire insurance data, printers ranked alongside coopers, upholsters, haberdashers and some vintners. However, and like many of the practioners of London's trades, master printers were not a homogeneous group as the fire insurance evidence points to a pyrimidical structure, with base made up of many small men and only a few constituting a wealthy apex.[17] The least capitalised printers and their skilled workers were possible the most affected during the seventeenth and eigthteenth centuries by month to month fluctuations in the demand for their services. Printing, especially in London's West End, was a luxury trade for the London 'Season', which began in the autumn, climaxed during the mid-winter and waned over the spring.[18] The lack of homogeneity within London printing was increased by the advent of steam power which enabled the development of large scale production, although it did not totally erode the craft and skills base of the trade. Consequently many compositors by the early ninetenth century enjoyed the affluence of the capital's new growing bourgeoise society.

The inception of power-driven printing began in 1790 with William Nicholson's patent involving the cylinder principle, which, with the Fourdrinier brothers' development during the 1800s of N. L. Robert's, a Frenchman, mechanical method of paper making, established the foundation for cheaper printing.[19] This led on in the 1840s to the use of wood pulp, first suggested by Réaumur in 1719, as the raw material for paper, replacing costly and scare linen rags. At the same time, iron, as a result of Earl Stanhope's deliberately unpatented developments, replaced wood in the construction of presses, which increased the pace of production from about 30 sheets an hour to about 200 an hour. The application of power arose from the ideas of Frederick Koenig, which were put into practice through the financial resources of Thomas Bensley, in association with two other printers, over the the 1810s and led to Koenig's first cylinder machine of 1812 which could produce 800 impressions an hour. A double version of this machine was adopted by *The Times* in 1814 which increased the rate of production from 250 sheets an

---

[17] Schwarz, London in the Age of Industrialisation, pp. 58f., 66, 70.
[18] Schwarz, London in the Age of Industrialisation, pp. 104f.
[19] C. Clair, A History of Printing in Britain, London 1965, p. 205.

hour, achieved on a Stanhope press by a highly skilled crew, to 1,100 an hour. Typesetting – compositing – continued to remain entirely a hand craft until 1840 when a machine designed by the Declambre brothers in association with Bessmer was introduced to set a weekly, *The Family Herald*. As Clair has commmented during the mid-nineteenth century '"Steam Printing Work's" was synonymous with an up-to-date plant' and steampower remained dominant in the industry in both London and the provinces until the close of the century.

At the beginning of the nineteenth century the centre of London publishing was Paternoster Row in St. Pauls churchyard, the historic centre of the trade which had been re-established following the Great Fire of 1666. Thomas Rees[20] has provided a description of this street and its trades. At the end of the eighteenth century it contained the premises of two printers, one of which, G. Woodfall, produced the *Public Advertiser*, two wholesale stationers and a large number of booksellers. However the term bookseller covered a variety of undertakings, which Rees, with some difficulty, tried to refine into three groups – publishers, wholesalers and retailers. Yet, despite this attempt at classification, each house undertook a variety of functions from printing and publishing, through the wholesale distribution of books and journals to the sale of second hand books. Rees grouped together Harrisons, a firm which had introduced the concept of publishing books in parts with *The Novelist's Magazine* from 1779, John Cooke, who produced periodicals and religious books, and Hogg under his heading of 'publishers'. Amongst his 'wholesalers', only Robinsons fully fitted this description, as Rivingtons were responsible for the *Annual Register* as well as religious works, Baldwins had published the *London Magazine* since 1732 and owned an associated printing works, whereas Longmans, established in 1724 were general publishers, initially serving book clubs and circulating libraries and specialising in dictionaries, histories, Latin and law books.[21] Paternoster Row and the adjacent Ave Maria Avenue may have been the historic centre of the trade, yet printing and publishing within London by the 1800s was becoming increasingly diffuse and extended eastwards towards the City, and along Fleet Street and the Strand towards the 'West End'.

Many of the 'publishing houses' in Paternoster Row could trace their origins back to the first decades of the eighteenth century, by when about 20 single sheet newspapers were being published in London and provincial imitations were being produced often by ex-London printers. The introduction of a tax on newpapers and their advertisements in 1712 affected this deve-

---

[20] T. Rees, Reminiscences of Literary London from 1779 to 1853, New York 1896, reprinted Detroit 1969.

[21] A. Briggs, Introduction: At the Sign of the Ship, A. Briggs (ed.), Essays in the History of Publishing in Celebration of the 250th Anniversary of the House of Longman 1724-1974, London 1974.

lopment, but most London papers were re-established, whereas others reappeared as pamphlets, such as the *London Gazette*, which attracted a lower rate of impost. A further taxing Act of 1725 was directed at newspapers of more than one sheet, which reduced their size to four pages and led to the employment of smaller fonts, despite the arising problems of legibility – overcome to some extent by setting in columns with three per page becoming the norm. The unstamped press – obscure halfpenny (1/2*d*.) and farthing papers (1/4*d*.) – was attacked by clauses in the Vagrancy Act of 1743 directed at newspaper hawkers. As a result by the mid-eighteenth century London newspapers consisted of six weeklies, six thrice-weeklies and six dailies.[22] Their main readers were the frequenters of the London coffee-houses, who constituted the personnel of the commerce and finance of the Metropolis.

During the early eighteenth century London newspapers, like London-published books, were designed not only for the populous market of the evolving Metropolis but also readers within the provinces. Despite the deficiences of the mails, to be discussed below, papers such as the *Post Man*, *Post Boy* and *Flying Post*, as their very titles indicate, depended upon the developing Post Office to the extent that they were published on Tuesday, Thursday and Saturday evenings to coincide with the despatch of post from London. Distribution in London and the provinces was largely undertaken by printers, directly, or through agents. In particular, low cost distribution was acheived by the intermediation of privileged groups, such as the six clerks-of-the-road employed by the Post Office, who in turn from at least 1739 worked through a further Post Office official who dealt directly with London printers. In the provinces parcels of London papers were handled by postmasters who had their own local networks of distributive agents.[23]

Harris' recent work points to a weekly sale of 100.000 London newspapers in 1745, so revising Aspinall's previous analysis[24] which had 'overlooked the virtual revolution of the scale of newspaper distribution that had already taken place by 1750.'[25] One major symbiotic relationship in the rise of the London newspaper over the first half of the eighteenth century was with the city's commercial community. The contents of newspapers were designed to appeal to London merchants, agents and brokers, who either bought these

---

[22] M. Harris, London Newspapers in the Age of Walpole. A Study of the Origins of the Modern English Press, Cranbury NJ-London-Mississauga, Ontario 1987, pp. 19-32.

[23] See Harris, London Newspapers, pp. 33-48.

[24] A. Aspinall, Politics and the Press, 1780-1850, London 1949; idem, Statistical Accounts of the London Newspapers in the Eighteenth Century, English Historical Review 63 (1948).

[25] Harris, London Newspapers , pp. 190f.

papers directly or read copies in their offices or coffee-houses.[26] The new London insurance companies of the 1720s offered their policyholders the opportunity of having, at a much reduced rate, commercial newpapers such as the *British Mercury*. Its readership was not wealthy mercantile plutocrats but tradesmen in the Metropolis and the provinces. This growing provision of information made markets more perfect in an economist's sense, while the locii of the growth of newspapers is an indication of the importance of marketing centres. Both indicators reinforced other evidence about the further growth of London as a financial and commercial centre. When the Bank of England was founded in 1694, London was already part of a formalised international financial market, as shown by the regular publication of share prices and exchange rates.[27] The development of London as not only a national, but also an international, centre of communications, is perhaps revealed by bullion transactions, that most sensitive of indicators to changes in global rankings. During the 1730s the Bank of England's dealings in 'treasure' increased in size and gained greater variety. This arose from silver, and the Bank's international dimension, having become more important due to London's displacement of Amsterdam as Europe's premier bullion market and, thereby, possibly also as the centre of European communications.[28]

London's continuing growth was the result of many factors, of which one was the advantages derived from its continuing disproportionate size, initially in terms of the domestic economy, and, then, from the early nineteenth century in relationship to the changing world economy. Although often depicted in negative terms by contemporary commentators, London none the less played a positive role within the British economy as the major centre of consumption, thereby providing a powerful stimulus to the growth of demand and the creation of widening markets. Communications were important in these processes, as they were equally in relation to London being a service centre for first, the domestic economy and, ultimately, the international economy.

II

Before the 1730s the international position of London derived from overseas trade and, in turn, the dominating position of the city's port[29] within

---

[26] J. J. McCusker, The Business Press in England before 1775, Library, 6th ser., 8 (1986).

[27] L. Neal, The Rise of Financial Capitalism. International Capital Markets in the Age of Reason, Cambridge 1990, pp. 16-19, 23, 37f., 141.

[28] Sir J.Clapham, History of the Bank of England, I: 1694-1797, Cambridge 1944, pp. 131-41, 231, 234f. See also R. Davis, The Rise of the Atlantic Economies, London 1973.

[29] The only wide ranging survey remains J. G. Broodbank, History of the Port of London, 2 vol., London 1921.

British foreign transactions. This leading role had long roots, with for instance, London in the 1540s having been responsible for 84 per cent of English exports of woollen cloths. By the 1820s the foreign trade of the port amounted to 777,858 tons. However, at the beginning of the nineteenth century, London was predominantly a river port with nearly all its trade taking place at the legal quays lining the Thames. Docks had been constructed during the marked, dynamic growth of the colonial re-export trade of the closing decades of the seventeenth century,[30] with the Brunswick Dock, Blackwall, of 1661 and the Howland Great Wet Dock opened in 1700. However, despite the continuing expansion of London's international trade, there were no further dock developments until the first quarter of the nineteenth century. Consequently there was increasing shipping congestion in the Upper and Lower Pools of the Thames, but, until the 1790s, the combined opposition of the City authorities and porters blocked initiatives for new docks. It was only in 1793, under the threat of taking their trade elsewhere, that the powerful committee of West India merchants was able to overcome the obstruction of these entrenched vested interests. The outcome was rapid and spectacular; six new docks were constructed[31] and in 1830 they accounted for 43 per cent of total British port capacity.

In and along the Thames coastal shipping[32] jostled with vessels carrying foreign trade. London was the greatest English centre of domestic shipping and much of the cargoes so brought in and out of the port were related to foreign dealings on and along the Thames. However, coastal trading vessels also berthed in London to supply the Metropolis which had been the centre of British mass consumption since at least the mid-seventeenth century. Coastal shipping provided London with coal, with the city receiving in 1820 37.3 per cent of all of this mineral moved coastwise; corn, the imports of which averaged 206,644 tons per annum during the 1820s; hops and barley; and building materials. For its part, London exported, or re-exported, to other British ports groceries, exotic foodstuffs and drink. With the development of coastal steamers from the 1820s, London came to draw its own sup-

---

[30] R. Davis, English Foreign Trade 1660-1700, Economic History Review, 2nd ser., 7 (1954); more generally, see J. Alexander, The Economic Structure of the City of London at the End of the Seventeenth Century, Urban History Yearbook, Leicester 1989.

[31] See W. M. Stern, The First London Dock Boom and the Growth of the West India Docks, Economica, 19 (1952); idem., The Isle of Dogs Canal, Economic History Review, 2nd ser., 4 (1952).

[32] See T. S. Willan, The English Coasting Trade, 1600-1750, Manchester 1938; P. S. Bagwell, The Transport Revolution from 1770, London 1974, chapter 3; J. Armstrong, P. S. Bagwell, Coastal Shipping, Aldcroft, Freeman (eds.), Transport in the Industrial Revolution; idem., Coastal Shipping, Freeman, Aldcroft (eds.), Transport in Victorian Britain.

plies more widely, taking in fresh West Country butter, Scottish potatoes and wheat from Ireland. River steamers also allowed the greater development of commuting, especially those services that went down stream to the estuary to seaside resorts such as Margate.

The efficiency of coastal shipping meant that London and its immediate hinterland was largely unaffected in a direct way by improvements in domestic inland waterborne transport.[33] These had begun with the regulation of rivers – 'navigations' – the number of which grew steadily from the mid-seventeenth century and which were precursors of canal building, leading to the eventual development of a canal network over the course of the eighteenth century. London had an early improved river – the Lea Navigation – the regulation of which commenced in the 1570s and which facilitated the transport of Hertfordshire and Cambridgeshire malting barley to the city's brewers. Unlike the 'coal canals' of the midlands and the north, the southern agricultural canals of the eighteenth century were never a great success.[34] Like elsewhere in the country, the south east was embroiled in the 'canal mania' of the 1790s, but plans for a London & Cambridge Canal, a Weald of Kent Canal and a water link between the Medway and Romney Marsh to 'cut off' the Downs only at best got as far as private acts of parliament. The handful of modest canals that were constructed in the south east largely served to distribute coal brought into London by coastal shipping from the coalfields of Northumberland and Durham.

Grander canal schemes linking the south east with other regions of the economy had mixed fortunes. The Thames and Severn proved to be operationally unsound; it was superseded by the Kennet & Avon,[35] dug between 1794 and 1810, and which gained traffic through being an extension of the Somersetshire Coal Canal. The most important effects of the canal age upon London came with the construction of the Grand Junction,[36] which replaced the circuitous and difficult inland water route to the midlands and the north previously provided by the Thames Navigation and the Oxford Canal. The Grand Junction was linked with the Paddington branch of the London's local

---

[33] See T. S. Willan, River Navigation in England, Manchester 1936; T. C. Barker, The Beginnings of the Canal Age in the British Isles, L. S. Pressnell (ed.), Studies in the Industrial Revolution: Essays Presented to T. S. Ashton, London 1960; B. F. Duckham, Canals and River Navigations, Aldcroft, Freeman (eds.), Transport in the Industrial Revolution.

[34] C. Hadfield, The Thames Navigation and the Canals, 1770-1830, Economic History Review [old ser.] 13 (1944/5); idem., The Canals of Southern England, London 1955; idem., The Canals of South and South East England, Newton Abbot 1969.

[35] H. Household, The Thames & Severn Canal, Newton Abbot 1969; K. R. Clew, The Kennet & Avon Canal, Newton Abbot 1968.

[36] C. Hadfield, The Grand Junction Canal, Journal of Transport History 4 (1959/60); A. H. Faulkner, The Grand Junction Canal, Newton Abbot 1973.

Regents Canal[37] and constituted a viable routepath between the new industrial provinces and London's growing dock system of the first quarter of the nineteenth century. This water connection brought coal from the 1830s, leading to the coining of the term 'Paddington coal', whereas it carried away from London imported cotton, tin and wool and the city's own very special product – manure – which also provided a cargo for colliers returning to Newcastle.

Canals played some part in assisting the further development of London as the centre of the nation's domestic commerce. By the 1830s Cheapside wholesalers were able to distribute linens, silks and woollens to every English town and could also reach out to some Irish and Scottish marketing centres. Conversely, provincial shops could rely on quick transport by which to keep in contact with London wholesalers. Some of these new connections were provided by 'flyboats' on canals, but more arose from the improvement of roads which had proceeded in parallel with the development of river navigations and the construction of canals over the seventeenth and eighteenth centuries.

III

The temporal pattern of road improvement was broadly comparable to that of the development of river navigations and the construction of canals. Consequently, it was an equally long drawn out process, running from the late seventeenth century until the early nineteenth century. Road improvements complemented the development of more effective inland water routes whereas they, in turn, often had a commercial relationship with coastal shipping. All were equally expensive, being substantial consumers of capital. Consequently their construction was only undertaken when forced by the growing volume and weight of traffic. However, London played a greater role in the improvement of roads than in the transformation of Britain's inland waterways. Coastal shipping, for the large part, constituted London's water links with the rest of the economy, thus making river navigations and canals in the south east largely redundant. However, in the case of roads, it was a different matter.

Until the building of motorways during the mid-twentieth century, Britain's national trunk road system still bore very clearly the imprint of the Roman occupation. Rome's legions had provided a road network consisting largely of routeways radiating out from London and during the seventeenth century these still constituted the infrastructure for London's very sizeable road transport industry. In 1637 there were 200 London carriers, whose services collectively formed a national system through offering connections to Exeter

---

[37] H. Spencer, London's Canal: the History of the Regent's Canal, London 1961.

in the south west, Manchester in the north west and York in the north east. Much of their business even in 1700 was still conducted by pack horses which connected institutionalised distribution centres in the provinces and in the Metropolis. These carrying and cartage services were more highly developed than the facilities offered to passengers. However, a London stage coach system to the major provincial centres had begun to develop from the mid-seventeenth century, with the number of services growing rapidly at the end of the century to reach 800 a week by 1715.[38]

The weight of traffic travelling to and from London forced the improvement of roads.[39] The first turnpike, in 1663, was for a section of the Great North Road between Sutton, Huntingdonshire and Wadesmill, Hertfordshire. Of greater importance was the turnpiking in 1706 of a stretch of Watling Street between Fornhill and Stony Stratford as the procedures used were subsequently adopted by other turnpike commissioners. The growth of turnpiking before 1750 was largely related to improving the maintenance of the busy main roads to London and initially that of stretches of trunk roads within the immediate region of London. Indeed, before 1720 18 of the 25 turnpike acts passed by parliament were for the upkeep of roads within a 40 mile radius of the capital. However, despite these initiatives to maintain and improve London's trunk road connections by levying tolls on the traffic that used them, a commentator still remarked in the early nineteenth century that 'the great high roads which run into London, and which from their beauty are the admiration of foreigners, are formed of the most defective materials, and on this account are, perhaps, the worst roads in all England.' This deplorable condition was due not only to the volume of traffic, but also to regional sub-soil conditions in turn aggravated by local methods of road construction which involved the use of small water-worn pebbles compacted to form an exaggerated camber. The state of main roads close to London also led to complaints from the Postmaster-General's Superintendent of Mail Coaches during the late eighteenth century. He found that this was causing major disruptions to the carriage of mails with delays of 20 minutes arising from a mail coach trying to traverse just a 60 yard stretch of a road within the Home Counties. These conditions were also having other costly effects since, whereas in the English provinces a mail coach only required eight horses,

---

[38] See, generally, J. A. Chartres, Road Carrying in England in the Seventeenth Century: Myth and Reality, Economic History Review, 2nd ser., 30 (1977).

[39] See W. Albert, The Turnpike Road System in England, 1663-1840, Cambridge 1972; E. Pawson, Transport and Economy: the Turnpike Roads of Eigtheenth Century Britain, London 1977; G. L. Turnball, Provincial Road Carrying in England in the Eighteenth Century, Journal of Transport History, N.S., 4 (1977); idem, Traffic and Transport: An Economic History of Pickfords, London 1979; W. Albert, The Turnpike Trusts and J. A. Chartres, G. L. Turnball, Road Transport, both in Aldcroft, Freeman (eds.), Transport in the Industrial Revolution.

each having an effective working life of six years, within the London area ten horses were needed and these only lasted between three and four years.[40]

The *official* carriage of mails by stage coaches had begun in 1784 as a result of an initiative taken by John Palmer regarding the posts between London, Bath and Bristol. However, the Royal Mails went back to the early sixteenth century and from the 1630s there had been a public service on main roads. None the less provision during the mid-eighteenth century had been very poor due to Ralph Allen's conduct of his monopoly of the cross posts between 1720 and 1762. This had involved the carriage of letters by horse back, or post chaise, but the arising delivery times had lengthy. As a result, and increasingly during the early 1790s, mail was being despatched, *illegally*, by stage coaches, which provided a more efficient although more expensive service. While posts on stage coaches charged 2s. for a particular service, the Royal Mail required only 4d. arising from a complex rate structure, but one which largely related to the distance that a letter had to travel between sender and receiver. The efficiency of Palmer's Bath Road service, which outpaced existing stage coaches and which paid no tolls on the turnpikes, led Pitt to extend it to all main postal roads, a measure which was rapidly completed by 1786.[41] The new post services not only markedly reduced delivery times for letters but encouraged the national distribution of London newspapers. In 1784, at the inception of Palmer's service, 3m newspapers were sent out from London; by 1794 the volume had increased to 6m. Moreover, from 1792 the mails and newspapers were carried in special constructed post coaches. Generally, the new mail services ran at night, with post coaches leaving London at 8 pm and passing on the turnpikes their counterparts travelling to the Metropolis.

Table 2 indicates the Post Office's contribution to the public revenues over the eighteenth century. The mail was not the only source of the Post Office's income and therefore the table has to be interpreted with some care. Furthermore, the rise in income from the 1760s was the product of many factors, including population growth and the increasing number of market transactions. However, the sizeable increase displayed in the table for the closing decades of the eighteenth century has a direct relationship with the rapid growth of mail coaching from the mid-1780s.

---

[40] Sir J. H. Clapham, An Economic History of Modern Britain, I, The Early Railway Age 1820-1850, Cambridge 1962, rep. 1964, pp. 92-7.

[41] See, generally, B. Austen, The Impact of the Mail Coaches on Public Coach Services in England and Wales, 1784-1840, Journal of Transport History, 3rd ser., 2 (1981).

Table 2: Post Office's net receipts to the Public Income

decade	net receipts per annum average
1720-9	£94,800
1730-9	£94,300
1740-9	£84,200
1750-9	£92,200
1760-9	£128,700
1770-9	£156,900
1780-9	£226,800
1790-9	£482,500

Source: B. R. Mitchell with P. Deane, Abstract of British Historical Statistics, Cambridge 1971, pp. 386-8.

The rapid growth of the new mail system led to the Postmaster-General having an obvious interest in road conditions which dictated the speed at which inter-regional postal deliveries could be made. One concern arose from the state of roads in the immediate vicinity of London, made more complicated in 1815 by only a third of roads in Middlesex and a tenth of Essex roads being turnpiked. The arising problems were not resolved until 1826 when a more prestigious body of turnpike commissioners took over the 172 miles of turnpiked Middlesex roads and then improved their condition. At the same time there was a consolidation of turnpike trusts in Essex and also in Surrey. These organisational changes[42] markedly improved the quality of road surfaces immediately to the north, east and south of the Metropolis and therefore speeded the mails within the Home Counties. Of equal interest to the Postmaster-General was the state of some of the main trunk routes which ran through the Home Counties and then out to the provinces.

From 1808 the Post Office had attempted to run a Holyhead mail to provide a service between London and the Welsh packet port for Ireland.[43] The difficulties encountered led to Telford[44] being commissioned to make a road survey and the consequent improvements made followed the model established by the Commission for (Scottish) Highland Roads of 1803. The resulting Holyhead Road,[45] involving the amalgamation of six Welsh turnpike

---

[42] W. Albert, The Metropolis Roads Commissions as Attempts at Turnpike Trust Reform, Transport History 4 (1971).

[43] P. S. Bagwell, The Post Office Steam Packets, 1821-26, and the Development of Shipping on the Irish Sea', Maritime History 1 (1971).

[44] A. Gibb, The Story of Telford, the Rise of Civil Engineering, London 1935; L. T. C. Rolt, Thomas Telford, London 1958.

[45] M. Hughes, Telford, Parnell and the Great Irish Road, Journal of Transport History 5 (1964).

trusts, has been regarded by some historians as the first British national highway. It enabled the successful running from 30 January 1826 of the Royal London and Holyhead Mail. The Postmaster similarly commissioned Telford to undertake a survey of the south Wales stretch of the route followed by the London-Welsh Mails. The Postmaster-General's most ambitious trunk road improvement scheme never came to fruition. In 1824 Telford, once more, received a commission to survey the Great North Road from London to Morpeth in Northumberland, but the arising Northern Road bill never gained the necessary parliamentary assent. Within a few years it was no longer needed as the carriage of mails was quickly transferred to the nascent railway system. None the less, 'mail coaching' reached its apogee in Britain during the second quarter of the nineteenth century, although increasingly over this period these services fed the post into the emerging trunk network of the railway system.

IV

If there was a revolution in the development of the British transport system, with all its implications for communication, it came with the building of the railways.[46] At the close of 1825 there were 26.75 miles of railway line open for traffic throughout the United Kingdom; by 1848, with a trunk network almost established, 5,127 miles of track were in operation.[47] The consequences for the speed of communications were substantial. In 1750 it took two days by stage coach to travel from London to Exeter, a journey of some 172 miles and, by 1821, this had only been reduced to 30 hours. With the coming of the railway, the journey time from London to Exeter was cut to approximately five hours, whilst within eight hours rail travellers from the various London stations could arrive at Hull, or Liverpool, or Leeds, or Manchester or York.[48]

Like the canal, the railway was initially developed with the transport of coal foremost in the mind of promoters, but London was never the less a centre of early lines, with plateways being established during the opening decades of the nineteenth century in the city's south eastern suburbs to haul freight by horse. Following the Rainhill trials of 1829, London soon became the focus of rival schemes during the railway manias of the mid-1830s and mid-1840s. Its size and therefore its market, as well as its role as an administrative and social centre, meant that it was the obvious national prime node

---

[46] See T. R. Gourvish, Railways 1830-70: the Formative Years', Freeman, Aldcroft (eds.), Transport in Victorian Britain.

[47] B. R. Mitchell with P. Deane, Abstract of British Historical Statistics, Cambridge 1971, p. 225.

[48] Maps revealing this can be found in J. Langton, R. J. Morris (eds.), Atlas of Industrializing Britain, London 1986, Maps 9.2-3, p. 82; Maps 9.14-17, p. 90.

for a rail network. A line from London to Birmingham was opened in 1838, to Southampton in 1840 and to Bristol and Exeter in 1841. The embryonic national network of mid-1841, comprising some 1,500 miles of track in operation, made it possible to travel between London and Newcastle almost entirely by train, the journey taking some 17 hours. This involved a traveller going via Birmingham, Derby, York to Darlington and there taking a stage coach for the final stretch to Newcastle. During the same year a rail journey to Glasgow required taking an Irish Sea packet steamer service between Fleetwood and Androssan. The 1840s mania resulted in the building of one further trunk line – the Great Northern running from Kings Cross, London to York – together with the completion of the two rail routes from the Metropolis to Scotland (east coast and west coast), a trunk line on from Birmingham to Holyhead for Ireland and the extension of the network in the south west of England.

The Post Office very quickly appreciated the role that the railway could play in speeding the mail. Very shortly after the Rainhill trials, the Liverpool and Manchester railway company received in 1830 the first railway postal contract. A series of other 'firsts' quickly followed. Even before the London and Birmingham railway had been completed, the first London-based Travelling Post Office was at work, running to Denbeigh Hall, north of Bletchley, where the mail was transferred to road in order to be taken on to Rugby to rejoin the railway. Two further 'firsts' came in 1838 of which the most important, because of its wider impact, was the construction of the first specifically designed Travelling Post Office with an apparatus capable of picking up, and dropping off, the mail while the train continued to travel at speed. This was employed on the Grand Junction railway and replaced a converted horse box that had been used on the tracks between between London and Liverpool. The deployment of this Travelling Post Office accelerated mail deliveries between London and the north west as far as Warrington, by services following the lines north of Birmingham of the Grand Junction and Northern Union railway companies. As some of the other ventures of the railway mania of the mid-1830s came to fruition, the postal railway network was developed further. The Great Western railway introduced a night mail on 4 February 1840 between Bath and Gloucester, so establishing an important link between the south west of England and both the north west (although not totally developed until late 1859) and the Metropolis. One of these links quickly became fully institutionalised with the running of both night and day mails over the Great Western between London and Exeter from 1841.

The development of the national transfer of mail by rail was connected with, but not vital for, Rowland Hill's prepaid penny postage venture.[49] Its

---

[49] See M. J. Daunton, Royal Mail. The Post Office since 1840, London 1985, pp. 5-11, 19-25, 124-33. Previous histories include: W. Lewins, Her Majesty's Mails: A His-

apparent public success is so well known that it requires little comment here. Suffice it to say, the penny post took the number of letters delivered from 76m in 1839 to 863m by 1870. What equally has to be stressed, and is often forgotten, was the parallel rise in the distribution of newspapers and, in 1837, newspapers were already 1.3 times greater in volume than letters posted. As the lines of the mid-1840s mania were completed and further new rail services initiated, the railway postal service was consolidated. The last mail stage coach ran out of London in 1846.[50] The development of railway mail services gave the Post Office the power to requisition special coaches or even whole trains. In trying to come to agreements with the railway companies, the Post Office sought marginal cost pricing but was unsuccessful. The consequent arbitrations enabled the railway companies to charge not just the additional expenses incurred for providing mail facilities but also to gain a contribution towards their fixed costs, which raised the sums charged to the Post Office from 1s-1s 2d to 3s per mile.[51]

Special mail trains were run between London via Bristol to both the West Country and South Wales from 1 February 1854. Increasingly sorters employed directly by the Post Office constituted the staff of these services, as with that between London and Crewe from 5 March 1857. Similarly in 1857 district sorting was introduced. Over the same period foreign mail was carried and sorted on trains. The Great Western had taken over the West Indian mails from as early as 21 June 1842. These foreign letters were collected by tenders from vessels lying to in the Carrick Roads off Falmouth, Cornwall and transferred to the railway, which provided a faster passage for the final stretch into London than could be acheived by oceanic shipping which had to navigate the central and eastern Channel to dock in either Southampton Water or the Thames. In 1867 the Post Office took over all overseas mail contracts from the Admiralty,[52] and two years later sorting was introduced on the Great Western's mail trains from West Country Channel ports to the Metropolis.

---

tory of the Post Office, and an Industrial Account of its Present Condition, London 1865; H. Robinson, The British Post Office: A History, Princeton NJ 1948; idem, Britain's Post Office. A History of Development from the Beginnings to the Present Day, London 1953; K. Ellis, The Post Office in the Eighteenth Century. A Study in Administrative History, London 1958 and C. R. Perry, The British Post Office, 1836-1914: A Study in Nationalisation and Administrative Expansion, unpublished Ph. D., Harvard 1976.

[50] Daunton, Royal Mail, p. 123.

[51] G. R. Hawke, Pricing Policy of Railways in England and Wales before 1881, reprinted in M. C. Reed (ed.), Railways in the Victorian Economy. Studies in Finance and Economic Growth, Newton Abbot 1969, pp. 93f.

[52] See Daunton, Royal Mail, pp. 154-71.

V

The coming of the railway not only transformed personal journeys and the carriage of the mails by markedly reducing travelling times, but also led to the introduction of an almost instantaneous form of communication – the telegraph. The railway companies' interest in this innovation arose from ensuring the safety of their operations. The Great Western laid telegraph wires between Paddington, its London terminus, and West Drayton in the outer suburbs in 1838, following which the company conducted a series of experiments until the late 1840s. One result was the suspending of the wires from posts alongside the railway track from 1843, a practice which became general and so made them a distinctive feature of the railway scene; less obvious was the improvement in the efficiency of telegraph instruments. As a result, by 1848 1,800 miles of railway track – half of the lines open for traffic – were equipped with the telegraph. Over the same period a commercial telegraph service was developed by the Electric Telegraph Company and initiated in 1846. By the mid-1850s this company had 17 offices within the London area of which eight were sited at the great metropolitan termini of the railway companies, while three of these bureaux were opened all day and all night to provide a 24 hour service to the public. The demands of railway operation had made practical a whole new form of personal intercourse and, during the initial stages of development, London was the centre. Very rapidly over the mid-nineteenth century national telegraph systems became international networks, so binding Europe together with copper wire. In practice intercontinental telegraph and cable developments only came to the fore from the 1870s.

London, like Paris, became the hub of a national railway system, although in the case of the former city this only arose out of speculative intents, whereas with the French capital it was a case of deliberate planning. Other contrasts are also evident. Both countries, by the nineteenth century, had powerful and effective provincial newspapers. Yet in England (but not in Wales and Scotland to the same degree) it was the London morning dailies, distributed nightly by special trains, that came largely to constitute the national press – certainly by the 1920s, while in France the provincial press has been able to hold its own, interacting with Gallic regionalism. Newspapers continue to be printed in London, although the site of the presses has moved over the last decade from Fleet Street to 'docklands'. In the case of book production, the railways had a much earlier effect. Although publishing, in terms of the head offices of publishing houses, has remained a major London 'trade', many printers specialising in book production soon moved out of the congested centre of the metropolis to site themselves in towns about 40 miles out in the Home Counties. The railway eased any transport and communications problems that arose, whereas the continuing spatial expansion of London has meant that these firms never really left the London region.

DIE KOMMUNIKATIONSREVOLUTION IM 19. JAHRHUNDERT UND IHRE EFFEKTE AUF MÄRKTE UND PREISE

von
Rolf Walter

1. Verbesserte Kommunikation als raumstrukturverändernder und grenzüberwindender Faktor

Zu den menschlichen Grundbedürfnissen zählt die Kommunikation. Infolgedessen kommt der Kommunikation als historischer Komponente der Gesellschaftsgeschichte ein hoher Stellenwert zu. Sie ist die Voraussetzung jeder Sozialisation. Geschichtliches Verstehen erfordert tiefe Einsichten in die Grundstruktur der menschlichen Kommunikation. Sie umfaßt "alle Formen von Verkehr, Verbindung, Vermittlung und Verständigung".[1] Sie greift weit hinein in den Alltag und seine kulturellen, wirtschaftlichen und sozialen Interaktionen. Sie wurde zum Hauptcharakteristikum der modernen Gesellschaft, weshalb auch von der Kommunikations- oder Informationsgesellschaft[2] die Rede ist. Sie hat ihre Grundlagen wesentlich in der "elektrischen Revolution"[3] des 19. und beginnenden 20. Jahrhunderts, insbesondere in der Erfindung des elektrischen Telegrafen, des Telefons und der kabellosen Technik.

Unter "Kommunikationsfortschritt" verstehe ich die Summe derjenigen neuen Entwicklungen, die zu einer wesentlichen Erleichterung der realen und abstrakten Verbindung zwischen Sendern und Empfängern allgemein und zwischen Marktteilnehmern im besonderen führten. Im Falle der ökonomischen Kommunikation sind hiermit in erster Linie Verkäufer und Käufer gemeint, die am abstrakten ökonomischen Ort des Tausches (wo Angebot und Nachfrage irgendwie aufeinandertreffen) oder am realen Markt (z.B. Großmarkt, Börse etc.) miteinander in Verbindung treten. Der Begriff Kommunikation umfaßt auch das Verkehrs- und Nachrichtenwesen, dessen

---

[1] H. Pross, Medienforschung, Darmstadt 1972, S. 19.

[2] Der Begriff Informationsgesellschaft wurde m.W. 1973 von dem amerikanischen Soziologen Daniel Bell geprägt. Vgl. D. Bell, The Coming of Post-Industrial Society. A Venture in Social Forecasting, New York 1973, dt. u.d.T.: Die nachindustrielle Gesellschaft, Hamburg-Reinbek 1979.

[3] D. Balkhausen, Die elektrische Revolution, Düsseldorf 1985.

Wachstumsgeschwindigkeit es nahelegt, vom 19. Jahrhundert als dem Jahrhundert der "Verkehrsrevolution" und vom 20. als dem der "Informationsrevolution" zu sprechen, also Begriffe aus dem Kommunikationsbereich zur Kennzeichnung von Epochen zu verwenden.

Es ist mit Sicherheit anzunehmen, daß im 19. Jahrhundert die Durchsetzung der Innovation der Dampfverkehrstechnik, die daraus resultierende immense Verkürzung der ökonomischen Entfernung[4] bei Massengütern und im Personen-Massentransport und die durch das Erreichen völlig neuer Käuferschichten bedingten Nachfrageeffekte eine geradezu revolutionäre Transformation der Faktormärkte bzw. der Marktnetze hervorriefen. Die Raumstrukturen und Marktgrenzen veränderten sich im Gefolge der Verbesserung der Verkehrs- und damit Kommunikationsbedingungen sehr wesentlich. Man sollte, wie dies auch Knut Borchardt vorschlug, die raumverändernden Prozesse stärker als bisher als Voraussetzung und nicht als Ergebnis des Hochindustrialisierungsprozesses interpretieren und diskutieren.[5]

Versteht man den idealtypischen, vollkommenen Markt im Sinne Erich Gutenbergs, so wäre es sinnvoll, die Informationsintensität und Qualität eines Marktes an den fünf Merkmalen des vollkommenen Marktes zu messen. Vollkommenheitskriterien sind dabei die sachliche Gleichartigkeit der Güter, das Fehlen persönlicher Präferenzen und räumlicher und zeitlicher Differenzierungen zwischen den beiden Marktseiten sowie die Markttransparenz. Die wesentlichste Marktinformation bildet der Preis, der bedeutendste Maßstab in marktwirtschaftlichen Systemen. Preisinformationen gehören demzufolge zum Kern der Marktanalyse. Zusammenhänge von Konjunkturen und Preisen bilden damit Indikatoren für den Grad der Kommunikation.

Die kommunikative Verflechtung von Güter- und Kapitalmärkten nahm noch vor dem Ersten Weltkrieg rapide zu. Ich möchte an einigen Beispielen versuchen, eine im 19. Jahrhundert besonders auffällige preishistorische Erscheinung im Zusammenhang zu erklären. Als Beispiele nehme ich spezifische Teilbereiche des Gütermarktes und den Kapitalmarkt und möchte zunächst begründen, weshalb es mir berechtigt zu sein scheint, auch und gerade aus diesem Blickwinkel vom 19. Jahrhundert als dem der Verkehrs- und Kommunikationsrevolution zu sprechen.

2. Die Markttransparenz und die räumliche Reichweite einzelner Güter

Güter haben eine unterschiedliche Fungibilität. Baumwolle oder Weizen sind leicht standardisier- und typisierbar und damit leicht und weit handelbar. Dies mag ihren Absatzradius an und für sich schon vergrößert haben, denn von der Fungibilität ist die Schnelligkeit des Übertragungsmechanismus abhängig. Baumwoll- und Weizenzyklen übertragen sich schneller auf andere

---

[4] Entfernung gemessen u.a. in Frachtkosten.
[5] K. Borchardt, Die industrielle Revolution in Deutschland, München 1972, S. 98.

Weltteile, Produkte mit nationalen Besonderheiten langsamer.[6] Von wesentlichem Einfluß auf ihre Handelbarkeit ist aber auch die präzise Kenntnis über ihre Qualität und ihren Preis bzw. grundsätzlich die Information über ihr Vorhandensein an einem bestimmten Ort bzw. Markt. Die produktspezifische Reichweite ist also in diesem Sinne eine Funktion der Transparenz. Diese ergibt sich durch Information mittels Kommunikation, d.h. zunächst durch persönliche Übermittlung (Post- und Botenwesen),[7] sodann durch "Übergangstechniken" (Brieftauben[8], Chappe-"Telegrafen", etc.), dann über Kabel durch Telegraf und Telefon und schließlich (im 20. Jahrhundert) auch kabellos per Funk. Die so skizzierten Stufen verbesserter Kommunikationstechnik bewirkten intensivere Markterschließung, d.h. einen erheblich erweiterten Absatz- bzw. Distributionsradius und eine wesentliche Veränderung der Preisstruktur (z.B. hinsichtlich Intensität und Schnelligkeit) auf den Güter-, Geld- und Kapitalmärkten.

Von großem Einfluß auf die produktspezifische Reichweite war die relative Transportkostenbelastung der Güter. Diese reduzierte sich generell im Gefolge verbesserter Verkehrs- und Kommunikationsinfrastruktur. Hatte ein lebensnotwendiges Gut eine zu geringe räumliche Reichweite, weil es etwa zu stark transportkostenbelastet war, entstand Druck auf die infrastrukturelle Investitionsentscheidung. Noch ausgangs des 18. Jahrhunderts war Salz aus Reichenhall bis München mit 67% Transportkosten belastet. Am Bodensee kostete es bereits 220% vom Erzeugerpreis. Es ist kein Zufall, daß schon im Spätmittelalter (1398) der Bau des ersten Kanals in Deutschland (Stecknitzkanal) seine Ursache im zu teuren Salztransport hatte.[9] Hier zeitigte die Dringlichkeit der Versorgung beträchtliche infrastrukturelle Konsequenzen und eine große Raumwirkung. Es ließen sich unschwer eine Vielzahl von ähnlichen Beispielen nennen.

Die steigende Bevölkerung im 19. Jahrhundert und die damit notwendige Versorgung sowie ein sich beschleunigendes Wirtschaftswachstum bedurften

---

[6] W. Fischer, Wirtschaft und Gesellschaft Europas 1850-1914, Ders. (Hg.), Handbuch der europäischen Wirtschafts- und Sozialgeschichte, V, Stuttgart 1985, S. 118.

[7] 1870 schrieb Gustav Schmoller: "Der persönliche Reiseverkehr, der Brief- und Zeitungsverkehr, der uns jetzt leicht und schnell Nachricht und Kenntniß des Vollkommenen überall her bringt, ist ebenso wichtig für die Änderung aller Produktions- und Konsumtionsverhältnisse, wie der sachliche Verkehr, der uns die Waaren selbst bringt." G. Schmoller, Zur Geschichte der deutschen Kleingewerbe im 19. Jahrhundert, Halle 1870, S. 167ff, 449.

[8] Paul Julius Reuter, der mit Börsendaten handelte, überbrückte die 1850 noch fehlende Telegrafenverbindung zwischen Aachen und Brüssel zur Übermittlung der Kurse der Pariser Börse durch eine Taubenpost; vgl. D. Read, The Power of News: The History of Reuters, Oxford 1992.

[9] R. Gömmel, Transportkosten und ihr Einfluß auf die Integration von Wirtschaftsräumen, Economia, Aachen 1986, S. 1-23, passim.

zunehmend eines effizienteren und zuverlässigeren Transferinstruments. Noch nie in der Geschichte ersetzte ein Transportsystem das andere so rapide wie dies die Eisenbahn mit allen anderen tat. Dabei lag der Beginn der nachhaltigen Transformation des Verkehrs- und Kommunikationssektors zeitlich bemerkenswert eng beieinander, denn in den 1850er Jahren revolutionierte das Dampfschiff den transozeanischen Verkehr und zeitgleich die Eisenbahn den Überland-Transport und der Telegraf die Überland-Kommunikation.[10] Die Kommunikations- und Transportrevolution bedingten sich also gegenseitig: Die Telegrafengesellschaften nutzten die Wegerechte der Eisenbahnunternehmen und die Eisenbahn den Service der Telegrafengesellschaften zur Koordinierung der Züge und des Verkehrs.

Zu den allgemein für alle Zeitgenossen spürbaren und jedem zugutekommenden Preisrückgängen gehörten jene im Post- und Transportbereich. In den 1850er Jahren kam es zu den schärfsten Preissenkungen, die die Postgeschichte bis dahin erlebt hatte. Bis 1851 kostete in den USA z.B. die Erste-Klasse-Post bei einer Unze[11] bis 300 Meilen 5 Cents und über 300 Meilen 10 Cents. 1851 reduzierte sich der Preis auf 3 Cents bis 300 Meilen und 5 Cents zwischen 300 und 3.000 Meilen. 1855 erreichte man mit den 3 Cents bereits die zehnfache Entfernung, nämlich 3.000 Meilen.[12] Mithin reduzierten sich die Kosten innerhalb von fünf Jahren auf unter ein Drittel und entsprechend verkürzte sich die ökonomische Entfernung von Paketen und Briefen beträchtlich.[13]

Im Güterverkehr waren die revolutionären Veränderungen des Verkehrs- und Nachrichtensektors u.a. beim Getreidehandel am deutlichsten zu spüren. John G. Clark schreibt in seiner Geschichte des Getreidehandels über die 1850er Jahre in den USA folgendes: "The telegraph put western markets in close touch with price changes in eastern centers, and the railroads facilitated delivery so that a favorable price change could be exploited. As a result, larger purchases of grain were made in markets such as Chicago and Buffalo. With the aid of telegraphic communication, a dealer in New York

---

[10] A. D. Chandler, The Visible Hand. The Managerial Revolution in American Business, Cambridge Mass.-London 1977, S. 86, 189.

[11] Unze als Handelsgewicht: 28,349 g; als Feingewicht (Edelmetalle, Edelsteine): 31,1 g; H.-J. v. Alberti, Maß und Gewicht. Geschichtliche und tabellarische Darstellungen von den Anfängen bis zur Gegenwart, Berlin 1957, S. 100.

[12] Chandler, Visible Hand, S. 195.

[13] Beiläufig bemerkt fand in ebenfalls kürzester Zeit ein bemerkenswerter Konzentrationsprozeß statt. Nachdem der Telegrafendienst 1846 wegen fehlender öffentlicher Finanzen und eines nicht genügend effizienten Managements privatisiert wurde und aus anfänglich mehreren 1857 sechs Gesellschaften geworden waren, mündete die Entwicklung 1866 in eine Gesellschaft, die Western Union ein, "thus creating the first nationwide multiunit national enterprise in the United States." Chandler, Visible Hand, S. 197.

could also purchase directly at the point of production. The degree of risk, though still large, was lessened, and the long line of individuals making advances to other individuals farther along the line was reduced ..."[14]

Von außerordentlicher Bedeutung war in diesem Zusammenhang die Verstetigung des Handels und damit die wesentliche Minderung des (Kredit-) Risikos: "Formerly all surplus productions of the western country were purchased ... on the credit of large commission houses ... If the value fell ... then the commission house failed, and often the ruin extended widely into the interior. All this is now changed ... It is the substitution of cash for credit ... It is a great reform."[15]

Damit wurden auch die Großhandelstechniken reformiert. Der Großhändler kaufte nicht mehr den größten Teil seiner Güter zu einem Zeitpunkt; er ersparte sich die Fahrt zum Hafen und den eventuellen Verlust der Güter auf dem Transport. Die Eisenbahn brachte ihm die Waren zuverlässig und schnell dann, wenn er sie benötigte. Auch der ambulante Händler oder Vertreter erreichte ihn schneller. Überhaupt konnte er sich nun stärker seinem Geschäft zu Hause zuwenden. Die Pionierzeit des Großhandels war nun endgültig vorüber.[16] Die Zeit der Massenproduktion und des Massenabsatzes war eingeläutet. Es kam zu einer vollkommenen "Mobilisierung der Güterwelt"[17] und zu immensen Aufschließungseffekten[18] weiter ökonomischer Räume.

Im 19. Jahrhundert vollzog sich "neben der Abnahme der zeitlichen Preisunterschiede am gleichen Ort (Spekulation, R.W.) gleichzeitig ein ununterbrochener Rückgang der räumlichen Unterschiede in den Preisen im gleichen Zeitpunkt (Arbitrage, R.W.)". Die Preisausgleichswirkung durch den Eisenbahnbau, also die Verbesserung der Getreideversorgung zwischen Überschuß- und Knappheitsgebieten, läßt sich beispielsweise durch einen Vergleich der Preise in Hoch- und Niedrigstpreisgebieten und deren Entwick-

---

[14] Zit. nach ebd., S. 210.
[15] Zit. nach ebd., S. 212.
[16] Ebd., S. 216.
[17] W. Sombart, Der moderne Kapitalismus, III,1: Das Wirtschaftsleben im Zeitalter des Hochkapitalismus, Ndr. München 1987, S. 273ff.
[18] Ebd., S. 295.

lung über einen langen Zeitraum zeigen,[19] wie dies Zeitgenossen, etwa der preußische Statistiker Ernst Engel, bereits im 19. Jahrhundert taten.[20]

Dieses Phänomen könnte man den "Eisenbahneffekt" nennen, nämlich das Erreichen derselben Marktentfernung mit erheblich geringeren Transportkosten oder umgekehrt die Vervielfachung der Marktgröße bei gegebenen Transportkosten. Bei einem Frachtaufwand von 50 Mark konnte die Tonne Weizen um 1800 mit dem Wagen 100 km transportiert werden, im Jahre 1850 mit der Eisenbahn 400 km und 1910 mit derselben bereits 2.500 km.[21]

Wenn der Erzeugerpreis einer Tonne Weizen 120 Mark betrug und man mit einem Verkaufspreis von 240 Mark rechnen durfte, dann konnte der Weizen auf schlechten Straßen 100 km, auf guten Kunststraßen 400 km, mit den frühen Bahnen 1.500 km, mit moderneren amerikanischen Eisenbahnen 4.500 km und übers Meer 25.000 km transportiert werden.[22] Die produktspezifische Reichweite hatte sich damit vervielfacht und im Wettbewerb standen nun nicht mehr nur ländliche Regionen derselben Nation sondern die Regionen der Welt untereinander.

Mit der Transportkostensenkung einher ging die erhebliche Reduktion der Versicherungsprämien wegen der erheblichen Verringerung des Transportrisikos und des weitgehenden Ausschlusses von Witterungseinflüssen.

Aber nicht nur die Transportkosten und andere Transferkosten wurden wesentlich reduziert, sondern auch der Zusammenhang der Preisschwankungen an den einzelnen Märkten gestaltete sich – wie angedeutet – immer enger, besonders auffällig in den letzten Jahrzehnten des 19. Jahrhunderts. Die Preisausgleichswirkung des Verkehrs- und Nachrichtenwesens war derart, daß Preisdisparitäten ganzer Warengruppen, wie sie noch im 18. Jahrhundert und in der ersten Hälfte des 19. Jahrhunderts beobachtbar waren, kaum mehr eingetreten sind. Insbesondere ordneten sich die landwirtschaftlichen Erzeugnispreise dem volkswirtschaftlichen Preisgefüge ein und mach-

---

[19] "Ein Gebiet, welches günstiger produziert, hat an sich einen Absatz von weitem Umfange, kommt diesem noch überdies eine Transportverbilligung zugute, so dringt er in Gebiete mit minder günstigen Erzeugungsbedingungen vor, wo er eine Preisermäßigung mit sich bringt... In dem ... Umfange und Sinne ist somit eine Preiserniedrigung und Preisausgleichung der Güter als Folgewirkung der Verkehrsvervollkommnung festzustellen." E. Sax, Die Verkehrsmittel in Volks- und Staatswirtschaft, I: Allgemeine Verkehrslehre, Berlin 1918, S. 24.

[20] Stärker wird der Preisausgleichseffekt in den 1840er Jahren: "Charakteristisch ist ... seit 1843, daß die Preise der Agrarstoffe und der Industriestoffe im ganzen gesehen in einem enger werdenden Zusammenhang aufwärts und abwärts schwingen." A. Jacobs, H. Richter, Die Großhandelspreise in Deutschland von 1792 bis 1934, Berlin 1935, S. 40.

[21] Sombart, Kapitalismus, III,1, S. 280.

[22] Ebd., S. 279.

ten im wesentlichen die Konjunkturschwankungen des Preisniveaus ab 1870 mit.[23]

Derselbe Prozeß, der sich so im regionalen und nationalen Raum abspielte, galt in ähnlicher Weise international und weltweit, wiederum besonders auffällig in den letzten drei Jahrzehnten des 19. Jahrhunderts: "Ende der 1870er Jahre weitet sich infolge des sich immer mehr verbessernden überseeischen Verkehrs und des Nachrichtenwesens der europäische Getreidemarkt zum Weltmarkt, auf dem die Ernten neu erschlossener Überschußgebiete in der ganzen Welt die Getreidepreise beschleunigt zum Sinken bringen, sodaß die sinkende Tendenz in den europäischen Zuschußgebieten sich fortsetzt. In Deutschland aber, das nach 1870 – für Roggen schon 20 Jahre früher – ebenfalls Zuschußgebiet ist, vermag diese sinkende Grundtendenz sich nicht durchzusetzen, da – besonders deutlich bei Weizen, Gerste und Hafer zu beobachten – die Einführung der Schutzzölle 1880 und mehr noch ihre Verdreifachung 1885 die deutschen Preise in den Jahren 1887 bis 1890 stark über den Stand der Weltmarktpreise hinaushebt."[24]

Die Fortentwicklung der Arbeitsteilung, insbesondere die Trennung geschlossener Wirtschaftseinheiten in produzierende und konsumierende, erforderte nun zunehmend genauere, regelmäßigere und schnellere Kenntnis der Marktteilnehmer von den Marktvorgängen.[25]

Es waren nicht nur die Güter als solche sowie das Kapital, die durch verbesserte Kommunikationsbedingungen zunehmend raummobil wurden, sondern auch die Nachrichten als abstrakter Handelsgegenstand gewannen wachsende Bedeutung.

3. Die Nachricht als Wirtschaftsgut

Ein Spezifikum der "Ware" Nachricht ist die Kurzlebigkeit. Sie hat nur einen Wert, solange sie neu ist. Damit ist die Nachricht als ein "kommerziell verwertbares Gut" angesprochen. Sie erhielt im Kontext wirtschaftshistorischer Strukturveränderungen im 19. Jahrhundert eine ganz andere Wertigkeit. "Verkehrswertigkeit des Nachrichtenwesens, insbesondere die Schnelligkeit, Sicherheit und Häufigkeit der Nachrichtenbeförderung war für den Handwerksmeister ohne Belang, solange autoritäre Preisfestsetzungen und Vorschriften über Art und Menge der Warenherstellung dem in Zünften organisierten Gewerbe eine Ausdehnung der Produktion unmöglich

---

[23] R. Walter, Einführung in die Wirtschafts- und Sozialgeschichte, Paderborn 1994, S. 86f.

[24] Anonym, Die Getreidepreise in Deutschland seit dem Ausgang des 18. Jahrhunderts, Vierteljahrshefte z. Stat. d. Dt. Reichs, hg. v. Stat. Reichsamt 44 (1935), S. I. 289.

[25] H.-J. Bräuer, Die Entwicklung des Nachrichtenverkehrs. Eigenarten, Mittel und Organisation der Nachrichtenbeförderung, Diss. rer. pol. Erlangen-Nürnberg 1957, S. 9.

machten" ... "Mit der wachsenden wirtschaftlichen Bedeutung der Nachricht wurde auch die Erhöhung der 'Verkehrswertigkeit' des Nachrichtenwesens zu einem immer wichtigeren Anliegen, denn mit der Verbesserung der Nachrichtenbeförderung steigerte sich auch der Wert der Nachricht für den Empfänger".[26]

4. Die Bedeutung der Kommunikation für den Kapitalmarkt

Die am Beispiel eines Güter- bzw. Getreidemarkts beschriebene Marktintegration infolge verbesserter Kommunikation fand auch im Bereich der Kapitalmärkte statt. Die zunehmende Bedeutung des Bankensektors bei der Mobilisierung und Transformation von Aktienkapital ab der Mitte des 19. Jahrhunderts hing eng zusammen mit dem bereits im 18. Jahrhundert beginnenden Prozeß der Durchsetzung der Inhaberaktie und der damit verbundenen Erleichterung der Übertragbarkeit durch Verzicht auf Zession. Neben diese Maßnahmen zur Fungibilisierung des Kapitalverkehrs und zur Beschleunigung der Übertragungsmechanismen traten die umwälzenden Neuerungen in der Nachrichtentechnik, die für eine bis dahin nicht gekannte Markttransparenz sorgten. So traten z.B. erstmals Börsen-Blätter als wichtige Kommunikationsmittel neben die politischen Tagesblätter und trugen so dem stark wachsenden Bedürfnis nach Information über den immer populärer werdenden Bereich "Börse" Rechnung, wobei diese Entwicklung Hand in Hand ging mit der "Marktreife" des Telegrafen. 1855 griff die *Berliner Börsen-Zeitung* erstmals auf Nachrichten aus "Wolffs Telegraphischem Bureau" zurück und brachte ab 1856 in der ersten Spalte die neue Rubrik "Telegraphische Depeschen". Die Bedeutung des Telegrafen für die Herausbildung des Banken- und Börsensektors wurde meines Erachtens bislang zu wenig hervorgehoben. Die Innovationen auf nachrichtentechnischem Gebiet wurden begleitet von infrastrukturellen (Straßen-, Eisenbahn- und Kanalbau), verkehrstechnischen (Dampfschiffahrt 1816; 1827 Köln-Mainz; Regelmäßigkeit), administrativen (Rheinschiffahrtsakte 1831 und 1868; Währungs- und Münzordnung 1838 [Preußen 1821]; 1857 500g metrisch; Vereinheitlichung der Metrologie 17.8.1868 Norddeutscher Bund, Maß- und Gewichtsordnung etc.), institutionellen (Credit Mobilier, Darmstädter Bank, Disconto-Gesellschaft) und finanztechnischen Neuerungen sowie von politischen (Zollverein) und nicht zuletzt rechtlichen Verbesserungen. Hierzu zählt insbesondere die einschneidende Neuregelung durch das Aktiengesetz von 1870, das die staatliche Konzessionspflicht bei der Gründung von Aktiengesellschaften aufhob und damit einen wesentlich leichteren Zugang zum Markt für Beteiligungskapital schuf und ein starkes Integrationshemmnis auf demselben beseitigte, mithin die Kommunikation zwischen Kapitalanbietern und -nachfragern wesentlich erleichterte und steigerte.

---

[26] Ebd., S. 7f.

Die sich Ende des 19. Jahrhunderts durchsetzende Telefonie[27] bewirkte eine weitere Intensivierung der Marktintegration, trug also mit dazu bei, daß die Preis- und Kursgefälle zwischen denselben wesentlich verringert wurden. Es ließen sich eine Vielzahl Beispiele finden, wo über Verkehrsinfrastrukturverbesserungen die Verbindung zwischen Anbietern und Nachfragern, die nichts anderes sind als Sender und Empfänger in einem ökonomischen Kommunikationsprozeß, schneller, zuverlässiger und kostengünstiger gestaltet werden. Ich möchte im Zusammenhang mit dem Kapitalmarkt jedoch stärker den Bereich der Kabelkommunikation hervorheben und in diesem Zusammenhang darauf hinweisen, daß bestimmte, durchaus revolutionär zu nennende, Markt- und Preisveränderungsprozesse in der zweiten Hälfte des 19. und frühen 20. Jahrhundert wesentlich auf die Fortschritte in der Kabelkommunikation zurückgehen.

Die Marktinformation erfolgte bis ins späte 19. Jahrhundert durch persönliche oder postalische Erkundung, durch Geschäftsreisende, Briefe, Rundschreiben, Prospekte oder Zeitungen. Erst die Erfindung des Telegrafen[28] und des Telefons hatten für den Börsenverkehr und Effektenmarkt revolutionären Charakter. Der Telefonverkehr ermöglichte erstmals die direkte informelle Verbindung von Börse zu Börse und damit eine Optimierung des Arbitragegeschäftes mit der Folge der Nivellierung der internationalen Kurse. Sie begründeten auch Postitionsveränderungen in der Rangliste der Wettbewerber am Weltmarkt. So schrieb z.B. Fritz Voigt: "Die Vormachtstellung Englands im Börsenverkehr wie auch im Zwischenhandel wurde entscheidend über Jahrzehnte hinweg mit der frühzeitigen Entwicklung eines weltweiten Kabelnetzes durch englische Gesellschaften bzw. die englische Regierung begründet."[29]

Hinweise auf die zunehmende ökonomische Bedeutung des Telegrafen ergeben sich auch aus der Telegramm-Statistik. Während 1899 in Deutschland nur 33% aller Telegramme den "Handels-, Börsen-, Schiffahrts- und sonstigen geschäftlichen Verkehr" betrafen, entfielen 1923 bereits 74,4% auf diesen Bereich.[30]

---

[27] Hier sei auf den Beitrag von Horst A. Wessel hingewiesen.

[28] Telegrafenleitungen weltweit: 1875: 400.000 km; 1905: 1,2 Mill. km; Übertragungsgeschwindigkeiten: 1805: Paris-Straßburg 1 Zeichen in 6 Minuten (= 0,02 Informationsbit/Sek.); 1835: Gauß/Weber-Telegraf: 7 Buchstaben pro Minute; 1915: Siemens/Halske-Telegraf: 1.000 Zeichen pro Minute.

[29] F. Voigt, Verkehr, II,2.: Die Entwicklung des Verkehrssystems, Berlin 1965, S. 868f.

[30] H. Schwaighofer, Telegraphie und Telephonie einschl. Funkwesen, HdWSt, VIII, Jena 1928, S. 59-97, hier: S. 62; 1899 entfielen 66,13% aller Telegramme auf den Familienverkehr und 0,85% waren Staatstelegramme. 1923 waren 3,3% Staatstelegramme und 22,3% betrafen den Familienverkehr.

"The telegraph, the transatlantic cable, and later the telephone put merchants in every market in almost instantaneous touch with one another. Cotton prices in Liverpool and New York could be known in minutes not only in New Orleans and Savannah, but, as the telegraph expanded inland along with the railroad, in hundreds of tiny interior markets".[31] Der Verkehrs- und Kommunikationssektor wirkte also in hohem Maße marktbildend und (für einen Wettbewerbsbefürworter erfreulich) konkurrenzverschärfend. Mehr noch: "Ein ausgebildetes Nachrichtenwesen ist eine wichtige Elastizitätsvoraussetzung für die Selbststeuerungsfähigkeit, d.h. selbsttätige Anpassungs- und Umgruppierungsfähigkeit der freien Marktwirtschaft."[32]

Der Ausbau des Weltkabelnetzes ermöglichte es den über die Welt verstreuten Produktionszentren, die sich von einander relativ unabhängig entwickelt hatten, immer mehr, Überschüsse und Knappheiten auszugleichen. Dieser Ausgleich vervollkommnete sich zusehends in börsenmäßigen Formen. "Infolge der Möglichkeiten, die der Nachrichtenschnellverkehr eröffnete, bildete sich für die wichtigsten Welthandelswaren ein einheitlicher Weltmarkt mit einheitlicher Preisbildung heraus. Nach den marktwirtschaftlichen Gesetzmäßigkeiten haben alle Marktbeteiligten Vorteile aus der größeren Markttransparenz", besonders diejenigen, die zuerst Nachrichten von Börsen- oder Auktionsverläufen erhielten. Im übrigen waren natürlich jene Marktteilnehmer im Vorteil, deren Produkte (Angebot) nicht durch eine zu starre Angebotselastizität gebunden waren und nicht auf die Dynamik des Marktes reagieren konnten. "Mit dem Fortfall der Intransparenz im Markt wird eine Verbesserung der Distribution und die Umwandlung bloßer Spekulation in zielklares Handeln bewirkt".[33] Folge beschränkter Markttransparenz sind letztendlich (teure) Fehlanpassungen.[34]

Ein leistungsfähiges Kommunikationssystem erwies sich in der zweiten Hälfte des 19. und im Laufe des 20. Jahrhunderts zunehmend als ausschlaggebender Produktionsfaktor und ließ neben die Preis- und Qualitätskonkurrenz die Informationskonkurrenz treten.[35] Den damit verbundenen Trend zur Globalisierung und Integration der Finanzmärkte schildert Sartorius von Waltershausen sehr anschaulich für die Zeit um 1911/12: "Das Netz der elektrischen Nachrichtenübermittlung gleicht einem Nervensystem der Erde. Eine Erschütterung an einem Punkt macht sich alsbald überall fühlbar. Die Menschheit erhält durch diese Einrichtung ein Gesamtempfin-

---

[31] Zit. nach Chandler, Visible Hand, S. 213.

[32] Bräuer, Nachrichtenverkehr, S. 44; vgl. W. Weddigen, Theoretische Volkswirtschaftslehre, Meisenheim a.Gl. 1948, S. 133.

[33] E. Schäfer, Grundlagen der Marktforschung, Köln und Opladen 1953, S. 42.

[34] Speziell hierzu: W. A. Jöhr, Die Konjunkturschwankungen, Tübingen-Zürich 1952, S. 376.

[35] E. Witte, Die Entwicklung weltweiter Kommunikationssysteme, Volkswirtschaftliche Korrespondenz der Adolf-Weber-Stiftung 18 (1979), H. 2, S. 4.

den, ein gemeinsames Nachdenken, Urteilen, Wollen. An einer großen Börse strömen eine Menge von Neuigkeiten wirtschaftlicher und politischer Art zusammen und werden dann von ihr an andere weitergegeben mit dem Bericht, wie sie darauf reagiert hat. Zugleich ist die Effektenarbitrage in Tätigkeit. Durch die so schnelle und sichere Verständigung von Ort zu Ort ist es beinahe so, als wenn auf der Erde nur eine Börse bestände, eine Weltbörse, auf der sich auch Käufer und Verkäufer zwar nicht von Angesicht zu Angesicht erblicken, doch durch das Telefon hören können. Durch solche Einrichtungen versteht man so recht, daß die Weltwirtschaft eine reale Einheit ist. Das schließt nicht aus, daß jede Volkswirtschaft ihre Börsensonderlage besitzt. Alle wichtigen Nachrichten wirken daher auf die Börsen niemals völlig gleichartig, schon weil der geschäftliche Zustand an ihnen verschieden angespannt ist; die politischen werden zudem von jedem Lande besonders bewertet, je nachdem es sich zu der betreffenden auswärtigen Politik stellt."[36]

Die Bedeutung der Arbitrageure, der Kommunikatoren zwischen den Orten unterschiedlicher Kurse, veränderte sich in dem Maße, wie sich der Ausgleich von Angebot und Nachfrage am Kapitalmarkt der Zeitgleichheit annäherte. Die sukzessive Veränderung der Arbitragemöglichkeiten und Informationsvorsprünge mit Hilfe der Technisierung hob den Informationsstand aller Marktteilnehmer an und nivellierte ihn gleichzeitig.

"Die Einrichtungen des Fernmeldewesens haben den Abschluß von Handelsgeschäften (ohne persönliche Begegnung oder langwierigen Schriftwechsel) erleichtert und beschleunigt, ebenso auch die Unterrichtung über die Marktfaktoren und -bedingungen. Die Nachrichtenmittel machen an irgend einer Stelle auftretende Preisänderungen rascher bekannt und lösen entsprechende Handlungen schneller aus; die Marktübersicht wird erheblich verbessert, geschäftliche Risiken werden abgeschwächt, die Lagerhaltung verkürzt und dadurch Kosten verringert, schließlich auch der Zahlungsverkehr (durch die telegraphische Überweisung) beschleunigt. Auch ermöglichten die modernen Nachrichtenmittel ein besseres Funktionieren der Börsen ... Dadurch wurde ... – besonders bei den börsengängigen Waren – nahezu vollständige Gleichheit der Preise hergestellt."[37]

Zusammenfassung

Im 19. Jahrhundert hatten die Innovation der Dampfverkehrstechnik, die daraus resultierende immense Verkürzung der ökonomischen Entfernung bei Massengütern und im Personen-Massentransport und die durch das Erreichen völlig neuer Käuferschichten bedingten Nachfrageeffekte eine gera-

---

[36] A. Sartorius von Waltershausen, Einführung in das Studium der Weltwirtschaft, Füssen a.L. 1923, S. 59f.
[37] Bräuer, Nachrichtenverkehr, S. 213.

dezu revolutionäre Transformation der Faktormärkte bzw. der Marktnetze zur Folge.

Die Kommunikations- und Transportrevolution bedingten sich wechselseitig. Die Preisausgleichswirkung durch den Eisenbahnbau, also die Verbesserung der Getreideversorgung zwischen Überschuß- und Knappheitsgebieten, läßt sich beispielsweise durch einen Vergleich der Preise in Hoch- und Niedrigstpreisgebieten und deren Entwicklung über einen langen Zeitraum zeigen. Der Zusammenhang der Preisschwankungen an den einzelnen Märkten gestaltete sich immer enger, besonders auffällig in den letzten Jahrzehnten des 19. Jahrhunderts. Die Preisausgleichswirkung des Verkehrs- und Nachrichtenwesens war derart, daß Preisdisparitäten ganzer Warengruppen, wie sie noch im 18. Jahrhundert und in der ersten Hälfte des 19. Jahrhunderts zu beobachten waren, kaum mehr eingetreten sind. Insbesondere ordneten sich die landwirtschaftlichen Erzeugnispreise in das volkswirtschaftlichen Preisgefüge ein und machten im wesentlichen die Konjunkturschwankungen des Preisniveaus ab 1870 mit.

Derselbe Prozeß, der sich so im regionalen und nationalen Raum abspielte, galt in ähnlicher Weise international und weltweit, wiederum besonders auffällig in den letzten drei Jahrzehnten des 19. Jahrhunderts. Der Telefonverkehr ermöglichte erstmals die direkte informelle Verbindung von Börse zu Börse und damit eine Optimierung des Arbitragegeschäftes mit der Folge der Nivellierung der internationalen Kurse. Ein leistungsfähiges Kommunikationssystem erwies sich in der zweiten Hälfte des 19. und im Laufe des 20. Jahrhunderts zunehmend als ausschlaggebender Produktionsfaktor und ließ neben die Preis- und Qualitätskonkurrenz die Informationskonkurrenz treten.

WERBUNG ZWISCHEN KOMMUNIKATION UND SIGNIFIKATION IM 19. UND 20. JAHRHUNDERT

von
Clemens Wischermann

1. Fragestellung und Begriffsabgrenzung

Die Geschichte der Werbung ist bislang noch kaum zu einem Forschungsgebiet der Historiker geworden. Dennoch ist zu vermuten, daß sie in der Wirtschafts- und Sozialgeschichte wie in der Kulturgeschichte der nächsten Zeit einen zunehmenden Stellenwert einnehmen wird. Dahinter steht die Überlegung, daß die Werbung einer der zentralen Orte ist, an dem sich der Übergang von einer durch Schriftkultur geprägten Gesellschaft hin zur Dominanz der visuellen Kultur vollzieht. Erst in jüngster Zeit ist dieser Prozeß mit dem Übergang ins Zeitalter der elektronischen Medien in eine neue Phase getreten.

Im Mittelpunkt meiner folgenden Überlegungen steht kein produkt-, branchen- oder medienorientierter Zugriff auf Werbung. Ich frage also nicht nach der am besten bekannten Rolle berühmter Einzelprodukte (z.B. Odol, Persil etc.) oder nach den vielbeachteten Werbefeldzügen bestimmter Branchen (Zigaretten, Waschmittel etc.) oder nach der Durchsetzung der Werbung in den vorherrschenden Medien der letzten 150 Jahre (Zeitungen, Plakate, Film, Rundfunk, Fernsehen). Hierzu gibt es jeweils eine Fülle von meist beschreibender Literatur, wenn auch in der Regel nicht von Historikern. Mir geht es hier vielmehr darum, Umrisse und Spezifika eines "modernen Werbezeitalters" zu entwickeln, das im 19. Jahrhundert seinen Anfang nahm und möglicherweise in der jüngsten Gegenwart einen vorläufigen Abschluß genommen oder besser eine Transformierung der Werbung auf eine neue Ebene gesellschaftlicher Wahrnehmung gebracht hat.

Diese Überlegungen werden in drei Schritten entwickelt:
- Zunächst gebe ich einen Überblick über die Geschichte der Werbung in Deutschland seit dem 19. Jahrhundert, im wesentlichen chronologisch und

gegliedert in zentrale Entwicklungsphasen unter Betonung der jeweils charakteristischen Elemente im Wandel der Werbung.[1]
- Es schließt sich die Frage nach der wissenschaftlichen und gesellschaftlichen Verortung von Werbung innerhalb einer modernen Wachstumswirtschaft und Massenkonsumgesellschaft an. Das dominierende Etikett ist ein Verständnis von Werbung als Kommunikation in einem zunehmend anonymen Marktgeschehen.
- Im Gegensatz zur Auffassung von Werbung als Kommunikation sind in jüngster Zeit Überlegungen anzutreffen, die im Titel meines Beitrages unter den Begriff "Signifikation" gefaßt sind. Diese Position behauptet, daß Werbung nicht in bloßer Abhängigkeit von allgemeinen Faktoren der wirtschaftlichen und sozialen Entwicklung existiert, sondern eine eigenständige bedeutungsverleihende Kraft moderner Gesellschaften geworden ist. Die Übernahme dieser Theorie hätte weitreichende Konsequenzen für die Perspektive der Werbungshistoriker.

Es ist vorab noch eine wichtige Abgrenzung vorzunehmen: Ich beziehe mich ausschließlich auf die sog. Wirtschaftswerbung, die Beeinflussung des Verbrauchers zum Zweck der Bedarfsweckung und Absatzsteigerung zum Ziel hat. Ich beschäftige mich also nicht mit politischer Propaganda, mit Werbung für allgemeine soziale, humanitäre, kulturelle oder religiöse Zwecke (was man heute unter den Begriff *social marketing* faßt) und natürlich auch nicht mit jeglicher Form von persönlicher Werbung, auch wenn Jean Baudrillard der deutschen Entsprechung des französischen *publicité* , also der "Werbung", die Bedeutung eines "Liebesverhältnisses"[2] zuschreibt. Ob also "jeder Mensch ein Werber" ist, wie der bekannte Werbemacher Michael Schirner provokant behauptet[3], bleibt außerhalb des Ansatzes der Fragestellung.

2. Phasen in der Geschichte der Wirtschaftswerbung

Reklame hat es, folgt man gängigen Darstellungen,[4] in der menschlichen Geschichte schon fast immer gegeben. Da fehlt selten der Hinweis auf die Wandbeschriftungen in Pompeji oder die traditionellen Wirtshausschilder.

---

[1] Vgl. hierzu grundlegend die systematische Untersuchung von D. Reinhardt, Von der Reklame zum Marketing. Geschichte der Wirtschaftswerbung in Deutschland, Berlin 1993.

[2] J. Baudrillard, Le système des objects, Paris 1968, dt. u. d. T.: Das System der Dinge. Über unser Verhältnis zu den alltäglichen Gegenständen, Frankfurt/M.-New York 1991, hier S. 213.

[3] M. Schirner, Werbung ist Kunst, mit einer Einführung von H. U. Reck, o.O. und o.J., S. 14.

[4] Vgl. für diese Auffassung exemplarisch H. Buchli, 6000 Jahre Werbung. Geschichte der Wirtschaftswerbung und der Propaganda, 3 Bde., Berlin 1962-1966.

Doch bis zur ordnungspolitischen Etablierung des ökonomischen Liberalismus kann man den Mitteln und Techniken der Reklame in einer vorindustriellen Welt allenfalls Hinweischarakter einräumen, der typischerweise das Auffinden von etwas erleichterte (z.B. einem Wirtshaus, oder auch Büchern, Arzneien). Dies änderte sich mit der Durchsetzung der liberalen Wettbewerbsökonomie in Deutschland während des 19. Jahrhunderts. Sie basierte auf einem Wandel der wirtschaftlichen Verfügungs- und Handlungsrechte hin zu einer Privatrechtsordnung mit exklusiven individuellen Rechten. Damit löste sich auch der solidarischen Normen verpflichtete Ehrenkodex der vorindustriellen Wirtschaftstreibenden zugunsten einer offen zur Schau gestellten individuellen Erwerbshaltung auf. Werbung wird erstmals zu einem unmittelbaren Instrument unternehmerischer Marktorientierung.[5] Der Vergrößerung der Märkte entsprach die Ausbildung einer anonymen neuen Öffentlichkeit, die in enger Verbindung zur "Kommunikationsrevolution" des 19. Jahrhunderts stand. Öffentlichkeit und Marktgeschehen erforderten neue Wege der Kommunikation und Information; hierin beanspruchte Werbung seit etwa 1850 (in England wie in Preußen) einen zunehmend größeren Raum. Ihr Symbol wird die 1855 erstmals in Berlin aufgestellte Litfaßsäule. Die nächsten drei Jahrzehnte bis in die 1880er Jahre hinein lassen sich als Phase der Durchsetzung von Reklame als Mittel im Wettbewerb und der Konsumentenbeeinflussung charakterisieren. Deutschland erlebte auf breiter Linie den Durchbruch zur industriellen Produktion. Produktinnovationen lösten einander in rascher Folge ab und mußten über die Werbung, die von "Annoncenexpeditionen" beherrscht wurde, in möglichst kurzer Zeit einem breiten Publikum bekanntgemacht werden. Dazu war "fast alles erlaubt", der Ton marktschreierisch, vom "Sensationellen" versprach man sich die größte Wirkung.[6]

Die Jahrzehnte zwischen etwa 1890 und 1930 möchte ich trotz mancher innerer Gegenläufigkeiten als zweite Phase in der Geschichte der modernen Werbung zusammenfassen.[7] Auch in der wirtschafts- und sozialgeschichtlichen Forschung wird die lange betonte Zäsur durch den Ersten Weltkrieg zunehmend abgeschwächt durch die Annahme starker Kontinuitäten in der gesellschaftlichen Entwicklung der Jahre vor dem Ersten Weltkrieg und der Weimarer Republik. In diesen Jahren wandelte sich – pointiert gesagt – Reklame zu Werbung durch die Indienstnahme von Kunst und Wissenschaft ebenso wie durch ihre kulturelle Integration (was ihre leidenschaftliche Ablehnung in Teilen der Gesellschaft nur bestätigt). Dieser Prozeß wurde im

---

[5] Vgl. demnächst P. Borscheid, Am Anfang war das Wort. Die Wirtschaftswerbung beginnt mit der Zeitungsannonce, P. Borscheid, C. Wischermann (Hgg.), Bilderwelt des Alltags. Werbung in der Konsumgesellschaft des 19. und 20. Jahrhunderts, Stuttgart 1995, S. 20-43.

[6] Vgl. Reinhardt, Von der Reklame, S. 434f.

[7] Vgl. dagegen die Aufteilung dieser Periode ebd., S. 435ff.

späten 19. Jahrhundert nicht zuletzt durch die Urbanisierung der Gesellschaft (in quantitativer wie in qualitativer Hinsicht) vorangetrieben, denn in den Städten ballten sich Wahrzeichen wie Innovationen der Werbung (Schaufenster, Warenhäuser, Lichterwerbung etc.)[8]; hier korrespondierten sie mit dem Anwachsen einer konsumfähigen und konsumorientierten städtischen Mittelschicht, deren von der Erzeugung sich ablösende Lebenswelt sich gut mit der Symbolik der neuen Warenwelt (Markenartikel !) verbinden ließ. Auf dem Boden dieser neuen Urbanität entstand schließlich der Versuch einer Verbindung von Wirtschaftswerbung und Kunst (so im Deutschen Werkbund) in dem quasi nationalpädagogischen Streben nach Stilisierung und Ästhetisierung des Wirtschaftlichen ebenso wie eine starke Großstadtfeindschaft, die in der Werbung einen ihrer wichtigsten Angriffspunkte fand.[9]

Nach Überwindung der unmittelbaren Kriegsfolgen fanden diese Linien auch in der Weimarer Republik ihre Fortsetzungen, doch wurden sie nun überlagert durch eine Verwissenschaftlichung und Psychologisierung des Werbegeschehens. Vor allem unter amerikanischem Einfluß setzte ein Schwenk in der Konsumgüterwerbung von der Produktorientierung zur Absatzorientierung ein. Dem intuitiven Werbekünstler traten zunehmend übergreifende Marktanalysen zur Seite. Anzeigenkampagnen über den oft vorlagenmäßigen Service der Annoncenexpeditionen wurden durch den Aufbau professionalisierter Werbeabteilungen der Unternehmen ersetzt, in denen ein festes Werbudget und kalkulierter Medieneinsatz einzog. Es waren Blütejahre einer im Anspruch verwissenschaftlichten Werbelehre. In ihren Mittelpunkt rückte – dies blieb bis heute so – die Theorie des zu erwartenden Konsumentenverhaltens, das unter dem Einfluß der zeitgenössischen Psychologie ausdifferenziert wurde. Der daraus entwickelte Werbestil war nicht mehr marktschreierisch, weniger Kunstidealen verpflichtet als an der "eleganten Sachlichkeit individualisierter Alltagsszenen"[10] orientiert.

Die Zeit des Nationalsozialismus unterbrach zwar eine innovative Weiterentwicklung der Werbegestaltung, setzte die erreichten Erkenntnisse und Mittel jedoch unter den geforderten politischen Zielen seit der "freiwilligen Selbstgleichschaltung"[11] durch den Werberat der deutschen Wirtschaft ein. Schon sehr frühzeitig beschränkten die Nationalsozialisten – ob der befürchteten Nähe ihrer politischen Propaganda zu Werbefeldzügen – die Werbung auf rein wirtschaftliches Gebiet. Ein Beispiel ist das Verbot der Werbung im Rundfunk, der allein der flächendeckenden "Versorgung" mit

---

[8] Vgl. S. Brune, "Lichter der Großstadt": Werbung als Signum einer urbanen Welt, Borscheid, Wischermann (Hgg.), Bilderwelt, S. 90-115.

[9] Vgl. U. Spiekermann, Elitenkampf um die Werbung. Staat, Heimatschutz und Reklameindustrie im frühen 20. Jahrhundert, ebd., S. 126-149.

[10] Reinhardt, Von der Reklame, S. 443.

[11] Ebd., S. 446.

der Aura des Führers vorbehalten blieb. Werbung stand im Dienste einer autarkieorientierten Verbrauchslenkung, die ihr Kennzeichen in dem schon lange bekannten, doch nun in umfassender Weise eingesetzten Mittel der Gemeinschaftswerbung ganzer Branchen hatte.

Nachkriegszeit und wirtschaftlicher Wiederaufbau ließen die Werbung in den 1950er und 1960er Jahren in vielem an Vorkriegsmuster wiederanknüpfen, jedoch mit überwiegend restaurativer Tendenz. Die Werbegestaltung wird im Stil als eher traditionalistisch beurteilt, war in ihren Aussagen stark produktbezogen und in ihrem dargestellten gesellschaftlichen Umfeld auf die intakte Familie als einziger vermeintlich noch heil gebliebener gesellschaftlicher Gemeinschaft bezogen. Ab dem Ende der 1960er Jahre vollzog die bundesrepublikanische Gesellschaft den Übergang in eine "Überflußgesellschaft", den die Werbung sehr schnell aufnahm oder gar vorwegnahm. Ein markantes Beispiel ist die Werbung für die Zigarette Malboro, für die zuvor in der Bundesrepublik mit der Eigenheimidylle der erfolgreichen Wiederaufbaujahrgänge geworben wurde. 1971 trat an die Stelle des Eigenheims der in den USA lange zuvor eingeführte 'Cowboy' mit seinem individualistischen Image. Die Werbeleute sahen offenbar nun die Bundesrepublik "reif" für amerikanische Werbewelten. Dieser Übergang ist natürlich nicht auf ein Jahr datierbar und vollzog sich nicht auf allen Feldern (Waschmittelwerbung als Gegenbeispiel). Doch als es der Werbung zudem gelang, den lange herrschenden Manipulationsverdacht loszuwerden, vollzog sich spätestens seit den 1980er Jahren eine breite und weithin akzeptierte Durchsetzung der heutigen Lebensstilwerbung. Ihre Konsumenten waren vor allem die Jugendlichen, die nicht mehr mit den Erfahrungen der Nachkriegsjahre aufgewachsen waren.

3. Werbung als Kommunikation

Die lange Zeit herrschende Kommunikationsvorstellung verkörperte das Stimulus-Response-Modell, im Deutschen zumeist als Reiz-Reaktionsschema bekannt. Innerhalb der bekannten klassischen Anordnung der Elemente eines einfachen Kommunikationsmodells (Sender, Nachricht, Medium, Empfänger) räumt es dem Sender die weit überwiegende Priorität im Zustandekommen eines kommunikativen Aktes ein. Auf die Gestaltung und Stärke des auslösenden Reizes richtete man demzufolge das Hauptinteresse, denn davon sollte das Verhalten des Empfängers primär bestimmt werden. Eine Fülle von zeitweilig sehr wirkungsmächtigen Kommunikationsmodellen hat auf dieser Basis gearbeitet und geforscht. Nicht nur Werbepraxis und Werbelehre sind lange Zeit von solchen Kommunikationsvorstellungen geprägt worden, sondern nicht minder die in Deutschland in den 1950er und 1960er Jahren sehr ausgeprägten Werbekritik. Es sind hier vor allem zwei Strömungen hervorzuheben, nämlich die Werbekritik der christlichen

Kirchen[12] und die intellektuelle Werbekritik im Gefolge einiger Hauptvertreter der Kritischen Theorie, v. a. Max Horkheimers und Theodor Adornos.[13] So unterschiedlich die Grundlagen des Denkens dieser beiden Gesellschaftsorientierungen auch waren, so einig waren sie im Vorwurf, die Werbung "manipuliere" einen tendenziell wehrlosen Empfänger weitgehend unbeschränkt und sie mißbrauche diese Macht zur Weckung "falscher Bedürfnisse" statt zur Befriedigung der "richtigen". Was denn richtige Bedürfnisse sind, darüber dürften diese beiden Gruppen allerdings kaum einer Meinung gewesen sein.

In den 1970er Jahren veränderte sich die kommunikationstheoretische Orientierung der Verhaltenswissenschaften und mit ihnen der Werbung grundlegend. Der Hintergrund war das Einreißen des Mythos von der Macht der "geheimen Verführer"[14] durch experimentelle sozialwissenschaftliche Studien. Diese Arbeiten hoben statt dessen die Wechselwirkung von Botschaft und Bedürfnisstruktur im Prozeß einer Kommunikation hervor und beschränkten die Wirkung von Beeinflussungsmaßnahmen auf die Verstärkung bestehender Verhaltensdispositionen.[15] Für die Werbung bedeutete dies – abgesehen von ihrer gesellschaftlichen Rehabilitierung –, daß Dispositionen und Verhaltensweisen des Konsumenten in den Mittelpunkt ihrer Aufmerksamkeit traten und die Frage nun lautete: Wie erreicht es eine Werbebotschaft, vom Konsumenten ausgewählt und rezipiert zu werden? An die Stelle der Motivforscher der 1950er Jahre traten die Marktforscher.

Die Sicht des Kommunikationsprozesses, in dem auch Werbung steht, wandelte sich hin zum Verständnis von Werbung als Teil des sog. "kognitiven Paradigmas". Werner Kroeber-Riel, einer der führenden Werbungswissenschaftler und Werbelehrer der Bundesrepublik, definiert in seinem Standardwerk "Konsumentenverhalten" diesen Begriff so: "Nach diesem Ansatz werden psychische Vorgänge – wie Wahrnehmung oder Einstellung – sowie das Verhalten als Ergebnis der kognitiven (gedanklichen) Verarbeitung von Informationen gesehen. Dabei wird die kognitive Informationsverarbeitung als eigenständiger, nicht unmittelbar reizabhängiger Prozeß betrachtet: Sie ist ein aktiver gedanklicher Vorgang ..., der sich zwischen die Aufnahme der Umweltreize und das Verhalten schiebt und dafür verantwortlich ist, daß

---

[12] Vgl. u.a. W. Künneth, Werbung und Ethik, Essen 1957; W. Dreier, Funktion und Ethos der Konsumwerbung, Münster 1965.

[13] Vgl. M. Horkheimer, T. W. Adorno, Kulturindustrie. Aufklärung als Massenbetrug, Dies., Dialektik der Aufklärung. Philosophische Fragmente, zuerst Amsterdam 1947, hier Frankfurt/M. 1986, S. 128-176.

[14] Vgl. V. Packard, Die geheimen Verführer. Der Griff nach dem Unbewußten in Jedermann, Frankfurt/M. 1964, zuerst übersetzt 1958.

[15] Vgl. H. W. Brand, Die Legende von den "geheimen Verführern". Kritische Analysen zur unterschwelligen Wahrnehmung und Beeinflussung, Weinheim und Basel 1978.

man das Verhalten nicht ohne weiteres als direkte Wirkung der aufgenommenen Reize erklären kann."[16] Mit einem vergleichbaren kommunikationstheoretischen Unterbau arbeiten heute praktisch alle gängigen Marketingkonzepte und -lehrbücher. Der Verhaltenstheorie des "kognitiven Paradigmas" entsprechen Kontrollmethoden, die vor allem aus Befragungen und anderen verbalen Tests bestehen; anderes als kognitiv bestimmtes Verhalten wird nicht zugelassen und nicht erfaßt, wobei die Problematik dieses Ansatzes in jüngster Zeit auch von seinen Vertretern eingeräumt wird.[17]

Der Wandel der Kommunikationstheorie hat indessen nicht nur die Wissenschaft von der Werbung und die Lehre der Werbepraxis entscheidend verändert, sondern er beeinflußt natürlich auch Voraussetzungen und Verständnis des Historikers der Werbung. Solange Werbung unter direktem Manipulationsverdacht stand, war die Arbeit mit ihr (weniger über sie) für den quellenkritischen Historiker äußerst problematisch: denn wie wollte man sich mit per se "lügenden" oder zumindest "fälschenden" Quellen der historischen Wirklichkeit auch nur annähern? Der heutige Stand der kommunikationstheoretischen Annahmen hat diese Berührungsbarriere abgebaut, hat Werbung als Teil der historischen Wirklichkeit zugänglich gemacht. Die Geschichtswissenschaft ist gerade erst dabei, dieses Terrain zu betreten, zur Zeit noch weniger als Auseinandersetzung mit einer "Lebenswelt Werbung" als vielmehr in einer Art Bestandsaufnahme der Geschichte der Werbung seit dem 19. Jahrhundert. Mit der Untersuchung von Dirk Reinhardt liegt nun erstmals ein umfassender Überblick von der Mitte des 19. Jahrhunderts bis in die Zeit des Nationalsozialismus hinein vor. Für Reinhardt stellt Werbung explizit einen Teil der gesellschaftlichen Kommunikation dar: "Werbung ist in einer Marktwirtschaft und modernen Mediengesellschaft eine unverzichtbare Struktur des wirtschaftlichen wie auch des sozialen Lebens. Sie ermöglicht und gestaltet den kommunikativen Kontakt zwischen Anbieter und Verbraucher."[18]

---

[16] W. Kroeber-Riel, Konsumentenverhalten, München 1990, S. 19; als aktuelle Werbelehre grundlegend Ders., Strategie und Technik der Werbung. Verhaltenswissenschaftliche Ansätze, Stuttgart 1991.

[17] Kroeber-Riel, Konsumentenverhalten, sieht "Anzeichen dafür, daß die Vorherrschaft des kognitiven Forschungsparadigmas in absehbarer Zeit gebrochen wird" (S. 20) durch die Aufwertung affektiver Vorgänge und die Rezeption der Alltagspsychologie. "Das Suchen nach Alternativen hat begonnen. Es richtet sich auf die Entwicklung von nicht-verbalen Meßmethoden und auf Verhaltensmodelle, in denen die sensualen und emotionalen Erfahrungen des Menschen eine Schlüsselrolle spielen" (S. 22). Er versucht diese Entwicklung im Konzept der "emotionelen Positionierung" aufzunehmen.

[18] D. Reinhardt, Vom Intelligenzblatt zum Satellitenfernsehen. Stufen der Werbung als Stufen der Gesellschaft, Borscheid, Wischermann (Hgg.), Bilderwelt, S. 44-63.

Was leistet und vermittelt Werbung als Kommunikation letztlich zwischen Anbieter und Verbraucher? Die klassische Antwort ist, daß Werbung Informationen vermittelt. Mit der Auflösung älterer gemeinschaftlicher Wirtschaftsinstitutionen und der Entwicklung hin zu anonymen, immer größeren Märkten wurde Werbung zur Information der Nachfrager über die Angebote am Markt notwendig. Sie ermöglichte die Auswahl, stellte einen Teil der Markttransparenz erst her. In diesem Verständnis sind Werbungskosten alles andere als *faux frais* (also falsche, künstliche, überflüssige volkswirtschaftliche Kosten), wie uns die ältere Wirtschaftsgeschichtsschreibung um die Jahrhundertwende in ihrer Ablehnung von Werbung Glauben machen wollte. Werbungskosten lassen sich wohl zutreffender in den Begriff der "Transaktionskosten" einschließen, die im Anschluß an Ronald Coase einen zentralen Bestandteil der Theorie der *New Institutional Economics* ausmachen.[19] Transaktionskosten sind hier neben Kosten für die Sicherung und Veränderung von Verfügungsrechten in erster Linie Kosten für die Gewinnung von Informationen auf einem liberalen Markt. Eine Betrachtung von Werbung im Lichte dieser Theorie steht allerdings noch aus.

In jüngster Zeit ist der primäre Informationsbezug von Werbung im Marktgeschehen allerdings deutlich relativiert oder modifiziert worden. Diesmal geschieht dies allerdings nicht durch erklärte Gegner von Werbung, sondern durch Teile des eigenen Lagers. Diese Beobachter sehen in der gegenwärtigen Entwicklung die Notwendigkeit einer Erweiterung des kommunikationstheoretischen Rahmens als Folge des gesellschaftlichen Übergangs in eine Überflußökonomie: "Besonders auf gesättigten Märkten ... ist nicht mehr Knappheit der eigentliche Antrieb des Kaufens (das würde vor allem Informationen erfordern wie im Modell des *homo oeconomicus* postuliert). Wer im Überfluß lebt, will zum Kaufen motiviert werden; und das geschieht weniger durch Information als vielmehr durch "emotionale Positionierung"."[20] Der Begriff bezieht sich auf Kroeber-Riel, der Strategien zur Verhaltensbeeinflussung Positionierungen nennt und den geläufigen Positionierungen durch Information oder Aktualität die 'emotionale Positionierung' hinzugesellt. "Was heute für den Konsumenten an vielen Produkten und Dienstleistungen attraktiv ist, das sind weniger die sachlichen und funktionellen Eigenschaften als die Fähigkeiten der Produkte, sinnliche und emotionale Erlebnisse zu vermitteln und einen Beitrag zum Lebensgefühl und zur emotionalen Lebensqualität zu leisten."[21] Bei anhaltender Verringerung der sachlichen Qualitätsunterschiede verlange der Konsument "Erlebnisprofil statt Sachprofil".

---

[19] Vgl. C. Wischermann, Frühindustrielle Unternehmensgeschichte in institutioneller Perspektive, Geschichte und Gesellschaft 19 (1993), S. 453-474.
[20] D. Ronte, H. Bonus, Werbung, Münster 1993, S. 6.
[21] Kroeber-Riel, Konsumentenverhalten, S. 68.

Betrachtet man abschließend die Geschichte der Werbung unter den heute gültigen kommunikationstheoretischen Prämissen, so ist Werbung ein grundlegender und notwendiger Teil von Austauschprozessen auf einem für den einzelnen nicht mehr übersichtlichen Markt. Werbung liefert ihm Informationen für die Entscheidungsfindung. Den Rahmen für menschliches Verhalten liefert das Modell des *homo oeconomicus*, auch wenn Kritiker seine Verhaltensannahmen bereits für die Konsumgesellschaft nur mehr bedingt gelten lassen.[22]

Unter den genannten kommunikationstheoretischen Voraussetzungen läßt sich das Zeitalter der modernen Werbung in drei große Phasen gliedern:

1. Am Anfang standen Jahrzehnte des Übergangs noch bis weit in die zweite Hälfte des 19. Jahrhunderts hinein. Noch waren Erfahrungen und Anforderungen wiederkehrender existentieller Krisenbewältigungen gesamtgesellschaftlich prägend. Werbung diente vor allem der Information über das, was auf dem Markt vorhanden war. Dies änderte sich mit der Sicherung sozialer Minimalstandards im späten 19. Jahrhundert.

2. Im Übergang zur Konsumgesellschaft blieb die wirtschaftliche Grundausstattung diejenige einer Mangelgesellschaft, ohne den Rückfall hinter das Existenzminimum, aber mit erheblichen sozialen Disparitäten. Die historische Lebensstandardforschung hat dies in den letzten zwei Jahrzehnten im einzelnen herausgearbeitet. Schichtenspezifische Konsummuster kennzeichneten die sozialen Unterschiede, an denen sich die zentralen Informationen oder Botschaften der Werbung ausrichteten. Die wichtigste Aufgabe der Werbung in dieser langen Zeitspanne vom späten 19. Jahrhundert bis zum Ende der wirtschaftlichen Rekonstitutionsphase der Bundesrepublik war die Stimulierung des Konsums, denn der Massenkonsum bildete die Basis der modernen Wirtschaftsweise.

3. Die letzte Phase[23] schließlich könnte mit dem Übergang in eine Überflußgesellschaft begonnen haben, der für die Bundesrepublik meist um 1970 angesetzt wird. Materielle Bedürfnisfragen treten zugunsten von Individualisierung und Lebensstilkonzepten zurück. Die Soziologie spricht vom Übergang in die "Erlebnisgesellschaft". Die Werbung geht in großen Teilen zu

---

[22] "Der *homo oeconomicus* war geprägt durch Knappheit ... Das Modell des rational entscheidenden *homo oeconomicus* ist für eine Welt gemacht, deren Angebot beschränkt und dem Verbraucher wohlbekannt war: Kartoffeln etwa, Mehl, Zucker und Eier, etliche Gemüse- und Obstsorten, Bier und in Weinbaugegenden einige Sorten Wein, deren Qualität den sozialen Schichtungen angepaßt war. Man hatte über Jahrhunderte erfahren und wußte deshalb im voraus, was in welcher Jahreszeit zur Verfügung stehen könnte, falls nicht eine Hungersnot hereinbrechen würde." Ronte, Bonus, Werbung, S. 1.

[23] Nicht berücksichtigt werden hier Einsätze von Werbung zur Verbrauchslenkung in der nationalsozialistischen Wirtschaft und in sozialistischer Planwirtschaft.

Strategien "emotionaler Positionierung" über und verkauft Erlebnisse mit Waren.

4. Werbung als Signifikation

Die Ausgangsthese dieses Ansatzes ist, daß Werbung seit der zweiten Hälfte des 19. Jahrhunderts nicht lediglich eine quantitative Ausweitung von etwas lange schon vorhandenem war, sondern daß sie etwas grundsätzlich Neues darstellte. Man propagiert also die Etablierung eines Zeitalters der Werbung im Sinne einer eigenständigen, epochenspezifischen "Ordnung der Dinge". Werbung wird verstanden als zentraler Ausdruck einer bestimmten gesellschaftlichen Konfiguration. Angesprochen wird dies mehr oder weniger reflektiert in Benennungen wie "Lebenswelt Werbung", "Werbewelt" oder "Gebrauchskultur". Werbung als Kultur stehe für einen paradigmatischen Wandel der Weltdeutung und des Wirklichkeitsverständnisses in den entwickeltsten gegenwärtigen Ökonomien. Dieser Wandel zeige sich darin, wie Dingen und Bezeichnungen ein spezifischer Sinn beigelegt wird: dies wird – so die These – in der Konsumgesellschaft zunehmend von der Werbung geleistet. Werbung schaffe ein neues Signifikationsprinzip.

Mit der historischen Durchsetzung des ökonomischen Liberalismus verband sich der Aufbau eines Repräsentationssystems der Warenwelt, das nun auch semiotisch die Welt ausfüllte: Noch bei Adam Smith unbelebte Waren seien nun von der Werbung mit Leben ausgestattet worden; die Dinge sprächen nun für sich mit einer eigenen Sprache, die viele neue Begriffe und Namen vergebe.[24] Die "Geburtsphase" von "Werbung als Kultur" fiel in die Jahrzehnte zwischen ca. 1850 und ca. 1890. Ihr Beginn wurde für England symbolisiert durch die berühmte Londoner Weltausstellung des Jahres 1851 und dort durch den Cristal Palace, dessen Industrieglas dem Betrachter "wie Kristall" erschien. Richards hält die Erscheinung der dort erstmals geballten "Industriellen Welt" für den Beginn einer allgemeinen Verselbständigung der Warenwelt. In den folgenden vier Jahrzehnten habe sich eine eigene Repräsentationsordnung der Werbung ausgebildet. Sie war etwa um 1890 voll entwickelt. Die "reine Reklame" war zu diesem Zeitpunkt in England wie in Deutschland überwunden, d.h. die Werbung hatte die Lösung vom primären Produkt- und Warenbezug zur lebensweltlich-kulturellen Repräsentation gefunden. "Die Zuschreibungsebene, mit der Werbung ihre kulturelle Dimension erhält, verselbständigt sich demnach bereits zu Beginn des Jahrhunderts. Dieser Lösungsprozeß von der rein ökonomischen Funktion ist also nicht erst eine Entwicklung des Neoästhetizismus der 1980er Jahre, in

---

[24] "In the first half of the nineteenth century the commodity was a trivial thing, like one of Adam Smith's pins. In the second half it had a world-historical role to play in a global industrial economy". T. Richards, The Commodity Culture of Victorian England. Advertising and Sectacle 1851-1914, Stanford Cal. 1990, S. 1.

denen Wirtschaftswerbung zum scheinbar planlosen Spiel, zur bewußten Verschleierung des Produkts wird und selbst als konsumierbare Ware auftritt, sondern setzt bereits mit dem Beginn der modernen Wirtschaftswerbung um die Jahrhundertwende ein."[25] In einer kürzlichen Untersuchung hat Stefan Haas diese Verbindung von Werbung und "visueller Kultur" herausgestellt: "Mit dem Aufbau der Werbung als Element der visuellen Kultur der Moderne zielt Werbung auf die von Menschen selbst geschaffene, kulturelle Umwelt. Im Gegensatz zur Reklame, deren Zweck allein in der Weckung der Aufmerksamkeit durch fettgedruckte Buchstaben oder hinweisende Hände lag, spielt die Werbung mit den frei assoziierbaren Zuschreibungen des modernen Menschen zur Dingwelt. Sie wird als immaterielles Phänomen reine Bedeutung, "reine Konnotation" ... An die Stelle der Frage nach dem Produkt, das der Unternehmer verkaufen wollte, trat der Verbraucher mit seinen Bedürfnissen und seinen Wahrnehmungsstrukturen als leitende Idee ... Konsumiert werden nicht Gegenstände, sondern Bedeutungen, und in der Signifikation, im Bedeutung gebenden Prozeß spielt die Werbung eine entscheidende Rolle."[26]

Die entscheidende Neuorientierung der Werbungsgeschichte, die sich aus dieser Sicht ihrer "Geburtsphase" ergibt, liegt in der plausiblen Ablehnung kontinuitätsorientierter Zuordnungen. Die neue Ästhetik der Konsumgesellschaft war fertig, so die Hauptthese, als diese selbst gerade anfing allmählich Fuß zu fassen. Erst dann wurde diese neue Ästhetik über einen langen Zeitraum hinweg von der ökonomischen Wohlstandsentwicklung langsam eingeholt. Dies wäre dann das große Thema der Kulturgeschichte der Werbung in den letzten hundert Jahren.

5. Schluß

Ein "Zeitalter der Werbung", das um 1900 in den Großstädten begonnen hatte, ist mit dem Übergang von Werbung in Massenkultur und populäre Kunst in jüngster Zeit in ein neues Stadium getreten. Für unsere Gegenwart stellt sich daher die Frage, ob die Bilder der Werbung auf dem Weg sind, zum weltweit universalen Code beim Eintritt in eine westliche "visuelle Kultur" zu werden. Für eine geschichtliche Verortung der Werbung in der modernen Gesellschaft stellt sich dem Historiker die Aufgabe, Werbung als Teil fortlaufender Modernisierungsprozesse oder auch als Signifikationsträger neuer Lebenswelten zu identifizieren. Ein Verständnis von Werbung als Kommunikation oder die Zugrundelegung von Werbung als Signifikation ist mehr als ein Spiel mit Worten. Es verändert den Standort der Werbung und der Werbungshistoriker in Vergangenheit und Gegenwart.

---

[25] Vgl. S. Haas, Die neue Welt der Bilder. Werbung und visuelle Kultur der Moderne, Borscheid, Wischermann (Hgg.), Bilderwelt, S. 64-77.
[26] Ebd.

AUTOREN

Prof. Dr. Jorma Ahvenainen
University of Jyväskylä
Department of History
SF-40100 Jyväskylä 10

Dr. Robert Boyce
London School of Economics
Department of International History
UK-London WC2A 2AE

Prof. Dr. Philip Cottrell
University of Leicester
Department of Economic and Social History
UK-Leicester LE1 7RH

Dr. Cora Gravesteijn
Erasmus Universiteit Rotterdam
Universiteitsbibliotheek
NL-3000 DR Rotterdam

Prof. Dr. Olaf Mörke
Christian-Albrechts-Universität
Historisches Seminar
Olshausenstr. 40
D-24098 Kiel

Prof. Dr. Michel Morineau
66, rue Regnault
F-75013 Paris

Dr. Cornelius Neutsch
Uni-Gesamthochschule Siegen
Fachbereich 1
Wirtschafts- und Sozialgeschichte
Adolf-Reichwein-Straße 2
D-57068 Siegen

Prof. Dr. Michael North
Ernst-Moritz-Arndt-Universität
Historisches Institut
Domstraße 9 a
D-17487 Greifswald

Prof. Dr. Renate Pieper
Karl-Franzens-Universität
Institut für Geschichte
Heinrichstraße 26
A-8010 Graz

Prof. Dr. Rolf Walter
Friedrich-Schiller-Universität
Wirtschaftswissenschaftliche Fakultät
Lehrstuhl für Wirtschafts- und Sozialgeschichte
Carl-Zeiss-Straße 3
D-07743 Jena

PD Dr. Horst A. Wessel
Mannesmann Aktiengesellschaft
Archiv
Postfach 10 36 41
D-40027 Düsseldorf

Dr. Erdmann Weyrauch
Herzog August Bibliothek
Wolfenbüttel
Lessingplatz 1
D-38300 Wolfenbüttel

Prof. Dr. Clemens Wischermann
Universität Konstanz
Fachgruppe Geschichte und Soziologie
Universitätsstraße 10
D-78464 Konstanz

Wirtschafts- und Sozialhistorische Studien

Herausgegeben von Stuart Jenks, Michael North und Rolf Walter

1: Harald Wixforth:
Banken und Schwerindustrie in der Weimarer Republik.
1995. 565 S. Br.
(3-412-11394-8)

2: Albert Fischer:
Hjalmar Schacht und Deutschlands Judenfrage.
Der Wirtschaftsdiktator und die Vertreibung der Juden aus der deutschen Wirtschaft.
1995. 252 S. Br.
(3-412-11494-4)

3: Michael North (Hg):
Kommunikationsrevolutionen.
Die neuen Medien des 16. und 19. Jahrhunderts.
2. Aufl. 2001. XIX, 203 S. Br.
(3-412-04201-3))

4: Rolf Walter:
Wirtschaftsgeschichte.
Vom Merkantilismus bis zur Gegenwart.
3. überarb. u. akt. Auflage 2000.
XVIII, 356 S. 20 s/w-Abb. Br.
(3-412-11100-7)

5: Michael North (Hg):
Economic History and the Arts.
1996. V, 132 S., 10 Abb. Br.
(3-412-11895-8).

6: Albert Fischer:
Die Landesbank der Rheinprovinz.
Aufstieg und Fall zwischen Wirtschaft und Politik.
1997. 639 S. Br.
(3-412-00297-6)

7: Olaf Mörke, Michael North (Hg):
Die Entstehung des modernen Europa 1600-1900.
1998. 192 S. Br.
(3-412-06097-6)

8: Martin Krieger:
Kaufleute, Seeräuber und Diplomaten.
Der dänische Handel auf dem Indischen Ozean (1620-1868).
1998. 278 S. 9 s/w-Abb. Br.
(3-412-10797-2)

9: Claudia Schnurmann:
Atlantische Welten.
Engländer und Niederländer im amerikanisch-atlantischen Raum 1648–1713.
1999. VIII, 450 S. Br.
(3-412-09898-1)

10: Rolf Hammel-Kiesow/ Thomas Rahlf (Hg.):
Wirtschaftliche Wechsellagen im hansischen Wirtschaftsraum 1300–1800.
2001. Ca. 216 S. Br.
(3-412-16498-4)

11: Reiner Flik:
Von Ford lernen?
Automobilbau und Motorisierung in Deutschland bis 1933. 2001. 328 S. Br.
(3-412-14800-8)